Die Verbrauchsgüterkaufrichtlinie 1999/44/EG und ihre Auswirkungen auf den Schadensersatz beim Kauf

Europäische Hochschulschriften
Publications Universitaires Européennes
European University Studies

Reihe II
Rechtswissenschaft

Série II Series II
Droit
Law

Bd./Vol. 3395

PETER LANG
Frankfurt am Main · Berlin · Bern · Bruxelles · New York · Oxford · Wien

Sibylle Höffe

Die Verbrauchsgüterkaufrichtlinie 1999/44/EG und ihre Auswirkungen auf den Schadensersatz beim Kauf

PETER LANG
Europäischer Verlag der Wissenschaften

Die Deutsche Bibliothek - CIP-Einheitsaufnahme

Höffe, Sibylle:

Die Verbrauchsgüterkaufrichtlinie 1999/44/EG und ihre Auswirkungen auf den Schadensersatz beim Kauf / Sibylle Höffe. - Frankfurt am Main ; Berlin ; Bern ; Bruxelles ; New York ; Oxford ; Wien : Lang, 2002
(Europäische Hochschulschriften : Reihe 2, Rechtswissenschaft ; Bd. 3395)
Zugl.: Tübingen, Univ., Diss., 2001
ISBN 3-631-39171-4

D 21
ISSN 0531-7312
ISB 3-631-39171-4

www.peterlang.de

Meinen Eltern

Vorwort

Diese Arbeit lag im Sommersemester 2001 der Juristischen Fakultät der Eberhard-Karls-Universität Tübingen als Dissertation vor. Das Manuskript wurde Ende Mai 2001 fertiggestellt. Literatur und Gesetzesentwürfe wurden bis zu diesem Zeitpunkt berücksichtigt.

Mein besonderer Dank gilt Herrn Prof. Dr. Harm Peter Westermann für die Anregung des Themas, sein fortwährendes Interesse an der Arbeit und die kontinuierliche Betreuung. Ihm und Herrn Prof. Dr. Heinz-Dieter Assmann danke ich auch für die schnelle Begutachtung.

Die Arbeit wurde durch die Landesgraduiertenförderung des Landes Baden-Württemberg unterstützt.

Mein Mann Moritz hat in vielfältiger Weise zum Gelingen der Arbeit beigetragen, nicht zuletzt durch die sorgfältige Korrektur des Manuskripts.

München, im Dezember 2001 — Sibylle Höffe

Inhaltsverzeichnis

Abkürzungen

a. A.	anderer Ansicht
a. a. O.	am angegebenen Ort
a. E.	am Ende
a. F.	alte Fassung
ABl	Amtsblatt
Abs.	Absatz
AcP	Archiv für die civilistische Praxis
Anm.	Anmerkung
Art.	Artikel
AT	Allgemeiner Teil
Aufl.	Auflage
BB	Betriebsberater
Bd.	Band
BGB	Bürgerliches Gesetzbuch
BGBl	Bundesgesetzblatt
BT	Besonderer Teil
cic	culpa in contrahendo
CISG	Convention on the International Sale of Goods
d. h.	das heißt
DB	Der Betrieb
DE	Diskussionsentwurf eines Schuldrechtsmodernisierungsgesetzes, Stand 4. 8. 2000
ders., dies.	derselbe, dieselbe(n)

DJT	Deutscher Juristentag
Dok.	Dokumente
DZWiR	Deutsche Zeitschrift für Wirtschaftsrecht
EG	Europäische Gemeinschaften
EP	Europäisches Parlament
ERPL	European Review of Private Law
EU	Europäische Union
EuZW	Europäische Zeitschrift für Wirtschaftsrecht
EWS	Europäisches Wirtschafts- und Steuerrecht
f.	folgende
FAZ	Frankfurter Allgemeine Zeitung
ff.	fortfolgende
Fn	Fußnote
FS	Festschrift
GRUR	Gewerblicher Rechtsschutz und Urheberrecht
h. L.	herrschende Lehre
h. M.	herrschende Meinung
Halbs.	Halbsatz
Hbd.	Halbband
HGB	Handelsgesetzbuch
Hrsg.	Herausgeber
i. V. m.	in Verbindung mit
JBl	Juristische Blätter (österreichische Zeitschrift)
JherJB	Jherings Jahrbuch für die Dogmatik des bürgerlichen Rechts
JR	Juristische Rundschau
JuS	Juristische Schulung
JZ	Juristenzeitung
KE	Vorschlag der Kommission zur Überarbeitung des Schuldrechts von 1992
KF	Konsolidierte Fassung des Diskussionsentwurfs eines Schuldrechtsmodernisierungsgesetzes, Stand 6. 3. 2001

lit.	litera
MDR	Monatsschrift für Deutsches Recht
MünchKomm	Münchener Kommentar zum BGB
NJ	Neue Justiz
NJW	Neue Juristische Wochenschrift
O. R.	United Nations Conference on Contracts for the International Sale of Goods, Official Records
PHi	Haftpflicht international, Recht und Versicherung
pVV	positive Vertragsverletzung
RabelsZ	Zeitschrift für ausländisches und internationales Privatrecht, begründet von Ernst Rabel
RE	Entwurf eines Gesetzes zur Modernisierung des Schuldrechts, Stand 9. 5. 2001
REDC	Revue Européenne de Droit de la Consommation
RIW	Recht der Internationalen Wirtschaft
RL	Verbrauchsgüterkaufrichtlinie 1999/44/EG
Rn	Randnummer
S.	Seite
SEK	Dokumente des Generalsekretariats der Kommission der Europäischen Gemeinschaften
st. Rspr.	ständige Rechtsprechung
Tbd.	Teilband
u. a.	unter anderem
u. U.	unter Umständen
VersR	Versicherungsrecht
vgl.	vergleiche
VuR	Verbraucher und Recht
WM	Wertpapiermitteilungen
WSA	Wirtschafts- und Sozialausschuß
z. B.	zum Beispiel
ZEuP	Zeitschrift für Europäische Praxis

ZfRV .... Zeitschrift für Rechtsvergleichung (österreichische Zeitschrift)

ZIP .... Zeitschrift für Wirtschaftsrecht

ZRP .... Zeitschrift für Rechtspolitik

ZVglRWiss .... Zeitschrift für vergleichende Rechtswissenschaft

ÖJZ .... Österreichische Juristenzeitung

1. Einleitung

Am 25. Mai 1999 haben das Europäische Parlament und der Rat der Europäischen Union die Richtlinie 1999/44/EG „zu bestimmten Aspekten des Verbrauchsgüterkaufs und der Garantien für Verbrauchsgüter" erlassen. Diese Richtlinie soll zur Förderung des Binnenmarktes und der Vermeidung von Wettbewerbsverzerrungen die Rechte des Verbrauchers bei Lieferung nichtvertragsgemäßer Ware europaweit vereinheitlichen. Die Richtlinie beschränkt sich auf den Verbrauchsgüterkauf, also auf Verträge zwischen Endverbrauchern und gewerblichen Verkäufern. Sie behandelt die Frage, unter welchen Voraussetzungen gelieferte Ware nicht vertragsmäßig ist, und knüpft an die Vertragswidrigkeit Käuferrechtsbehelfe an: Abhilfe in Gestalt der Ersatzlieferung oder Nachbesserung, Minderung und Vertragsauflösung. Darüberhinaus werden die Beweislastverteilung, die Regreßmöglichkeit des Verkäufers gegen Vorlieferanten und die Garantie geregelt.

Die Richtlinie betrifft einen Kernbereich des deutschen Schuldrechts, das Gewährleistungsrecht mit seinen Verflechtungen zum allgemeinen Schuldrecht. Die Umsetzung, die bereits bis zum 1. Januar 2002 geschehen sein muß, wird dementsprechend schwerwiegende Neuerungen mit sich bringen. Die Richtlinie wird sich nicht nur unmittelbar auf die von ihr geregelten Rechtsbehelfe auswirken. Auch die Schadensersatzansprüche werden betroffen sein, da sie mit dem Ziel, den Käufer angemessen zu schützen, eng mit den eigentlichen Gewährleistungsrechtsbehelfen verwoben sind. Bei Eingliederung der Richtlinienrechtsbehelfe in das deutsche Recht verschiebt sich das bisherige Gleichgewicht zwischen den Gewährleistungsrechtsbehelfen und dem Schadensersatz. Dies gilt nicht nur für die gewährleistungsrechtlichen Schadensersatzansprüche aus den §§ 463, 480 II BGB beim Kauf, sondern auch für die Ansprüche aus §§ 325 f. BGB, positiver Vertragsverletzung und culpa in contrahendo im allgemeinen Leistungsstörungsrecht, sowie für die deliktischen Ansprüche aus §§ 823 und 826 BGB. Diese Arbeit beschäftigt sich daher mit den Auswirkungen der Richtlinie auf den Schadensersatz speziell beim Kauf und das Verhältnis der Richtlinienrechtsbehelfe zu den Schadensersatzansprüchen.

Die zu erwartenden weitreichenden Folgen der Richtlinie haben schon bald die Diskussion darüber entfacht, wie weit bei der Umsetzung der Richtlinie auszuholen sei. Der Vorschlag aus der Lehre, die Umsetzung im Interesse der Einheitlichkeit des Schuldrechts nicht auf den Verbraucherkauf zu beschränken, sondern die Begrenzung auf bestimmte Vertragsparteien entfallen zu lassen, wurde vom Bundesjustizministerium aufgegriffen. Von da war der Schritt nicht mehr weit, zur Umsetzung auf den Reformentwurf der Schuldrechtskommision von 1991 zurückzugreifen, zumal dieser wesentliche Elemente mit der Richtlinie gemein hat. Seit dem 9. Mai 2001 liegt ein Regierungsentwurf zu einem Schuldrechtsmodernisierungsgesetz vor, der die Richtlinie auf der Basis des Reformentwurfs von 1991 in das deutsche Recht umsetzt. Für die Schadensersatzansprüche ergeben sich wesentliche Änderungen: Das besondere Gewährleistungsrecht beim Kauf wird abgeschafft, ein einheitlicher Schadensersatzanspruch wegen schuldhafter Pflichtverletzung eingerichtet.

Im ersten Teil dieser Arbeit wird die Verbrauchsgüterkaufrichtlinie vorgestellt. Anschließend werden die deutschen Schadensersatzansprüche beim Kauf kurz dargestellt und die jeweiligen Auswirkungen der Richtlinie auf diese im einzelnen erarbeitet. Im dritten Teil wird der Gesetzentwurf der Bundesregierung zur Umsetzung der Richtlinie behandelt.

Teil I.

Die Verbrauchsgüterkaufrichtlinie

2. Regelungsziel und Anwendungsbereich

2.1. Regelungsziel und Ermächtigungsgrundlage

Die Verbrauchsgüterkaufrichtlinie[1] setzt sich zum Ziel, den Verbraucherschutz in der Europäischen Union auf einem hohen Niveau zu sichern[2]. Sie soll damit zur Vollendung des Binnenmarktes[3] beitragen. Dabei fällt dem Verbraucher gemäß Erwägungsgrund 4 RL eine wichtige Rolle zu. Deshalb soll er beim grenzüberschreitenden Einkauf durch einen gemeinsamen Mindestsockel von Verbraucherrechten abgesichert werden[4]. Daneben sollen durch die Vereinheitlichung der Absatzmärkte zur Förderung des Binnenmarktes Wettbewerbsverzerrungen verhindert werden[5]. Diese doppelte Motivation ist in Art. 1 I RL festgehalten, nach dem es Zweck der Richtlinie ist, im Binnenmarkt einen einheitlichen Verbraucherschutz-Mindeststandard zu gewährleisten. Die Richtlinie wird dementsprechend auf die Ermächtigungsgrundlage Art. 95 EGV gestützt[6]. Daneben verweist Erwägungsgrund 1 RL auf Art. 153 III EGV.

2.2. Harmonisierung eines Kernbereichs

Anders als vorhergehende Schuldvertragsrechtsrichtlinien zielt die Verbrauchsgüterkaufrichtlinie nicht auf die Harmonisierung von Primäransprüchen ab, sondern vereinheitlicht Sekundäransprüche[7]. Die Richtlinie will jedoch nicht das ge-

[1]Im folgenden: Richtlinie bzw. RL.

[2]Erwägungsgrund 1 und 5 RL.

[3]Erwägungsgrund 2 und 4 RL.

[4]Erwägungsgründe 5 und 2, S. 3 RL; Gründe B und C der Entschließung des EP zum Grünbuch, ABl. C 205 vom 1994, S. 562.

[5]Erwägungsgrund 3 RL. Die Richtlinie stellt außerdem eine Ergänzung der Klauselrichtlinie und der Produkthaftungsrichtlinie dar, Grünbuch, S. 69.

[6]Vgl. die Präambel der RL.

[7]*Grundmann*, S. 288.

samte Kauf- oder gar Schuldrecht der Mitgliedstaaten harmonisieren[8], sondern nur „einige Aspekte des Verbraucherkaufes und der Garantien für Verbrauchsgüter“[9]. Von einer vollständigen Harmonisierung kam man schon im Grünbuch ab[10]. Eine solche sei übertrieben und unflexibel[11]. Da die mitgliedstaatlichen Schuldrechtsordnungen sensible, in Gesamtsysteme eingebettete Regelwerke darstellten, die überdies sehr unterschiedlich seien, sei eine Totalharmonisierung nicht sinnvoll[12]. Eine Totalharmonisierung sei nicht erforderlich, um dem Verbraucher den für erforderlich gehaltenen Mindeststandard an Rechten zu sichern. Verwirklicht wurde daher die Harmonisierung eines Kernbereichs der Gewährleistungshaftung[13], die ein Mindestniveau an Verbraucherschutz gewährleistet[14,15]. Eine Vereinheitlichung der Gewährleistungsregeln insgesamt hat nicht stattgefunden[16].

Geregelt werden sollen nur Aspekte im Zusammenhang mit dem Erwerb einer nichtvertragsgemäßen Sache[17]. Dem nationalen Recht bleiben daher die Regelung des Zustandekommens eines Vertrages überlassen, die Regeln bei Mängeln des Vertrages und alle Aspekte im Zusammenhang mit Erfüllung oder Nichterfüllung von Verträgen[18] oder anderer Arten der unzulänglichen Vertragserfüllung, die über die Vertragswidrigkeit des Erzeugnisses hinausgehen[19].

Grund für die Beschränkung des Richtliniengebers auf die Regelung der Gewährleistungshaftung war das Subsidiaritätsprinzip[20]. Es sollten nur die für den Verbraucher wesentlichen Bereiche harmonisiert werden. Die Hauptprobleme der Verbraucher liegen bei der Vertragswidrigkeit von Waren im Sinne mangelnder

---

[8]Vgl. Grünbuch, S. 106 ff.; Begründung zum ursprünglichen RL-Vorschlag 1996, Dok. KOM (95) 520 endg., S. 7.

[9]So der Titel der Richtlinie.

[10]Das Grünbuch setzte sich allerdings noch mit dem Kundendienst auseinander. Die Harmonisierung dieses Bereiches wurde nicht weiter verfolgt. Eine Reminiszenz stellt die Vorschrift über die Montage- und Montageanleitung dar. Siehe dazu unter 2.6.2.3.

[11]Grünbuch, S. 106.

[12]Stellungnahme des WSA, ABl. C 66 vom 3. 3. 1997, S. 5; Entschließung 1-3 des EP zum Grünbuch, ABl. C 205 vom 25. 7. 1994, S. 562.

[13]Stellungnahme des WSA, ABl. C 66 vom 3. 3. 1997, S. 5.

[14]Erwägungsgrund 5 RL.

[15]Entsprechend dem Ziel der Richtlinie, ein einheitliches Schutzniveau für Verbraucher zu schaffen, sind ihre Regeln gemäß Art. 7 RL unabdingbar; *Micklitz*, EuZW 1999, 485, 489; *Reich*, NJW 1999, 2397, 2395.

[16]*Junker*, DZWiR 1997, 271, 276.

[17]Erwägungsgrund 6 RL; Begründung zum ursprünglichen RL-Vorschlag 1996, Dok. KOM (95) 520 endg., S. 7.

[18]Siehe dazu ausführlich unter 10.1.

[19]Begründung zum ursprünglichen RL-Vorschlag 1996, Dok. KOM (95) 520 endg., S. 7.

[20]Begründung zum ursprünglichen RL-Vorschlag 1996, Dok. KOM (95) 520 endg., S. 9 f.; *Schwartze*, S. 614; *Grundmann*, S. 288; kritisch zur Grenzziehung gerade an dieser Stelle *Kircher*, Warenkauf, S. 283.

Qualität[21]. Die in diesem Bereich gebotene Angleichung soll die Bestimmungen und Grundsätze der vertraglichen Haftung im innerstaatlichen Recht unberührt lassen[22].

2.3. Keine Regelung des Schadensersatzes

Nicht geregelt wird auch die Frage des Ersatzes von direkten oder indirekten Schäden, die durch ein fehlerhaftes Produkt entstehen[23]. Der Schadensersatz gehört zum System der Rechte, die sich „im Zusammenhang mit dem Erwerb einer vertragswidrigen Sache" ergeben[24]. Das Problem wird aber als unwesentlich für die Ziele der Richtlinie eingestuft[25]. Nach dem Grünbuch handelt es sich bei Schäden, die aufgrund mangelhafter Produkte entstehen, um ein Randproblem für das Funktionieren des Binnenmarktes[26]. Als beim Verbraucherkauf denkbare Schäden des Käufers werden Verdienstausfälle und Ersatzmieten genannt. Beim Verbraucher erschöpfe sich der Vermögensschaden darin, daß er für gutes Geld schlechte Ware erhalte[27]. Dieses Interesse könne durch Minderung und Vertragsauflösung befriedigt werden[28]. Die für Verbraucher in diesem Zusammenhang bedeutsamen Sicherheitsmängel von Produkten, die zu Mangelfolgeschäden führen, seien zudem bereits über die Produkthaftungsrichtlinie geregelt, was eine Schadensersatzregelung überflüssig mache[29]. Hauptargument für das Beiseitelassen der Schadensersatzansprüche ist damit das Subsidiaritätsprinzip aus Art. 3 b II EGV[30]. Eine Regelung des Schadensersatzes sei zur Erreichung der mit der Richtlinie angestrebten Ziele nicht notwendig.

Gegen die Vereinheitlichung der Schadensersatzansprüche sprach auch, daß die nationalen Rechtsordnungen in diesem Punkt stark voneinander abweichen. Deshalb wurde das Vorhaben, auch diese Ansprüche zu vereinheitlichen, als zu schwierig eingestuft: Man wollte die politische Durchsetzbarkeit erhöhen, indem

[21] Erwägungsgrund 6, Satz 1 und 2 RL; Begründung zum ursprünglichen RL-Vorschlag 1996, Dok. KOM (95) 520 endg., S. 3; außerdem sollen weitere Probleme bei den kommerziellen Garantien liegen.

[22] Erwägungsgrund 6, Satz 3 RL.

[23] Begründung zum ursprünglichen RL-Vorschlag 1996, Dok. KOM (95) 520 endg., S. 7.

[24] So auch *Flessner*, in: Europäisches Kaufgewährleistungsrecht, S. 243.

[25] Begründung zum ursprünglichen RL-Vorschlag 1996, Dok. KOM (95) 520 endg., S. 7.

[26] Grünbuch, S. 115; zustimmend *Grundmann*, S. 290.

[27] *Flessner*, in: Europäisches Kaufgewährleistungsrecht, S. 243.

[28] *Flessner*, in: Europäisches Kaufgewährleistungsrecht, S. 243; *Grundmann*, S. 290, Rn 6.

[29] Grünbuch, S. 115; zustimmend *Grundmann*, S. 290, Rn 6; *Flessner*, in: Europäisches Kaufgewährleistungsrecht, S. 243.

[30] *Schwartze*, S. 614: Die Geltung des Subsidiaritätsprinzips in dem Bereich Art. 9 EGV ist allgemein anerkannt.

man den Regelungsbereich der Richtlinie begrenzte, die bereits deshalb stark in die nationalen Rechtsordnungen eingreift, weil sie erstmals nicht nur Primäransprüche beschreibt, sondern Sekundäransprüche breit regelt[31]. Bei Einbeziehung von Mangelfolgeschäden drohte wegen der zu erwartenden Sprachverwirrung ein Scheitern des gesamten Vorhabens[32]. Daher der punktuelle Ansatz der Richtlinie[33]. Um die Feinabstimmung in den Mitgliedstaaten insbesondere auch im Hinblick auf den Schadensersatz zu ermöglichen, wurde das Mittel der Richtlinie, nicht die Verordnung gewählt[34].

Die Richtlinie sieht daher weder einen Rechtsbehelf Schadensersatz vor, noch enthält sie ausdrückliche Regelungen dazu, wie mitgliedstaatliche Schadensersatzansprüche auszugestalten seien. Immerhin hält Erwägungsgrund 23 RL fest, daß angesichts der Entwicklung des Verbraucherrechts eine umfassendere Harmonisierung in Zukunft notwendig werden könnte.

Das Beiseitelassen der Schadensersatzansprüche ist von der deutschen Literatur überwiegend und zu recht kritisiert worden[35]. Mangel- und Mangelfolgeschäden haben im Extremfall existentielle Bedeutung für den Käufer[36], so daß eine Harmonisierung gerade in diesem Bereich für die Sicherheit des Verbrauchers durchaus eine große Rolle spielt. Das Ziel der Rechtsvereinheitlichung wird nicht erreicht[37], sondern es besteht eine größere Rechtszersplitterung denn je: Bisher war über das internationale Privatrecht für alle Ansprüche aus einem Vertrag eine nationale Rechtsordnung anzuwenden, so daß sich keine Bewertungswidersprüche innerhalb eines Sachverhaltes ergeben haben. Jetzt sind Abhilfe, Minderung und Vertragsauflösung nach von der Richtlinie gesteuertem Recht zu beurteilen, die Schadensersatzansprüche nach den verschiedenen nationalen Schuldrechten[38]. Beim Schadensersatz verbleiben beachtliche Unterschiede zwischen den Verbraucherrechten in den einzelnen Mitgliedstaaten[39]. Wie und ob überhaupt die Schadensersatzansprüche auf die Richtlinienrechtsbehelfe abgestimmt sind, bleibt den Mitgliedstaaten überlassen. Dem Schutz des Verbrauchers, der sich nicht in verschiedenen Rechtsordnungen zurechtfinden kann, dient dies sicher nicht[40]. Vor diesem Hintergrund ist nicht einzusehen, warum die Grenze aufgrund des Sub-

[31] *Grundmann*, S. 288 f., Rn 4.
[32] *Hondius*, ZEuP 1997, 130, 136.
[33] *Grundmann*, S. 288, Rn 4.
[34] *Grundmann*, S. 288, 289.
[35] Zum Grünbuch bereits *Schnyder* und *Straub*, ZEuP 1996, 8, 56 ff.
[36] *Junker*, DZWiR 1997, 271, 276.
[37] So *Kircher*, Warenkauf, S. 282.
[38] *Schnyder* und *Straub*, ZEuP 1996, 8, 57; *Kircher*, ZRP 1997, 290, 294.
[39] *Amtenbrink* und *Schneider*, VuR 1999, 293, 294.
[40] *Kircher*, ZRP 1997, 290, 293.

sidiaritätsprinzips gerade vor den Schadensersatzansprüchen gezogen wird und nicht alle Rechtsbehelfe des Verbrauchers geregelt werden[41], zumal sogar der Regreß des Letztverkäufers mindestens im Ansatz geregelt ist.

2.4. Richtlinie und Schadensersatz nach nationalem Recht

2.4.1. Nationale Schadensersatzregelungen und Art. 8 RL

Art. 8 I RL enthält die aus anderen Richtlinien bekannte[42] Generalklausel, nach der sonstige Rechte, die der Verbraucher nach nationalem Recht geltend machen kann, nicht berührt werden. Es wird klargestellt, daß durch die Richtlinie der Verbraucherschutz nicht nach oben hin gedeckelt werden soll. Art. 8 II RL spricht zusätzlich aus, daß die Mitgliedstaaten gegenüber dem Verkäufer strengere Bestimmungen auch erst neu erlassen können. Hier wird ausdrücklich im Richtlinientext festgehalten, daß nur ein Mindestsockel an Verbraucherrechten geschaffen werden soll und nur eine Mindestharmonisierung angestrebt ist.

Ergänzt wird Art. 8 RL durch Erwägungsgrund 6 Satz 3 RL, nach dem die Angleichung der nationalen Rechtsvorschriften aufgrund der Richtlinie die Regelungen der vertraglichen und außervertraglichen Haftung nicht beeinträchtigen soll. Der Begriff „Haftung" bezeichnet hier nicht alle Möglichkeiten der Verantwortung des Verkäufers einschließlich der Gewährleistung. Damit die Vorschrift sinnvoll ist und nicht den gesamten Richtlinieninhalt zur Disposition stellt, kann sie sich nur auf die von der Richtlinie nicht geregelten Haftungsmöglichkeiten beziehen. Dazu gehört vor allem der Schadensersatz[43]. Erwägungsgrund 24 RL stellt klar, daß dies auch für solche Schadensersatzansprüche gilt, die der Ergänzung des Gewährleistungsrechts dienen.

Die Richtlinie regelt also Schadensersatzansprüche nicht, sondern überläßt sie dem nationalen Recht. Die Gewährung von Schadensersatz auch bei Sachverhalten, in denen die Richtlinie einschlägig ist, bleibt gemäß Art. 8 RL möglich.

---

[41] *Kircher*, ZRP 1997, 290, 293; dies schlagen auch *Schnyder* und *Straub*, ZEuP 1996, 8, 57, vor.

[42] *Amtenbrink* und *Schneider*, VuR 1999, 293, 294.

[43] Denkbar ist außerdem noch die Verpflichtung des Verkäufers, auf eine Vertragsanfechtung durch den Käufer einzugehen.

2.4.2. Beibehaltung des nationalen Schadensersatzrechts?

Eine Umsetzung der Richtlinie, die die deutschen Schadensersatzansprüche unverändert neben den Richtlinienrechtsbehelfen bestehen läßt, ist nach dem eben Gesagten im Prinzip möglich. Allerdings verschiebt sich bei Eingliederung der Richtlinienrechtsbehelfe in das deutsche Recht das bisherige Gleichgewicht zwischen den Gewährleistungsrechtsbehelfen und dem Schadensersatz: Die neuen Gewährleistungsregeln können Funktionen erfüllen, die bisher von der Schadensersatzhaftung ausgefüllt wurden, es gibt Bestandteile des Schadensersatzes, die von den Regelungen der Richtlinie erfaßt sind. Wenn es solche Überschneidungen gibt, muß auch eine Abstimmung der verschiedenen Rechtsbehelfe vorgenommen werden. Womöglich ist eine zusätzliche und weitergehende Verschuldenshaftung in einigen Fällen nicht mehr erforderlich oder gar nicht berechtigt[44]. Dies zu überprüfen ist ein Ziel dieser Arbeit.

2.5. Auslegung der Richtlinie

Bevor die Auswirkungen der Richtlinie bei Umsetzung in das deutsche Recht beurteilt werden, müssen die Richtlinienvorschriften ausgelegt werden. Für die Auslegung gelten die vom EuGH allgemein entwickelten Grundsätze, die den auch im deutschen Recht verwendeten allgemeinen Auslegungsmethoden entsprechen - die historische, grammatikalische, teleologische und systematische Methode[45].

Bei der Anwendung dieser Grundsätze kann zur Ermittlung des Willens des Richtliniengebers bei der Verbrauchsgüterkaufrichtlinie das CISG herangezogen werden. Am CISG als gemeinsamer Basis der mitgliedstaatlichen Rechtsordnungen haben sich die Richtlinienverfasser orientiert, um eine gewisse Einheitlichkeit des Verbrauchsgüterkaufes mit den bereits geltenden Regelungen zu gewährleisten[46]. Das CISG von den meisten Mitgliedstaaten verabschiedet worden, so daß der Umgang damit zumindest beim internationalen Handelskauf schon geübt worden ist. Daher können zur Auslegung der Begriffe auch Kommentierungen und Rechtsprechung zum CISG herangezogen werden. Berücksichtigen muß man bei der Übertragung auf die Richtlinie, daß das CISG als Handelsrecht einen anderen Anwendungsbereich und eine andere Zielrichtung verfolgt.

---

[44]Zur grundsätzlichen Berechtigung von verschuldensabhängigen Schadensersatzansprüchen neben den Rechtsbehelfen der Richtlinie *Schnyder* und *Straub*, ZEuP 1996, 8, 57.

[45]Vgl. dazu z. B. *Grundmann*, S. 100 ff.

[46]KOM (95) 520, S. 12; *Staudenmayer*, NJW 1999, 2393, 2394; *Tonner*, BB 1999, 1769, 1770.

2.6. Sachlicher Anwendungsbereich

Der Geltungsbereich der Richtlinie ist in Art. 1 I RL vorangestellt, der den Richtlinienzweck beschreibt. Danach bestimmt sich der Regelungsbereich über den Begriff des Verbrauchsgüterkauf. Dieser setzt sich wiederum aus gegenständlichen und persönlichen Elementen zusammen[47].

2.6.1. Das Verbrauchsgut, Art. 1 II b RL

Die Richtlinie bezieht sich nicht auf den Kauf allgemein, sondern nur auf den Erwerb von Verbrauchsgütern. Dies geht neben Art. 1 I RL aus der Richtlinienüberschrift und den Erwägungsgründen hervor.

2.6.1.1. Art. 1 II b, 1. Halbsatz RL

Der Begriff des Verbrauchsguts ist in Art. 1 II b RL definiert: Verbrauchsgüter sind grundsätzlich alle beweglichen körperlichen Gegenstände. Der Begriff ist absichtlich weit gefaßt, im zweiten Halbsatz werden Ausnahmen gemacht[48]. Damit ähnelt der Begriff dem Sachbegriff des § 90 BGB[49]. Nicht behandelt werden damit Immobilien[50]. Diese unterliegen in den Mitgliedstaaten besonderen Regelungen, was eine Harmonisierung erschwert[51]. Was unter „beweglich" zu verstehen ist, regelt die Richtlinie nicht, auch die vorhergehenden Entwürfe und das Grünbuch enthalten keine Aufschlüsse[52]. Die Richtlinie läßt insbesondere offen, ob Gegenstände als Verbrauchsgüter unter den Regelungsbereich der Richtlinie fallen, die als Teil einer Gesamtsache verkauft werden, beispielsweise als Zubehör von Immobilien[53,54]. Unklar ist auch die Behandlung von Gegenständen, die nach Eigentumsübergang fester Bestandteil einer anderen, nicht beweglichen Sache werden[55]. Die Ausfüllung des Begriffs bleibt damit dem nationalen Recht vorbehalten.

---

[47] *Hänlein*, DB 1999, 1641, 1642.

[48] *Staudenmayer*, NJW 1999, 2393, 2394.

[49] Diese Ähnlichkeit soll nicht zufällig sein, *Staudenmayer*, in: Europäisches Kaufgewährleistungsrecht, S. 32; *Staudenmayer*, NJW 1999, 2393, 2394.

[50] Vgl. Begründung zum ursprünglichen RL-Vorschlag, Dok. KOM (95) 520 endg., S. 11.

[51] *Schwartze*, S. 610.

[52] Vgl. *Schnyder* und *Straub*, ZEuP 1996, 8, 42, 43.

[53] Vgl. § 314 BGB.

[54] Kritisiert von *Medicus*, ZIP 1996, 1925, 1926.

[55] Kritisiert von *Schnyder* und *Straub*, ZEuP 1996, 8, 43.

2.6.1.2. Art. 1 II b, 2. Halbsatz RL

Ausgenommen vom Verbrauchsgüterbegriff ist gemäß dem 3. Spiegelstrich Strom. Dies entspricht der Ausnahmevorschrift Art. 2 f CISG. Gemäß dem zweiten Spiegelstrich sind – sofern nicht abgefüllt – Wasser und Gas ausgenommen. Diese beiden Ausnahmen sind mit Lehmann[56] richtig so auszulegen, daß alle flüssigen und gasförmigen Stoffe, die nicht zum Verkauf eine räumliche Abgrenzung erfahren haben, vom Regelungsbereich der Richtlinie ausgeschlossen sein sollen. In diesem Sinn entspricht die Definition des Verbrauchsguts dem der beweglichen Sache aus § 90 BGB im deutschen Recht, nach dem die als Ausnahmen genannten Sachen mangels räumlicher Abgrenzbarkeit keine körperlichen Gegenstände sind. Die Motivation für diese Ausnahmen dürfte im Europarecht dieselbe sein wie im deutschen Recht.

Ausgenommen vom Regelungsbereich der Richtlinie sind Gegenstände, die in einer Zwangsvollstreckung oder aufgrund anderer gerichtlicher Maßnahmen verkauft werden. Diese Ausnahme hat ihre Entsprechung in Art. 2 b CISG[57]. Über die Definition des Verbrauchsgutes wird also eine bestimmte Vertriebsmethode aus dem Regelungsbereich der Richtlinie ausgeschlossen[58].

Keine Ausnahme gilt für den Viehkauf, der damit auch von der Richtlinie erfaßt ist. Beim Verkauf eines Reitpferdes muß der Händler damit nicht wie im deutschen Recht gemäß § 481, 482 BGB nur für die Hauptmängel, sondern für alle Mängel haften[59].

2.6.1.3. Gebrauchtwaren

Einbezogen sind entgegen früherer Überlegungen auch kurzlebige Güter und Gebrauchtwaren. Im Grünbuch[60] sollten noch - ohne weitere Begründung[61] - nur neue und haltbare Sachen erfaßt werden. Das Europäische Parlament hielt die Einschränkung für nicht sinnvoll, da die zu behebenden Probleme des Verbrauchers auch beim Kauf gebrauchter oder ihrer Natur nach kurzlebiger Waren auftreten[62]. Die Einbeziehung von Gebrauchtwaren ergibt sich daraus, daß Art. 1 II b RL keine entsprechende Ausnahme enthält und wird in Art. 7 I 2 RL bestätigt. Die Einbeziehung hat Kritik hervorgerufen, weil die besondere Situation des

---

[56] *Lehmann*, JZ 2000, 280, 282.

[57] *Staudenmayer*, NJW 1999, 2393, 2394.

[58] *Staudenmayer*, in: Europäisches Kaufgewährleistungsrecht, S. 33.

[59] *Schmidt-Räntsch*, ZIP 1998, 849, 852.

[60] Grünbuch, S. 109.

[61] *Schnyder* und *Straub*, ZEuP 1996, 8, 16.

[62] Entschließung des EP zum Grünbuch, Erwägung J, ABl. C 205/563 vom 25. 7. 1994.

Verkäufers und die Eigenart der gebrauchten Ware nicht berücksichtigt werde[63]. Anders als bei neuer Ware hat die Kaufsache bereits eine Geschichte hinter sich, in die der gewerbliche Verkäufer – und nur den betrifft die Richtlinie, wie unten noch dargestellt wird – keinen Einblick haben kann oder sich zumindest auf Angaben eines Dritten verlassen muß[64]. Deshalb sind im geltenden deutschen Recht Haftungsausschlüsse zulässig, sogar im Rahmen von AGB[65]. Die Richtlinienhaftung ist dagegen gemäß Art. 7 I 2 RL auch bei Gebrauchtwaren unabdingbar. Haftungserleichterungen für gebrauchte Güter sieht die Richtlinie immerhin in Art. 1 III vor, nach dem die Mitgliedstaaten gebrauchte Güter ausnehmen können, die in einer öffentlichen Versteigerung bei Möglichkeit der Anwesenheit des Verbrauchers verkauft werden. Diese Vorschrift soll dem Schutz des Kunsthandels dienen[66]. Vor allem können die Mitgliedstaaten gemäß Art. 7 I 2 RL die Verkürzung der Gewährleistungsfrist auf bis zu ein Jahr zulassen.

Wie weit sich die Haftung für den Gebrauchtwarenverkäufer erschwert[67], ist von den Anforderungen an die Vertragsmäßigkeit abhängig, das heißt davon, welche Vorstellungen gebrauchte Ware erfüllen muß[68]. An eine gebrauchte Sache werden geringere Anforderungen gestellt als an eine neue, was sich auf den Vertragsmäßigkeitsmaßstab auswirkt[69]. Die Haftung für gebrauchte Sachen ist damit auch nach der Richtlinie eingeschränkt[70]. Will der Verkäufer allerdings sicher gehen, muß er die Sache untersuchen und den Verbraucher von Abweichungen von der Norm in Kenntnis setzen, um so den Haftungsausschluß gemäß Art. 2 III RL herbeizuführen[71]. Unter Umständen ist an einen Haftungsausschluß gemäß Art. 2 III RL zu denken, weil der Käufer über die „Vertragswidrigkeit" nicht in Unkenntnis sein konnte[72]. Auch könnte die Vermutung aus Art. 5 III RL, nach der Vertragswidrigkeiten, die innerhalb von sechs Monaten zutage treten, schon bei

[63]Beschluß des Bundesrates, BR-Drs. 696/96, S. 4; *Kircher*, ZRP 1997, 290, 293; *Micklitz*, EuZW 1997, 229, 235.

[64]Ganz vernachlässigt werden von der Richtlinie die Fälle, in denen der Verbraucher bereits längere Zeit, etwa beim Leasing, selbst im Besitz der Sache ist und sie damit viel besser kennt als der Verkäufer, *Medicus*, ZIP 1996, 1925, 1929 f.

[65]BGHZ 74, 383.

[66]*Reich*, Bürgerrechte, S. 342. Reich kritisiert, diese Ausnahme leuchte nicht ein. Gerade beim Kunstverkauf gehöre die Herkunft schon aufgrund des Preises zur Vertragsmäßigkeit.

[67]Zum Ausweichen auf Agenturverträge aus diesem Grund siehe sogleich unter 2.7.2.

[68] *Westermann*, in: Europäisches Kaufgewährleistungsrecht, S. 264.

[69] *Tonner*, BB 1999, 1769, 1773; *Medicus*, ZIP 1996, 1925, 1930.

[70] *Westermann*, in: Europäisches Kaufgewährleistungsrecht, S. 264; *Tonner*, BB 1999, 1769, 1773.

[71]*Staudenmayer*, in: Europäisches Kaufgewährleistungsrecht, S. 45.

[72]*Medicus*, ZIP 1996, 1925, 1930; damit können die Leasingfälle aus Fußnote 64 gelöst werden.

Lieferung vorgelegen haben sollen, wegen der Art des Gutes nicht anwendbar sein[73]. Schließlich fällt der Rechtsbehelf der Ersatzlieferung bei Gebrauchtwaren in der Regel weg, da es sich um Unikate handelt[74].

2.6.2. Die Vertragsarten

2.6.2.1. Ausgangspunkt: Kauf

Die Richtlinie stellt den Kaufvertrag in den Mittelpunkt, wie schon aus der Überschrift ersichtlich wird. Gemäß Art. 1 I RL ist es das Regelungsziel, die Vorschriften der Mitgliedstaaten zu bestimmten Aspekten des Kaufs anzugleichen. Das Stichwort Kauf fällt in den Erwägungsgründen 2, 3 und 4, S. 3 RL. Der Begriff des Kaufs findet sich darüberhinaus in der gesamten Richtlinie wieder. So ist in Art. 1 II c RL vom Verkäufer die Rede, in Art. 2 I RL vom Kaufvertrag.

Der Begriff des Kaufs in der Richtlinie ist weiter als der in § 433 BGB. Schon Erwägungsgrund 4, S. 1 spricht von der Beschaffung von Waren. Die Formulierung läßt offen, ob es um die Besitzverschaffung oder die Eigentumsverschaffung geht. Bezüglich des zugrundeliegenden Vertragstypus bleibt sie neutral. Ausdrücklich erweitert Art. 1 IV RL per Definition den Begriff des Kaufs. Und auch Art. 2 V RL, der die Anwendbarkeit bei Montageverpflichtungen bestimmt, bezieht einen eigenen Vertragstyp in den Regelungsbereich der Richtlinie ein.

Die Richtlinie bezieht sich also auf unterschiedliche Vertragsarten, die mit der auf Dauer angelegten Besitzverschaffung von Sachen zu tun haben. Der Kauf im Sinne des BGB wird als Standardfall in den Mittelpunkt gestellt.

2.6.2.2. Art. 1 IV RL: Werk- und Werklieferungsvertrag

In Art. 1 IV RL wird der Begriff des Kaufvertrages auf solche Verträge ausgedehnt, die die Lieferung noch herzustellender oder zu erzeugender Verbrauchsgüter betreffen. Werden Sachen erst aufgrund des Vertrages hergestellt, handelt es sich im deutschen Recht um Werk- oder Werklieferungsverträge.

2.6.2.2.1. Werklieferungsvertrag Beim Werklieferungsvertrag, einem Sonderfall des Werkvertrags, ist der Unternehmer gemäß § 651 BGB verpflichtet, ein Werk aus von ihm zu beschaffendem Stoff herzustellen und dem Besteller

---

[73] *Micklitz*, EuZW 1999, 485, 486; *Staudenmayer*, in: Europäisches Kaufgewährleistungsrecht, S. 44.

[74] Erwägungsgrund 16, S. 1 und 2 RL; *Staudenmayer*, in: Europäisches Kaufgewährleistungsrecht, S. 44.

zu übereignen[75]. Darunter fällt die auftragsgebundene Serienproduktion ebenso wie die Maßanfertigung. Diese Unterscheidung nach der Herstellung vertretbarer oder nicht vertretbarer Sachen wird von der Richtlinie nicht nachvollzogen[76]. Die Richtlinie umfaßt neben dem Kauf alle Verträge, die nach deutschem Recht bisher als Werklieferungsverträge behandelt werden. Ist Neuherstellung verlangt, so unterscheidet sich der von Art. 1 IV RL beschriebene Vertragstyp nur dadurch vom Kauf, daß die Sache erst auf Bestellung hergestellt wird. Der Verkäufer ist also gleichzeitig Hersteller bzw. Werkunternehmer und betreibt entweder keine Lagerhaltung, oder er stellt die Ware mit individuellen Eigenschaften für den Verbraucher her. Der Werklieferungsvertrag liegt sehr nahe am BGB-Kaufvertrag, es stellen sich dort dieselben Probleme. Dies spiegelt auch das deutsche Recht wider, nach dem beim Werklieferungsvertrag über vertretbare Sachen Kaufrecht anwendbar ist.

2.6.2.2.2. Werkvertrag Ein Werkvertrag liegt gemäß § 631 I BGB vor, wenn der Unternehmer gegen Werklohn zur Herstellung eines Werkes verpflichtet ist. Ob die Formulierung in Art. 1 IV RL auch Werkverträge einbeziehen will, ist strittig[77]. In Frage steht beispielsweise die Einbeziehung von Reparaturarbeiten an schon bestehenden und dem Verbraucher gehörenden Verbrauchsgütern, die nicht mit einer Eigentumsübertragung verbunden sein müssen. „Herstellung" bzw. „Erzeugung" eines Verbrauchsgutes scheint eher auf die Erschaffung eines neuen Werkes, das bisher noch nicht existierte, hinzudeuten. Andererseits ist eine Neuherstellung von der Richtlinie im Wortlaut ausdrücklich nicht gefordert. Im übrigen können auch Veränderungen einer bereits bestehenden Sache wegen großen Arbeitsaufwandes oder wegen Ersatz- und Einbauteilen so weit reichen, daß die Ausgangssache gegenüber dem Werk zurücktritt und von einer neuen Sache gesprochen werden kann. Die Auslegung, nach der nur Neuherstellungen gemeint sind, ermöglicht damit keineswegs eine so klare Abgrenzung, wie es auf den ersten Blick scheint.

---

[75] Palandt/*Sprau*, § 651 Rn 1.

[76] *Ehmann* und *Rust*, JZ 1999, 853, 856; *Lehr* und *Wendel*, EWS 1999, 321, 322; *Welser* und *Jud*, S. 30.

[77] Von einer Beschränkung auf Werklieferungsverträge gehen aus *Ernst* und *Gsell*, ZIP 2000, 1410 f.; *Matthiesen* und *Lindner*, NJ 1999, 617, 618; *Staudenmayer*, NJW 1999, 2393, 2394; *Schurr*, ZfRV 1999, 222, 224. Schurr übersieht anscheinend Art. 1 IV RL und gründet seine Ansicht nur auf die Montagevorschrift Art. 2 V RL. Er beruft sich dabei auf *Wolf*, RIW 1997, 900 (dito, richtig: 899), 901 und *Jud*, ÖJZ 1997, 441, 442, Veröffentlichungen, die den ursprünglichen RL-Vorschlag vom 18. 6. 1996, Dok. KOM (95) 520 endg. behandeln, in dem Art. 1 IV noch gar nicht enthalten war. Die Autorinnen bezogen sich daher für die Abgrenzung zum Werkvertrag nur auf die Montagevorschrift, damals Art. 2 III. *Wolf* läßt zudem offen, ob der Werkvertrag in den Anwendungsbereich der Richtlinie fällt.

Der Wortlaut des Art. 1 IV RL ist nicht eindeutig. Hinweise darauf, daß man den Begriff „Lieferung" als Übergabe mit dem Ziel der Eigentumsverschaffung interpretieren muß, gibt es nicht. Näherliegend ist die Interpretation als Gewahrsamsübergabe, neutral zur Eigentumsfrage. An anderen Stellen in der Richtlinie, bei denen an die Lieferung angeknüpft wird - beispielsweise als für die Haftung des Verkäufers ausschlaggebendem Zeitpunkt der Vertragswidrigkeit[78] - kommt es auch mehr auf die tatsächliche Besitzübergabe bzw. die Möglichkeit der Einflußnahme an, nicht auf den Eigentumsübergang. Dieser findet in den verschiedenen Rechtsordnungen zu sehr unterschiedlichen Zeitpunkten statt[79]. Deshalb können auch dem Besteller von Anfang an gehörende Sachen „geliefert" werden, die dem Unternehmer nur zur Erstellung des Werkes zuvor ausgehändigt wurden.

Die Klausel des Art. 1 IV RL entstand erst im Lauf des Vermittlungsverfahrens und war wegen großer Meinungsverschiedenheiten verschiedenen Änderungen unterworfen[80].

Das Grünbuch hatte sich über den Kauf hinaus auch mit dem Kundendienst befaßt. Dazu zählte es alle Serviceleistungen, die nach Erwerb der Ware außerhalb einer Garantie oder der Gewährleistung durch den Verkäufer oder Hersteller erbracht werden[81], wie Reparaturen durch den Verkäufer[82]. Insbesondere sollte die Verfügbarkeit von Ersatzteilen geregelt werden[83]. Über bloße Garantieleistungen im Zusammenhang mit einem Kauf ging das Grünbuch weit hinaus. Im deutschen Recht wird die Reparatur von Sachen, auch verbunden mit Ersatzteillieferungen, als Werkvertrag bewertet[84]. Die Harmonisierung des Kundendienstes wurde allerdings aufgegeben. Der ursprüngliche Richtlinienvorschlag[85] enthielt keine dem Art. 1 IV RL entsprechende Regelung[86]. Man berief sich in erster Linie auf das Subsidiaritätsprinzip[87]. Außerdem seien die Serviceleistungen Montage, Wartung, Reparatur usw. zu komplex und vielgestaltig, um ohne weiteres einheitlich geregelt werden zu können[88]. Auch fehlten ausgearbeitete Lösungsvorschläge, wie die verschiedenen nationalen Regelungen vereinbart werden könnten[89]. Schließlich

---

[78]Siehe unten 4.1.

[79]Das Abstraktionsprinzip gibt es so nicht in allen europäischen Rechtsordnungen.

[80]Vgl. dazu *Staudenmayer*, in: Europäisches Kaufgewährleistungsrecht, S. 31 f.

[81]Grünbuch, S. 16 - 21.

[82]*Schnyder* und *Straub*, ZEuP 1996, 8, 10.

[83]Stellungnahme des WSA zum Grünbuch, ABl. C 295 vom 22.10.1994, S. 14 und 16.

[84]OLG Karlsruhe, NJW-RR 1992, 1014.

[85]Ursprünglicher RL-Vorschlag 1996, ABl. C 307, vom 16. 10. 1996, S. 8 ff.

[86]Nach *Amtenbrink* und *Schneider*, VuR 1996, 367, 369 enthielt eine erste Fassung des Richtlinienvorschlags noch begrenzte Regelungen zum Kundendienst.

[87]Begründung zum ursprünglichen RL-Vorschlag, Dok. KOM (95) 520 endg., S. 8.

[88]Begründung zum ursprünglichen RL-Vorschlag, Dok. KOM (95) 520 endg., S. 13.

[89]Vgl. *Schnyder* und *Straub*, ZEuP 1996, 8, 73; *Amtenbrink* und *Schneider*, VuR 1996, 367,

einigte man sich auf einen Kompromiß zwischen der Ausweitung auf alle Serviceleistungen wie im Grünbuch und der Einschränkung auf die Ablieferung einer Sache[90]: Statt der Regelung des Kundendienstes fügte man Art. 2 III des ursprünglichen Richtlinienvorschlages ein, der dem Art. 2 V RL entspricht und die mangelhafte Montage in die Gewährleistungsregeln des Kaufvertrages einbezieht.

Der Änderungsantrag 17 des Europäischen Parlamentes[91] bildete den Ausgangspunkt für die Klausel, die Eingang in den geänderten Richtlinienvorschlag 1998 fand[92]: Verträge über die Lieferung herzustellender oder zu erzeugender Verbrauchsgüter werden Kaufverträgen gleichgestellt. Die Klausel entsprach der jetzt geltenden Fassung. Im Gemeinsamen Standpunkt des Rates wurde sie entsprechend Art. 3 I CISG ergänzt[93], was vom Rat als Einfügung einer wichtigen Komponente begriffen wurde[94]. Danach sollte es sich nicht um einen Kaufvertrag im Sinne der Richtlinie handeln, wenn „der Verbraucher einen wesentlichen Teil der für die Herstellung oder Erzeugung notwendigen Stoffe selbst zur Verfügung zu stellen“ hatte. Diese Änderung entspricht Art. 3 I CISG wörtlich. Die Kommission blieb auch in zweiter Lesung bei dieser Fassung, weil die Richtlinie wie an vielen anderen Stellen auch hier mit dem CISG gleichlauten solle. Den Mitgliedstaaten bleibe eine Ausweitung der Richtlinienhaftung aufgrund der Mindestschutzklausel freigestellt[95]. Im Vermittlungsverfahren einigte man sich dann auf die vom Europäischen Parlament vorgeschlagene Fassung[96] und fügte ergänzend den Haftungsausschluß des Art. 2 III Var. 3 RL ein[97].

Aus dem Entfallen der Einschränkung aus Art. 3 I CISG ist zu schließen, daß Art. 1 IV RL auch Werkverträge umfaßt[98]. Ausgangspunkt ist dabei die verbreitete Meinung zu Art. 3 I CISG, die die Einbeziehung von Reparaturen, Verbesserungsarbeiten, Generalüberholungen und Anlagenaufstellungen erst an dem

369.

[90] *Jud*, ÖJZ 1997, 441, 442.

[91] Billigung des ursprünglichen Vorschlags mit Änderungen durch das EP, ABl. C 104 vom 6.4.1998, S. 30.

[92] ABl. C 148 vom 14.5.1998, S. 12.

[93] ABl. C 333 vom 30.10.1998, S. 46 ff.; vgl. Die Mitteilung der Kommission über den Gemeinsamen Standpunkt, Dok. SEK (98) 1553 endg., S. 4.

[94] Begründung zum Gemeinsamen Standpunkt, ABl. C 333 vom 30. 10. 1998, S. 53.

[95] Stellungnahme der Kommission 1999, Dok. KOM (99) 16 endg., S. 3, II 2 zu Abänderung 11.

[96] Beschluß des EP über den Gemeinsamen Standpunkt, ABl. C 98 vom 9. 4. 1999, S. 226, 228.

[97] Siehe *Staudenmayer*, in: Europäisches Kaufgewährleistungsrecht, S. 32.

[98] *Lehr* und *Wendel*, EWS 1999, 321, 322; *Hänlein*, DB 1999, 1641, 1642; *Rieger*, VuR 1999, 287; *Zivilrechtsausschuß des Deutschen Anwaltsvereins e. V.*, S. 14; *Medicus*, in: Europäisches Kaufgewährleistungsrecht, S. 230.

in der Richtlinie gestrichenen Halbsatz scheitern läßt[99]. Art. 3 I, 2. HS schließt solche Verträge aus, bei denen der Besteller einen wesentlichen Teil des für das Werk erforderlichen Stoffes selbst zur Verfügung stellt. Daraus folgt, daß vom CISG alle Verträge erfaßt werden sollen, in denen der Verkäufer wirtschaftlich ein eigenständiges Produkt, also eine neue Ware herzustellen hat[100]. Reparaturen oder Verbesserungsarbeiten seien deshalb nicht vom CISG erfaßt[101]. Wenn Art. 3 I, 2. Halbsatz CISG in der Richtlinie entfällt, entfällt auch das Erfordernis einer eigenständigen Wertschöpfung. Dieses Ergebnis läßt sich damit untermauern, daß die Einbeziehung von Werkverträgen wie der Reparatur einen Überrest des ursprünglichen Regelungsziels des Grünbuchs darstellt.

Wenn man von der Einbeziehung des Werkvertrages ausgeht, ist zu beachten, daß der Anwendungsbereich der Richtlinie allerdings auch bei noch zu erstellenden Werken durch Art. 1 II b RL auf Verbrauchsgüter begrenzt ist, also auf körperliche Werke[102] beschränkt bleibt. Im deutschen Recht gilt als Werk dagegen jeder denkbare Erfolg, neben körperlichen Werken wie der Herstellung oder der Veränderung von Sachen, z. B. durch Reparatur, auch unkörperliche Werke, etwa das Erstellen von Gutachten oder künstlerische Leistungen[103]. Diese Werkverträge fallen nicht in den Anwendungsbereich der Richtlinie[104].

2.6.2.3. Art. 2 V 1 RL: Liefervertrag mit Montageverpflichtung

Gemäß Art. 2 V 1 RL gelten auch Mängel aufgrund unsachgemäßer Montage als Vertragswidrigkeiten, wenn die Montage Bestandteil des Kaufvertrags war. Diese Regelung ist ein Überrest des vom Grünbuch noch mitbehandelten Kundendienstes[105]. Dieser sollte Dienstleistungen in Form der Instandhaltung oder Reparatur der Kaufsache umfassen, die nicht Gegenstand von Gewährleistung oder Garantie sind[106]. Der Begriff Kaufvertrag ist auch hier im Sinne der Definition aus Art. 1 IV RL zu verstehen. Behandelt werden auch Montagefehler im Rahmen eines Werkvertrages[107] oder Werklieferungsvertrages. Art. 2 V 1 RL bezieht Montageleistungen in den Sachmangelbegriff ein, wenn die Montage Bestandteil des Kauf-

[99] *Karollus*, S. 23; Schlechtriem/*Ferrari*, Art. 3 Rn 9; Staudinger/*Magnus*, Art. 3 Rn 13.
[100] *Karollus*, S. 23.
[101] Vgl. auch *Grundmann*, S. 294; *Hänlein*, DB 1999, 1641, 1642.
[102] Siehe 2.6.1.
[103] Palandt/*Sprau*, Einf v § 631 Rn 1.
[104] Vgl. *Welser* und *Jud*, S. 31.
[105] *Micklitz*, EuZW 1997, 229, 232; *Amtenbrink* und *Schneider*, VuR 1996, 367, 369; *Ring*, BuW 1997, 263.
[106] *Amtenbrink* und *Schneider*, VuR 1996, 367, 369.
[107] Hier ist die Montageverpflichtung von der Herstellungspflicht nicht zu trennen, *Droste*, S. 18; *Graue*, AcP 163 (1963/64), 401, 402.

vertrages ist, unabhängig davon, ob die Montage eine Hauptpflicht des Vertrages darstellt oder nur als Nebenpflicht übernommen wurde[108]. Verpflichtet sich der Verkäufer neben der Lieferung einer Ware auch zu deren Montage, kommen im deutschen Recht verschiedene Vertragstypen in Betracht. Baut der Verkäufer die Sache vor Ablieferung zusammen, handelt es sich um einen im Gesetz geregelten Werklieferungsvertrag gemäß § 651 I BGB[109]. Je nachdem, ob es sich um eine vertretbare Sache handelt oder nicht, ist gemäß § 651 I 2 BGB Kaufrecht oder eine Mischung aus Kauf- und Werkvertragsrecht anwendbar[110]. Solche Verträge sind, wie oben[111] dargestellt, schon aufgrund des Art. 1 IV RL in den Anwendungsbereich der Richtlinie einbezogen[112]. Für sie bringt Art. 2 V 1 RL keine Änderung. Die eigenständige Bedeutung des Art. 2 V RL liegt in der Einbeziehung von Verträgen, bei denen der Verkäufer neben der kaufvertraglichen Lieferpflicht nach Ablieferung auch noch die Montage schuldet. Verträge, bei denen diese Montageverpflichtung im Rahmen einer weiterreichenden Vertragsbeziehung steht, werden in der deutschen Literatur übergreifend als Lieferverträge mit Montageverpflichtung bezeichnet[113] und sind im BGB nicht geregelt[114]. Es handelt sich um einen typengemischten Vertrag mit selbständigen Tatbestandselementen des klassischen Kauf- und Werkvertrags[115]. Welche Vorschriften auf einen solchen Vertrag anzuwenden sind, bestimmt sich nach der Rechtsprechung und nunmehr herrschender Meinung im jeweiligen Einzelfall nach Inhalt und Sinn der Parteiabrede[116]. Ausschlaggebend sind die Konstruktion des Vertrages und die Gewichtung der einzelnen Verpflichtungen des Verkäufers[117]. Steht die werkvertragsähnliche Montageleistung im Vordergrund, so ist nach der sogenannten Absorptionsmethode nur Werkvertragsrecht anwendbar[118]. Steht der Kauf im Vordergrund, wird dagegen Kaufrecht angewendet. Um den Besonderheiten des Vertrages gerecht zu werden, werden dabei Modifizierungen vorgenommen. So soll der Zeitpunkt der Abnahme der für das Vorliegen eines Mangels relevante Zeitpunkt sein, nicht der der Entgegennahme[119]. Überwiegt keines der beiden Elemente, wird nach der so-

[108] *Anders*, ZRP 2000, 293, 294.
[109] BGH NJW 1998, 3197, 3198; *Graue*, AcP 163 (1963/64), 401, 403; *Droste*, S. 19.
[110] *Graue*, AcP 163 (1963/64), 401, 403; *Droste*, S. 19.
[111] 2.6.2.2.
[112] Vgl. *Anders*, ZRP 2000, 293, 294.
[113] Grundlegend *Graue*, AcP 163 (1963), 401, 404.
[114] *Droste*, S. 20.
[115] *Graue*, AcP 163 (1963/64), 401, 402 und 407; MünchKomm/*Westermann*, Vor § 433 Rn 22.
[116] *Graue*, AcP 163 (1963/64), 401, 408.
[117] MünchKomm/*Westermann*, Vor § 433 Rn 22.
[118] BGH NJW 1991, 2486.
[119] BGH NJW 1998, 3197; vgl. auch BGH WM 1983, 1042.

genannten Kombinationstheorie auf jede Verpflichtung das für sie einschlägige Vertragsrecht angewendet[120]. Grundsätzlich versucht die Rechtsprechung diese Typenkombination durch möglichst häufige Anwendung der Absorptionsmethode zu vermeiden[121]. Die Materie hat eine gewisse Verwandtschaft mit dem deutschen Kaufrecht, es bleiben jedoch viele Abgrenzungsschwierigkeiten und rechtliche Besonderheiten[122].

Alle oben genannten Konstruktionen werden von der Richtlinie gleichbehandelt. Auch die Verpflichtung zur Montage, selbst wenn auf sie nach deutschem Recht Werkvertragsrecht anwendbar wäre, fällt unter die kaufrechtliche Gewährleistung der Richtlinie[123]. Die Richtlinie schlägt also einen im deutschen Recht fast eigenständigen Vertragstyp, den Liefervertrag mit Montageverpflichtung, dem Kaufrecht zu[124]. Damit wird einerseits der Streit darüber beendet, welche Vorschriften angewendet werden sollen. Andererseits ergeben sich mit der Einordnung von Montagefehlern als Sachmängel neue Probleme. Dazu gehören beispielsweise die Fragen, ob die Begrenzung des Schadensersatzes für Mangelschäden auf die Fälle des § 463 BGB bei einer werkvertragsähnlichen Vertragspflicht gerechtfertigt ist[125], oder zu welchem Zeitpunkt die Verjährungsfrist zu laufen beginnt[126]. Dagegen ist die von der Richtlinie vorgeschriebene Nachbesserungspflicht dem Charakter der Montage angemessen[127].

Die Richtlinie erfaßt Werklieferungsverträge, Lieferverträge mit Montageverpflichtung sowie einen Ausschnitt aus dem Bereich, der bisher im deutschen Recht von den Sonderregeln zum Werkvertrag behandelt wurde. Alle diese Verträge werden dem Kaufvertrag gleichgestellt. Diese Arbeit konzentriert sich im folgenden exemplarisch auf den Kaufvertrag.

---

[120] *Droste*, S. 76, 101; MünchKomm/*Westermann*, Vor § 433 Rn 23.

[121] MünchKomm/*Westermann*, Vor § 433 Rn 23.

[122] *Wolf*, RIW 1997, 899, 901.

[123] *Anders*, ZRP 2000, 293, 294.

[124] *Westermann* in: Europäisches Kaufgewährleistungsrecht, S. 260.

[125] Bisher sind nach allgemeiner Ansicht bei mangelhafter Montage die §§ 633, 635 BGB anwendbar, BGH WM 1986, 714, 715; MünchKomm/*Westermann*, Vor § 433 Rn 23; Staudinger/*Köhler*, Vorbem zu §§ 422 ff Rn 70; Soergel/*Huber*, Vor § 433 Rn 280; *Droste*, S. 69 f.

[126] *Wolf*, RIW 1997, 899, 901.

[127] *Medicus*, ZIP 1996, 1925, 1927; vgl. *Kircher*, Warenkauf, S. 278; Siehe dazu auch MünchKomm/*Westermann*, Vor § 433 Rn 22.

2.7. Personeller Anwendungsbereich

2.7.1. Der Verbraucher

Ziel der Richtlinie ist der Schutz des Verbrauchers. Art. 1 II a RL enthält eine Definition des Verbraucherbegriffs. Verbraucher ist jede natürliche Person, die zu einem Zweck handelt, der nicht ihrer beruflichen oder gewerblichen Tätigkeit zugerechnet werden kann. Der Begriff entspricht dem seit der Klauselrichtlinie in den anderen Verbraucherschutzrichtlinien[128] üblichen[129]. Im Bestreben, mit einer einheitlichen Verbraucherdefinition arbeiten zu können, wurden juristische Personen nicht einbezogen, wie es ursprünglich und auch vom Wirtschafts- und Sozialausschuß vorgeschlagen war[130]. Dies erleichtert einerseits die Umsetzung[131], und auch bei der Auslegung dieses Begriffes kann so der Bezug zu früheren Verbraucherschutzrichtlinien hergestellt werden. Andererseits bleiben die bestehenden Schwierigkeiten bei der Ausfüllung des Begriffs erhalten[132]. Ungeregelt ist zum Beispiel die Frage, was bei teils privater, teils geschäftlicher Verwendung der Ware gelten soll[133]. Eine mehr ins Detail gehende, unter Umständen kasuistische Definition durch den Richtliniengeber wäre vermutlich mit dem Subsidiaritätsprinzip gar nicht vereinbar[134].

Der Verbraucherbegriff orientiert sich nur an der Zweckbestimmung durch den Verbraucher, ist also rein subjektiv[135]. Eine Person kann je nachdem, ob sie zu einem beruflichen oder gewerblichen Zweck handelt oder nicht, beim Kauf der gleichen Sache als BGB-Käufer auftreten oder als Verbraucher. Für ein und dasselbe Gut können also verschiedene Regeln einschlägig sein[136]. Bei der Umsetzung kann sich der Gesetzgeber an Art. 1 I RL orientieren, wo sich dasselbe Problem stellt[137]. Es ist jedoch nicht einsichtig, warum derselbe Käufer je nach Zweckbe-

---

[128] Art. 2 b RL 93/13/EG über mißbräuchliche Klauseln, ABl. L 95, 29; Art. 1 II a RL 87/102 zum Verbraucherkredit, ABl. L 42, 48; Art. 2 RL 85/577 für außerhalb von Geschäftsräumen abgeschlossene Verträge, ABl. L 372, 31.

[129] So schon das Grünbuch, Dok. KOM (93) 509 endg., S. 107; *Brüggemeier*, JZ 2000, 529, 530; *Schiller*, PHI 1999, 118, 121; *Amtenbrink* und *Schneider*, VuR 1996, 367, 368; *Grundmann*, S. 294; *Schnyder* und *Straub*, ZEuP 1996, 8, 15.

[130] *Staudenmayer*, NJW 1999, 2393; *Schiller*, PHI 1999, 118, 121; *Wolf*, RIW 1997, 899.

[131] *Staudenmayer*, NJW 1999, 2393.

[132] *Schwartze*, S. 612; *Westermann*, Prag, S. 27.

[133] Zu einer Übertragung der für die Produkthaftungsrichtlinie entwickelten Lösung vgl. *Lehr* und *Wendel*, EWS 1999, 321; *Schurr*, ZfRV 1999, 222, 224; *Grundmann*, S. 294; *Reich*, S. 338.

[134] *Grundmann*, S. 294.

[135] *Schwartze*, S. 612.

[136] *Schnyder* und *Straub*, ZEuP 1996, 8, 15.

[137] *Schurr*, ZfRV 1999, 222, 224.

stimmung seines Kaufs unterschiedlich schutzwürdig sein soll[138]. Bemerkenswert ist, daß nach dem Wortlaut für den Verkäufer der Verbraucherstatus nicht erkennbar sein muß, damit die Haftung nach der Richtlinie eingreift. Auch die Zweckbestimmung kann dem Verkäufer verborgen bleiben[139]. Ein Händler muß also damit rechnen, daß sein Vertragspartner, dem er sonst Geschäftswagen verkauft, diesmal ein Auto zur privaten Verwendung kauft und daher die Regelungen der Richtlinie Anwendung finden. Art. 2 a CISG, der die Anwendung des CISG ausschließt, wenn der Käufer für den persönlichen Verbrauch kauft, schützt hingegen das Vertrauen des Verkäufers, der Käufer sei nicht Verbraucher: Das CISG findet demnach auch bei tatsächlichen Verbraucherkäufen Anwendung, wenn der Verkäufer davon nichts weiß und auch nichts wissen muß. Damit entsteht die Möglichkeit von Kollisionsfällen, auf die das CISG und die Richtlinie formal Anwendung finden[140].

2.7.2. Der Verkäufer

Verkäufer im Sinne der Richtlinie ist gemäß Art. 1 II c RL jede – auch juristische – Person, die im Rahmen ihrer beruflichen oder gewerblichen Tätigkeit Verbrauchsgüter verkauft. Die Definition entspricht der aus Art. 2 c RL 1993/13/EG[141]. Nicht in den Regelungsbereich der Richtlinie fallen Verkäufe durch Privatpersonen[142,143].

Wegen der Unabdingbarkeit der Richtlinienhaftung wird es im Gebrauchtwagenhandel zukünftig wieder vermehrt zu der früher aus Steuergründen bevorzugten Konstruktion kommen, daß der Verkäufer als Vertreter der den Gebrauchtwagen abgebenden Privatperson auftritt[144]. Tritt der Gebrauchtwagenhändler als Vertragspartner auf, so kann er seine Haftung nach den Richtlinienrechtsbehelfen lediglich gemäß Art. 7 I 2 RL zeitlich begrenzen. Ist der private Voreigentümer Vertragspartner, so ist die Richtlinie nicht einschlägig, da es sich um einen Kauf von einem Privatmann handelt; damit ist nach nationalem Recht ein vollständiger Haftungsausschluß möglich[145]. Es besteht die Gefahr, daß die Unabdingbarkeit

---

138 *Medicus*, ZIP 1996, 1925, 1926.

139 *Kircher*, ZRP 1997, 290, 291.

140 Zu diesem Problemkreis *Janssen*, VuR 1999, 324, 325; *Wolf*, RIW 1997, 899, 900.

141 *Amtenbrink* und *Schneider*, VuR 1996, 367, 368.

142 *Amtenbrink* und *Schneider*, VuR 1996, 367, 368; *Medicus*, ZIP 1996, 1925, 1926.

143 Dies wurde im Hinblick auf den Schutzzweck der Richtlinie kritisiert: Der Verbraucher sei gleichermaßen schutzwürdig, ob er von Privat oder von einem Verkäufer im Sinne der Richtlinie erwerbe, Beschluß des Bundesrats vom 8. 11. 1996, Drs. 696/96, S. 2.

144 Vgl. *Junker*, DZWiR 1997, 271, 278.

145 *Hänlein*, DB 1999, 1641, 1642; *Schlechtriem*, JZ 1997, 441, 443 f.

der Gewährleistungsregeln durch solche Agenturverträge unterlaufen wird, in denen der Händler lediglich als Vertreter auftritt[146]. Hier bietet sich ein Ansatzpunkt dafür, die Richtlinienhaftung auf alle Kaufverträge auszudehnen[147].

[146] *Schlechtriem*, JZ 1997, 441, 444; *Westermann*, in: Europäisches Kaufgewährleistungsrecht, S. 265. Vgl. auch die Empfehlungen des 39. Verkehrsgerichtstages vom 24. - 26. 1. 2001 in Goslar, *Kraft*, FAZ vom 6. 2. 2001, S. T 1.

[147] *Westermann*, in: Europäisches Kaufgewährleistungsrecht, S. 265.

3. Die Vertragsmäßigkeit

3.1. Vertragsmäßigkeit als Zentralbegriff

Zentraler Begriff für die Richtlinienhaftung des Verkäufers ist die Vertragsmäßigkeit der Ware. Die Vertragsmäßigkeit übernimmt die Funktion des Maßstabs der Fehlerhaftigkeit aus dem deutschen Recht[1]. Art. 2 I RL verpflichtet den Verkäufer, dem Verbraucher dem Kaufvertrag gemäße Ware zu liefern. Nach Art. 3 I RL haftet der Verkäufer für jede Vertragswidrigkeit der gelieferten Ware. Das Vertragsmäßigkeitsprinzip der Richtlinie ist dem CISG[2] entnommen. Der Richtliniengeber ist davon ausgegangen, daß der Vertragsmäßigkeitsbegriff gemeinsame Grundlage aller mitgliedstaatlichen Rechtsordnungen sei[3,4]. Bei der Ausfüllung des Vertragsmäßigkeitsbegriffs orientiert sich die Richtlinie ebenfalls am CISG[5], es bestehen allerdings zahlreiche Unterschiede[6].

3.2. Subjektiver Fehlerbegriff, Art. 2 I RL

Indem Art. 2 I RL in erster Linie den Vertrag als Maßstab nimmt für das, was geschuldet wird, entscheidet sich die Richtlinie wie das CISG für den subjektiven Fehlerbegriff[7]. Die Parteien können vereinbaren, wie die Ware beschaffen sein soll. Die Verbrauchsgüter müssen dem Kaufvertrag gemäß sein, die Ist- der Sollbeschaffenheit entsprechen. Der Fehlerbegriff der Richtlinie entspricht damit im Grundsatz dem Fehlerbegriff des § 459 I 1 BGB[8].

[1] *Flessner*, in: Europäisches Kaufgewährleistungsrecht, S. 236.

[2] Art. 35 CISG.

[3] Erwägungsgrund 7 RL.

[4] Dabei wurden offensichtlich die diffizilen Unterscheidungen im deutschen Recht zwischen Fehler und Fehlen einer zugesicherten Eigenschaft, Erfüllungs- und Gewährleistungstheorie unbeachtet gelassen, *Schiller*, PHI 1999, 118, 122.

[5] Art. 35 II CISG.

[6] *Kircher*, ZRP 1997, 290, 291. Siehe dazu sogleich.

[7] *Flessner*, in: Europäisches Kaufgewährleistungsrecht, S. 236; *Hondius*, ZEuP 1997, 130, 134.

[8] *Medicus*, ZIP 1996, 1925, 1926; *Schlechtriem*, Schuldrecht BT, Rn 78.

Die Probleme mit dem Vertragsmäßigkeitsbegriff der Richtlinie beginnen erst bei seiner Ausfüllung durch die Vermutungsregeln des Art. 2 II RL[9].

3.3. Systematik des Art. 2 RL

3.3.1. Vermutungsregel des Art. 2 II RL

3.3.1.1. Vermutung einer Sollbeschaffenheitsvereinbarung

Während Art. 2 I RL grundsätzlich bestimmt, daß der Vertrag der Maßstab für die Vertragsmäßigkeit der Ware ist, soll Art. 2 II RL die Anwendung dieses Grundsatzes in der Praxis erleichtern[10]. Dieser stellt seinem Wortlaut nach zunächst Vermutungen auf, wann die gelieferte Ware vertragsgemäß ist[11]. Es handelt sich also um eine Vermutung über das, was vertraglich als Sollbeschaffenheit vereinbart sein soll[12]. Diese Regelungstechnik ist dem deutschen Recht fremd[13]. Die Vermutungen sind widerlegbar[14]. Sie greifen nur dann ein, wenn der Vertrag keine oder nur unklare Bestimmungen zur Sollbeschaffenheit enthält[15]. Neben der Ergänzung lückenhafter Vertragsbestimmungen dienen Art. 2 II a-d RL, die die meisten üblichen Situationen abdecken sollen[16], auch als Auslegungskriterien für das, was die Parteien mit einer Vereinbarung gemeint haben[17]. Die Formulierung als Vermutung bedeutet zunächst einmal im Ergebnis nur eine Beweiserleichterung[18]: Kann die Sollbeschaffenheit dem Vertrag nicht entnommen werden, so geht man von den in Art. 2 II RL genannten Eigenschaften aus. Die Voraussetzungen des Art. 2 II a–d RL müssen einerseits kumulativ vorliegen, damit die Vermutungswirkung eintritt[19]. Andererseits sind die Anforderungen auch hinreichend: Entspricht die Ware den Anforderungen des Art. 2 II RL, so ist sie vertragsgemäß, sofern keine abweichenden Vereinbarungen festgestellt werden können.

[9] *Medicus*, ZIP 1996, 1925, 1926; *Junker*, DZWiR 1997, 271, 273.

[10] Erwägungsgrund 8, S. 1 RL; Begründung zum ursprünglichen RL-Vorschlag 1996, Dok. KOM (95) 520 endg., S. 13.

[11] Art. 2 II RL am Anfang.

[12] *Ernst* und *Gsell*, ZIP 2000, 1410, 1414; *Flessner*, in: Europäisches Kaufgewährleistungsrecht, S. 238; *Krebs*, Beilage Nr. 14, DB 2000, S. 17; *Schlechtriem*, in: Zivilrechtswissenschaft und Schuldrechtsreform, S. 214.

[13] *Matthiesen* und *Lindner*, NJ 1999, 617, 618; *Medicus*, ZIP 1996, 1925.

[14] Erwägungsgrund 8, S. 1 RL.

[15] Erwägungsgrund 8, S. 1 und S. 3, 1. Alt RL.

[16] Erwägungsgrund 8, S. 1 RL.

[17] *Staudenmayer*, NJW 1999, 2393, 2394.

[18] *Staudenmayer*, NJW 1999, 2393, 2394.

[19] Erwägungsgrund 8, S. 5 RL. Siehe dazu sogleich.

3.3.1.2. Kumulation der Anforderungen des Art. 2 II a-d RL

Für die Vermutungswirkung müssen die Voraussetzungen des Art. 2 II a-d RL grundsätzlich kumulativ vorliegen[20]. Erwägungsgrund 8, S. 6 beschränkt die Kumulationsanforderung. Wenn ein Element aufgrund der Umstände des Falls offenkundig unanwendbar ist, „... so behalten die übrigen Elemente der Vermutung dennoch ihre Gültigkeit." Dies meint, daß die Vermutungswirkung in diesem Fall dennoch eintritt. Die Prämissen der einzelnen Buchstaben müssen also erfüllt sein, damit sie relevant werden[21]. So kann etwa die Vereinbarung eines besonderen Zweckes gemäß Art. 2 II b RL es ausschließen, daß die Sache auch dem gewöhnlichen Zweck gemäß Art. 2 II c RL entsprechen muß[22]. Enthält der Vertrag Vereinbarungen über den Zweck, ist Art. 2 II b RL einschlägig, sonst wird gemäß Art. 2 II c RL auf den gewöhnlichen Gebrauch abgestellt. In der Regel greift also entweder Buchstabe c oder d, so daß der Käufer nur dann in Bezug auf das Vorhandensein der gewöhnlichen Zweckeignung geschützt wird, wenn er nicht andere, hinter den üblichen zurückbleibende Eigenschaften vereinbart hat[23]. Die Befürchtung, die Ware könne nur vertragsgemäß sein, wenn sie neben den vereinbarten auch den gewöhnlichen Zwecken genüge[24], ist also unbegründet. Art. 2 II c RL findet dann erst gar keine Anwendung. In Zweifelsfällen kommt es sowohl auf den gewöhnlichen als auch den vertraglich vereinbarten Zweck an[25]. Insoweit entspricht die Regelung § 459 I BGB. Diese Art der Kumulation von objektivem und subjektivem Fehlerbegriff bedeutet, daß der Verkäufer, der sich auf die Vermutungswirkung des Art. 2 II RL berufen will, eine Vereinbarung nachweisen muß, nach der die Ware hinter den üblichen Eigenschaften zurückbleiben darf. Auch nach geltendem Recht trifft den Verkäufer die Beweislast für qualitätsmindernde Abreden, so daß durch die in Erwägungsgrund 8 RL angeordnete Kumulation keine Änderung eintritt[26].

3.3.1.3. Bestimmung der Vertragswidrigkeit?

Bemerkenswert ist, daß die Vermutung des Art. 2 II RL entgegen dem zugrundeliegenden Verbraucherschutzzweck zugunsten des Verkäufers wirkt[27]. Art. 2 II RL

[20] Erwägungsgrund 8, S. 5 RL.
[21] *Grundmann*, S. 296.
[22] *Schmidt-Räntsch*, ZIP 1998, 849, 851.
[23] *Grundmann*, S. 296 f.; *Kircher*, ZRP 1997, 290, 292.
[24] *Kircher*, ZRP 1997, 290, 292.
[25] *Grundmann*, S. 296 f.
[26] *Rieger*, VuR 1999, 287, 288.
[27] *Staudenmayer*, NJW 1999, 2393, 2394; *Flessner*, in: Europäisches Kaufgewährleistungsrecht, S. 238; *Schwartze*, ZEuP 2000, 544, 556.

enthält dem Wortlaut nach keine Vermutungen für die Vertrags*widrigkeit* der Ware, die das Eingreifen der Haftung gemäß Art. 3 I RL erleichterte. Vermutet wird vielmehr zugunsten des Verkäufers, daß die Ware den Anforderungen entspricht. Fraglich ist, wie weit Art. 2 II RL auch zur Bestimmung der Vertragswidrigkeit von Waren dienen kann.

Erwägungsgrund 8, S. 3, 2. Alt. RL schlägt vor, Art. 2 II RL auch „im Fall der Anwendung der Mindestschutzklausel" zur Bestimmung der Vertragswidrigkeit zu verwenden. Mit „Mindestschutzklausel" ist Art. 8 RL gemeint, wie aus dem Titel dieser Vorschrift zu erkennen ist. Adressat dieser Bestimmung des Erwägungsgrundes ist der nationale Gesetzgeber[28]. Art. 2 II RL kann als Anhaltspunkt für die Vertragsauslegung und zur Veranschaulichung des Vertragsmäßigkeitsbegriffs im Gesetz[29] dienen, auch in Bezug auf mitgliedstaatliche Bestimmungen, die nicht auf der Richtlinie beruhen, sondern etwa, wie es Art. 8 RL erlaubt, weitergehende Verbraucherschutzrechte vorsehen. So kann der Gesetzgeber im Interesse des Verbrauchers[30] eine Harmonisierung bewirken, die über den eigentlichen Regelungsbereich der Richtlinie hinausgeht[31].

Es würde zu weit führen[32], aus Erwägungsgrund 7 und 8 RL und dem angestrebten Verbraucherschutz zu schließen, Art. 2 II RL enthalte entsprechend Art. 35 II CISG auch eine Vermutung der Vertragswidrigkeit zugunsten des Verbrauchers, wenn die Kaufsache wenigstens eine Anforderung aus Art. 2 II RL nicht erfüllt[33]. Gemäß Art. 35 II CISG ist eine Ware nur vertrags*gemäß*, wenn sie den dort genannten Anforderungen entspricht. Der Wortlaut der Richtlinie weicht von Art. 35 II CISG allerdings ab[34]. Im Hinblick auf den Verbraucherschutzgedanken ist festzuhalten, daß die Eigenschaften aus Art. 2 II a-d RL kumulativ als vereinbart gelten, so daß sich der Verkäufer nur dann auf die Vermutung berufen kann, wenn jene erfüllt sind. Entspricht die Ware in einem Punkt nicht den Anforderungen des Art. 2 II RL, so tritt die übliche Darlegungs- und Beweislast ein. Es liegt am Verbraucher, die Voraussetzungen für die Haftung nach der Richtlinie, also auch das Bestehen einer Abweichung der Ist- von der Sollbeschaffenheit, darzulegen. Die Mitgliedstaaten können allerdings gemäß Art. 8 II RL eine den Verbraucher begünstigende Vermutung einrichten[35].

---

[28] *Staudenmayer*, NJW 1999, 2393, 2394.

[29] *Amtenbrink* und *Schneider*, VuR 1996, 367, 372; *Medicus*, ZIP 1996, 1925, 1996.

[30] Im Verbraucherinteresse liegt hier die einfachere Rechtsanwendung durch die Harmonisierung der Begriffe in verschiedenen Bestimmungen.

[31] Vgl. auch *Lehmann*, JZ 2000, 280, 282: Zweck des Art. 2 II RL sei es, eine Mindestharmonisierung zu garantieren.

[32] Dieser Ansicht ist auch *Schwartze*, ZEuP 2000, 544, 554.

[33] So *Faber*, JBl 1999, 413, 418 und *Lehr* und *Wendel*, EWS 1999, 321, 322.

[34] *Faber*, JBl 1999, 413, 418, unterstellt, aus Erwägungsgrund 7 RL gehe hervor, daß eine inhaltliche Abweichung von Art. 35 II CISG nicht beabsichtigt gewesen sei.

[35] Vgl. *Schwartze*, ZEuP 2000, 544, 554.

3.3.2. Vertragsfreiheit und Vermutungsregel

3.3.2.1. Vereinbarte Sollbeschaffenheit oder Mindestqualitätsstandard?

Indem der Richtliniengeber die Form der Vermutungsregel wählt, stellt er in Art. 2 II RL keine zwingenden Bedingungen für die Vertragsmäßigkeit auf[36]. Im Grünbuch wurde dagegen noch das Prinzip der berechtigten Erwartungen des Verbrauchers diskutiert[37]. Man lehnte sich dabei an Art. 6 der Produkthaftungsrichtlinie 85/374/EWG an[38]. Welche Anforderungen an die Ware zu stellen sind, sollte allein durch die Erwartungen des Verbrauchers bestimmt werden. Ausschlaggebend wären dabei nur legitime Erwartungen, das heißt solche, die ein durchschnittlicher Verbraucher nach objektivem Beurteilungsmaßstab im Einzelfall hegen durfte[39]. Diese Erwartungen sollten den Qualitätsstandard der Ware objektiv bestimmen, der nicht unterschritten werden dürfe. Das Konzept der berechtigten Erwartungen wurde bereits in der Begründung zum ursprünglichen Richtlinienvorschlag von 1996 verworfen, weil es den Verkäufer zu sehr benachteilige[40,41]. Art. 2 II RL spiegelte dennoch bis zum geänderten Richtlinienvorschlag[42] noch wesentliche Aspekte dieses Konzepts wider[43]. Art. 2 II RL war in den Richtlinienvorschlägen noch anders formuliert: Waren galten als vertragsgemäß, wenn sie die anschließend genannten Anforderungen erfüllten. Eine dem Erwägungsgrund 8 RL entsprechende Erklärung existierte nicht. Wenn eine Sache vertragsgemäß sein sollte, so mußte sie nicht nur den ausdrücklichen vertraglichen Vereinbarungen entsprechen, sondern außerdem die in Art. 2 II RL-Vorschlag genannten Eigenschaften besitzen[44]. Art. 2 II RL-Vorschlag legte damit einen objektiven Qualitätsstandard

---

[36] *Staudenmayer*, NJW 1999, 2393, 2394.

[37] Grünbuch, S. 109 f. Positiv zu diesem Konzept *Schnyder* und *Straub*, ZEuP 1996, 8, 45 ff.

[38] Grünbuch, S. 110, *Schnyder* und *Straub*, ZEuP 1996, 8, 16; *Amtenbrink* und *Schneider*, VuR 1996, 367, 370. Diese Anlehnung wurde kritisiert, weil die Produkthaftungsrichtlinie die gesetzliche Haftung regle, die anders als die auf Vertrag beruhende Gewährleistungshaftung zu beurteilen sei, *Grundmann*, S. 296, Rn 19.

[39] *Schnyder* und *Straub*, ZEuP 1996, 8, 16.

[40] Dok. KOM (95) 520 endg., S. 12; *Amtenbrink* und *Schneider*, VuR 1996, 367, 370.

[41] Außerdem war die Ausfüllung des Begriffes der berechtigten Erwartungen wegen der unbestimmten Rechtsbegriffe („der Verbraucher" schlechthin, die Legitimität der Erwartung) mit Rechtsunsicherheit verbunden, Stellungnahme des WSA zum Grünbuch, ABl. C 295 vom 22. 10. 1994, S. 14; *Medicus*, ZIP 1996, 1925, 1926; *Grundmann*, S. 296.

[42] Art. 2 II des ursprünglichen Richtlinienvorschlags 1996, ABl. C 307 vom 16. 10. 1996, S. 8 f. und des geänderten RL- Vorschlages 1998, ABl. C 148 vom 14. 5. 1998, S. 12 ff.

[43] *Amtenbrink* und *Schneider*, VuR 1996, 367, 370; *Grundmann*, S. 296, Rn 20.

[44] *Wolf*, RIW 1997, 899, 900 und 902; *Medicus*, ZIP 1996, 1925, 1926; *Faber*, JBl 1999, 413, 425.

fest[45]. Kritisch beurteilt wurde diese Einschränkung der Vertragsfreiheit insbesondere im Hinblick auf die Verbindlichkeit von Werbeaussagen aus Art. 2 II d RL-Vorschlag[46].

Die Richtlinie[47] hindert dagegen die Vertragsparteien nicht, den Maßstab der Vertragsmäßigkeit beliebig niedrig festzusetzen[48]. Die Vertragsfreiheit wird durch Art. 2 II RL nicht eingeschränkt[49]. Bestätigt wird dies durch den paradox formulierten Art. 2 III RL, nach der die Haftung für Vertragswidrigkeiten ausgeschlossen ist, wenn der Verbraucher die Vertragswidrigkeit kannte oder vernünftigerweise darüber nicht in Unkenntnis sein konnte[50]. Art. 2 II RL ist damit dem Art. 35 CISG angenähert, der ebenfalls keine objektiven Qualitätsstandards festlegt. Ausschlaggebend für den Qualitätsmaßstab sind die im Vertrag festgelegten Eigenschaften, es herrscht also der subjektive Fehlerbegriff[51]. Zur Ausfüllung des Vertragsmäßigkeitsbegriffs werden daher in erster Linie die Erklärungen und das Verhalten der Parteien ausgelegt[52]. Nur wenn im Vertrag ausdrücklich oder konkludent nichts geregelt ist, greifen die Standards des Art. 35 II CISG[53] und legen einen objektiven Mindeststandard fest[54]. Es handelt sich dabei also nicht um Legalgarantien, die unabhängig von Willen und Kenntnisstand der Parteien[55] gelten, sondern nur um die Verdeutlichung eines anzunehmenden Parteiwillens, der im Einzelfall zuvor gemäß Art. 8 CISG auszulegen ist[56].

Die Parteien können demnach selbst bestimmen, welche Anforderungen an die Qualität der Kaufsache zu stellen sind. Soll dem Vertrag nach ein Gebrauchtwagen zum Ausschlachten verkauft werden, so muß der Verkäufer nicht für sonst übliche Eigenschaften, beispielsweise die Fahrtüchtigkeit, einstehen[57].

---

[45] *Schlechtriem*, JZ 1997, 441, 444.

[46] Vgl. z. B. *Schlechtriem*, JZ 1997, 441, 444; *Medicus*, ZIP 1996, 1925, 1926.

[47] Die Formulierung des Art. 2 II als Vermutung erscheint erstmals im Gemeinsamen Standpunkt, ABl. C 333 vom 30. 10. 1998, S. 49.

[48] *Gsell*, JZ 2001, 65, 66; *Grundmann*, in: Europäisches Kaufgewährleistungsrecht, S. 296 f.; *Ehmann* und *Rust*, JZ 1999, 853, 860; *Rieger*, VuR 1999, 287, 288 f.

[49] Erwägungsgrund 8, S. 2 RL.

[50] *Gsell*, JZ 2001, 65, 66.

[51] *Schlechtriem*, Int. UN-Kaufrecht, Rn 133.

[52] Vgl. Art. 8 CISG, *Schlechtriem*, Int. UN-Kaufrecht, Rn 134.

[53] *Schlechtriem*, Int. UN-Kaufrecht, Rn 135; Schlechtriem/*Schwenzer*, Art. 35 Rn 12.

[54] Staudinger/*Magnus*, Art. 35 Rn 17; unklar dagegen Honsell/*Magnus*, Art. 35 Rn 12.

[55] Zum Beispiel über das, was gewöhnlicher Gebrauch ist.

[56] *Schlechtriem*, Int. UN-Kaufrecht, Rn 135.

[57] Vgl. *Welser* und *Jud*, S. 60 f.

3.3.2.2. Unbestimmte Klauseln und Unabdingbarkeit, Art. 7 I RL

Streitig ist, wie sich der Vorrang der Vertragsbestimmungen mit dem Verbraucherschutzgedanken und insbesondere Art. 7 I RL vereinbaren läßt[58]. Insbesondere allgemein gehaltene Klauseln wie „Verkauft wie besehen“[59] oder Klauseln, die die Haftung für Werbeaussagen aus Art. 2 II d RL generell ausschließen[60], sind problematisch. Sie ähneln der in Erwägungsgrund 22, S. 2 RL für unzulässig erklärten Klausel, die die Wirkung des Haftungsausschlusses wegen Kenntnis des Verbrauchers aus Art. 2 III RL künstlich herstellen will[61]. Fraglich ist allerdings, ob die Unabdingbarkeitsregel aus Art. 7 I RL für den Vertragsmäßigkeitsmaßstab gilt. Art. 7 I RL bezieht sich auf die durch die Richtlinie verliehenen Rechte. Unzweifelhaft nicht verbindlich sind Einschränkungen bei den Rechtsfolgen[62]. Es ist unmöglich, die von der Richtlinie vorgesehenen Rechtsbehelfe ganz oder teilweise auszuschließen oder die Fristen zu Lasten des Verbrauchers abzuändern. Wie eben gezeigt, enthält die Richtlinie nicht das Recht auf die Einhaltung eines objektiv verbindlichen Qualitätsmaßstabs, von dem abzuweichen Art. 7 RL verbieten könnte[63]. Vielmehr gehört zu den von Art. 7 I RL geschützten, von der Richtlinie verliehenen Rechten auch, die Sollbeschaffenheit gemäß Art. 2 I RL vertraglich frei vereinbaren zu können[64]. Deshalb wird vertreten, Art. 7 I RL stehe auch allgemein gehaltenen Klauseln, die die Sollbeschaffenheit herabsetzen, nicht entgegen[65]. Allerdings verbietet dieser auch mittelbare Gewährleistungsausschlüsse. Die Herabsetzung der Sollbeschaffenheit auf der Tatbestandsseite kann sich als Gewährleistungsausschluß auswirken, da es die bestehenbleibenden Rechtsbehelfe dadurch aushöhlt, daß der Eintritt des Haftungsfalles praktisch ausgeschlossen wird[66]. Dieser Bezug zwischen der Ausgestaltung der Sollbeschaffenheit und einem unzulässigen Gewährleistungsausschluß wird insbesondere in Erwägungsgrund 7, S. 3 und 4 RL hergestellt[67].

---

[58] *Faber*, JBl 1999, 413, 425; *Welser* und *Jud*, S. 60 ff.

[59] Dazu *Grundmann*, in: Europäisches Kaufgewährleistungsrecht, S. 296 f.

[60] *Faber*, JBl 1999, 413, 426.

[61] Ein Bezug zum Qualitätsmaßstab besteht bei Art. 2 III RL allerdings nicht.

[62] *Faber*, JBl 1999, 413, 425, Fn 97.

[63] *Grundmann*, in: Europäisches Kaufgewährleistungsrecht, S. 296 f.

[64] *Faber*, JBl 1999, 413, 425.

[65] *Grundmann*, in: Europäisches Kaufgewährleistungsrecht, S. 297; allerdings stellt auch *Grundmann* hohe Anforderungen an die „Transparenz“ solcher Vereinbarungen.

[66] *Faber*, JBl 1999, 413, 425.

[67] Erwägungsgrund 7 RL richtet sich allerdings an den die Richtlinie umsetzenden Gesetzgeber. Eine Aussage darüber, wie enge Sollbeschaffenheitsvereinbarungen durch die Parteien zu behandeln sind, enthält er nicht. Solange das „Mindestmaß an Verbraucherschutz ... gewährleiste[t]“ ist, hat der Gesetzgeber einen Umsetzungsspielraum. Dieses Verbraucherschutzmindestmaß ist im Hinblick auf die Vertragsfreiheit einzugrenzen, Erwägungsgrund 8, S. 2 RL.

Einige Autoren[68] gehen daher davon aus, daß unbestimmt gehaltene Klauseln wegen der Unabdingbarkeitsregel die Vermutung des Art. 2 II RL nicht widerlegen können. Die Eigenschaften, bezüglich derer die Kaufsache hinter dem durch Art. 2 II RL beschriebenen üblichen Maß zurückbleiben soll, müßten konkret benannt werden. Nur dann sei die Vermutung des Art. 2 II RL für das, was vereinbart worden ist, ausgeschaltet. Der Richtliniengeber habe ausschließen wollen, daß der Verkäufer durch allgemeine Klauseln von der Richtlinienhaftung freikommen könne[69]. Normzweck der Vermutungsregel des Art. 2 II RL in Verbindung mit der Entlastungsmöglichkeit bei Kenntnis des Verbrauchers gemäß Art. 2 III RL von dem konkreten Mangel sei es, den Verkäufer dazu zu bringen, den Verbraucher auf Abweichungen von der Norm hinzuweisen[70]. Diese Warnfunktion könne nur dann erfüllt sein, wenn der Mangel konkret benannt werde. Ob die Vertragsbestimmung konkret genug sei, müsse jeweils für den Einzelfall ermittelt werden[71].

Im Ergebnis wird der Maßstab aus Art. 2 III RL, der bei konkludenten Beschaffenheitsvereinbarungen einschlägig ist, auch auf die ausdrücklichen Sollbeschaffenheitsvereinbarungen gemäß Art. 2 I RL angewendet, wenn sie von dem in Art. 2 II RL beschriebenen Standard abweichen.

Da die Richtlinie dieses Problem nicht explizit anspricht, kann diese Einschränkung des Art. 2 I RL der Auslegung durch die Rechtsprechung überlassen bleiben[72].

3.4. Art. 2 II a-d RL

Die in Art. 2 II RL genannten Vermutungen sind teils subjektiv, teils objektiv geprägt. Die Konstruktion erinnert daher an den subjektiv-objektiven Fehlerbegriff[73]. Wesentliche Tatbestandserweiterungen im Verhältnis zum deutschen Recht ergeben sich nicht[74].

---

[68] *Staudenmayer*, NJW 1999, 2393, 2397; *Lehmann*, JZ 2000, 280, 283; *Faber*, JBl 1999, 413, 423; *Welser* und *Jud*, S. 60 ff; ähnlich wohl auch *Ernst* und *Gsell*, ZIP 2000, 1410, 1415, wenn sie Art. 2 II d RL als mögliche Grenze für die Einigung über die Sollbeschaffenheit ansehen.

[69] *Faber*, JBl 1999, 413, 426; *Welser* und *Jud*, S. 61.

[70] *Faber*, JBl 1999, 413, 426.

[71] *Welser* und *Jud*, S. 61.

[72] *Welser* und *Jud*, S. 61.

[73] *Tonner*, BB 1999, 1769, 1771.

[74] *Ehmann* und *Rust*, JZ 1999, 853, 856; *Gass*, S. 136.

3.4.1. Art. 2 II a RL

3.4.1.1. Kumulation oder zwei Tatbestände?

Vertragsgemäß ist gemäß Art. 2 II a RL, was mit der Beschreibung des Verkäufers übereinstimmt und die Eigenschaften einer vorgelegten Probe oder eines Musters hat. Nimmt man die Konjunktion „und“ zwischen der ersten und zweiten Variation wörtlich, so kommt man zu einem sehr begrenzten Anwendungsbereich des Art. 2 II a RL. Dann greift die Vermutungswirkung nur, wenn neben einer Beschreibung des Verkäufers zusätzlich noch eine Probe oder ein Muster vorgelegt wird und umgekehrt[75]. Man könnte das „und“ aber auch so auslegen wie die sonstigen Kumulationen in Art. 2 II RL. Das heißt, wurde keine Probe und kein Muster vorgelegt, so richtet sich die Vertragsmäßigkeit nur nach der Beschreibung. Nur wenn neben einer Beschreibung tatsächlich zusätzlich ein Muster oder eine Probe vorgelegt wurde, muß die Ware beidem entsprechen. So wird die Bestimmung überwiegend interpretiert, was man bei einigen Autoren daraus schließen muß, daß dieser Punkt überhaupt nicht problematisiert wird, sondern ohne weiteres davon ausgegangen wird, die Vorschrift sei die Parallele zum in § 494 BGB geregelten Kauf nach Probe oder Muster - eine zusätzliche Beschreibung wird nicht für erforderlich gehalten[76]. Von einer Eigenständigkeit müssen auch die Autoren[77] ausgehen, die die Haftung aufgrund Beschreibung dahingehend problematisieren, ob auch Beschreibungen, die nicht Vertragsinhalt geworden sind, relevant sind[78]. Denn wenn die Beschreibung nur im Zusammenhang mit einer Probe oder einem Muster die Vermutungswirkung auslöste, stellte sich dieses Problem gar nicht. Grundmann[79] stellt den Zusammenhang zwischen Beschreibung und Probe so dar, daß die Beschreibung auch durch Muster oder Probe geschehen kann - aber nicht zwingend so geschehen muß. Er geht also von der Eigenständigkeit der beiden Tatbeständen aus, die einzelne Regelbeispiele dafür seien, wie die Sollbeschaffenheitsvereinbarung aus Art. 2 I RL geschehen

[75]Dieser Ansicht ist *Schurr*, ZfRV 1999, 222, 225. Das Problem wird ausdrücklich aufgeworfen von *Schlechtriem*, GS Lüderitz, S. 682 und *Faber*, JBl 1999, 413, 422.

[76]*Amtenbrink* und *Schneider*, VuR 1996, 367, 372; *Rieger*, VuR 1999, 287, 288; *Kircher*, Warenkauf, S. 273 f.; *Welser*, in: FS Hempel, S. 326.

[77]*Amtenbrink* und *Schneider*, VuR 1996, 367, 372; *Kircher*, Warenkauf, S. 272 f; *Kircher*, ZRP 1997, 290, 292; *Coester-Waltjen*, Jura 1997, 637, 641; *Welser*, in: FS Hempel, S. 326; *Wilhelm*, ecolex 1996, 825; *Jud*, ÖJZ 1997, 443; *Steiner*, in: Schermaier, S. 259.

[78]Siehe dazu sogleich unter 3.4.1.2.

[79]*Grundmann*, S. 296.

könne[80]. Nach Faber[81] gehen die Regelungen des Art. 2 II a RL auf verschiedene Vorbildbestimmungen zurück[82]. Daraus folge zweifelsfrei die Alternativität der Tatbestände in Art. 2 II a RL. Auch der Wirtschafts- und Sozialausschuß geht davon aus, daß die Beschreibung und die Vorlage eines Musters bzw. einer Probe eigenständige Tatbestände darstellen[83]

Diese Interpretation ist auch sachlich einleuchtend. Art. 2 II a RL verbliebe sonst tatsächlich nur ein sehr begrenzter Anwendungsbereich[84]. Ein Muster wird vor allem in den Fällen gezeigt, in denen die eigene Anschauung der Beschreibung weit überlegen ist. Nur in diesem Fall lohnt sich der wirtschaftliche Mehraufwand. Eine Beschreibung, die so aussagekräftig wäre, daß sie zur Haftungsgrundlage dienen könnte, ist dann in der Regel überflüssig. Auch darf man davon ausgehen, daß der Katalogkauf, bei dem von allen Kaufarten am ehesten Beschreibungen abgegeben werden, von der Vermutungsregel des Art. 2 II a RL erfaßt sein sollte[85].

Der auf den ersten Blick entgegenstehende Wortlaut kann diese Interpretation nicht ausschließen. Die Richtlinie formuliert bereits an anderer Stelle nicht besonders sorgfältig, wenn sie in Art. 2 II RL auf die Konjunktion zwischen den Unterabsätzen verzichtet und die Kumulation nur in den Erwägungsgründen nachschiebt. Ordnet sie dann ausdrücklich das Und in Art. 2 II a RL an, sollte das deshalb auch nicht überbewertet werden. Man darf dem Richtliniengeber durchaus unterstellen, daß er unterschiedlich formulierte und dabei dasselbe meinte. Die Einschränkung der Kumulation auf die Fälle, deren Prämissen jeweils gegeben sind, ist nicht nur im Verhältnis zwischen den Buchstaben des Absatzes 2 die richtige Methode, sondern auch zwischen den Variationen innerhalb der Buchstaben. Es ist nicht ersichtlich, warum die Kumulation anders beurteilt werden sollte.

---

80 *Grundmann*, in: Europäisches Kaufgewährleistungsrecht, S. 298. Vgl. dazu auch die Begründung zum ursprünglichen RL-Vorschlag 1996, Dok. KOM (95) 520 endg., S. 13: Art. 2 II diene zur Veranschaulichung des Vertragsmäßigkeitsgrundsatzes.

81 *Faber*, JBl 1999, 413, 422.

82 Art. 2 II a, 1. Var. beruhe auf sect. 14 (2A), sect. 13 SGA (der englische *Sale of Goods Act*), die 2. Var. auf Art. 35 II c CISG, Art. 7.17 IV NWB (*Nieuw Nederlands Burgerlijk Wetboek*) und sect. 15 SGA.

83 Stellungnahme des WSA zum ursprünglichen RL-Vorschlag, ABl. C 66 vom 3. 3. 1997, S. 7: „Art. 2 Absatz 2 führt als Kriterien zur Beurteilung der Vertragsmäßigkeit der Verbrauchsgüter zunächst die Übereinstimmung mit der abgegebenen Beschreibung (bzw. einer Probe oder einem Muster) ... an."

84 *Schlechtriem*, GS Lüderitz, S. 682.

85 *Schlechtriem*, GS Lüderitz, S. 682; vgl. auch *Schurr*, ZfRV 1999, 222, 225.

3.4.1.2. Haftung aufgrund Beschreibung

Vertragsgemäß sind Waren nach Art. 2 II a, 1. Var. RL dann, wenn sie mit der vom Verkäufer gegebenen Beschreibung übereinstimmen. Es eröffnet sich die Frage, ob auch einseitige Beschreibungen des Verkäufers relevant sind, die nach der allgemeinen Rechtsgeschäftslehre und den allgemeinen Auslegungsvorschriften nicht Vertragsinhalt geworden sind. Der Käufer könnte dann unter Umständen Gewährleistungsansprüche wegen des Fehlens von Eigenschaften geltend machen, die nicht Vertragsinhalt geworden sind[86].

Dem Wortlaut nach scheint eine Vereinbarung über die beschriebenen Eigenschaften nicht erforderlich zu sein, es genügen bloße Wissensbekundungen des Verkäufers[87]. Anders als etwa bei der deutschen Zusicherung einer Eigenschaft gemäß § 459 II BGB sei deshalb nicht erforderlich, daß die Äußerung Vertragsinhalt geworden sei[88]. Es wird vorgebracht, Art. 2 II a RL meine die *„implied terms“*, „implizierte“ Zusagen, aus anderen Rechtskreisen[89]. Das heißt, die Sollbeschaffenheit umfasse auch das, was vereinbart worden wäre, wenn die Parteien den Vertrag akkurat und vollständig ausgeführt hätten[90]. Das gehe über den subjektiven Fehlerbegriff des § 459 I 1 BGB hinaus. Diese Parallelität der Richtlinienbestimmung zu einer internationalen Praxis wird von anderer Seite bestritten, weil es eine solche nicht gebe[91]. Sect. 14 SGA führe zwar beispielsweise mittelbar zu einer Haftung für außerhalb des Vertrages gegebene Beschreibungen, indem diese mit zum Maßstab für das werden, was „zufriedenstellende Qualität“ ist, die Richtlinie verfolge diesen Weg jedoch nicht[92]. Eine andere Seite kommt aufgrund eines Vergleichs mit dem englischen SGA dazu, nur vertraglich Vereinbartes im Rahmen des Art. 2 II a RL gelten zu lassen. Nach *Kircher* sei die Vorschrift an sect. 13 SGA angelehnt. Der betreffe nur solche Beschreibungen, die wesentliche Merkmale einer Warengattung festlegen. Solche Beschreibungen werden als vertragliche Vereinbarungen bewertet[93]. Der Verweis auf die Handhabung durch fremde Rechtsordnungen verliert damit an Kraft.

Folgt man der Interpretation des Art. 2 II a, 1. Var. RL, die die Haftung des Verkäufers nur für Vertragsinhalt gewordene Beschreibungen zuläßt, so regelt Art.

---

[86] *Kircher*, ZRP 1997, 290, 292; *Kircher*, Warenkauf, S. 273.

[87] *Amtenbrink* und *Schneider*, VuR 1996, 367, 372; *Faber*, JBl 1999, 413, 420.

[88] *Amtenbrink* und *Schneider*, VuR 1996, 367, 372 f.

[89] Namentlich dem angloamerikanischen, *Schlechtriem*, in: Zivilrechtswissenschaft und Schuldrechtsreform, S. 214 f.

[90] *Schlechtriem*, in: Zivilrechtswissenschaft und Schuldrechtsreform, S. 214 f.

[91] *Faber*, JBl 1999, 413, 420.

[92] *Faber*, JBl 1999, 413, 420.

[93] *Kircher*, Warenkauf, S. 273; *Kircher*, ZRP 1997, 290, 291 f; *Faber*, JBl 1999, 413, 420; Entsprechend sei die Auffassung englischer Juristen zu Art. 2 II a RL; *Kircher*, Warenkauf, S. 273.

2 II a 1. Var. RL nur, was sich ohnedies aus Art. 3 I RL ergibt. Die Vorschrift geht dann nicht über das hinaus, was der subjektive Fehlerbegriff zusammen mit der Auslegung des Vertrages leistet[94]. Die Bedeutung des Art. 2 II a, 1. Var. RL liegt dann in der Klarstellung, daß auch konkludente Vereinbarungen die Sollbeschaffenheit prägen[95].

Selbst wenn man die Einbeziehung auch außervertraglicher Beschreibungen zuläßt, verliert Art. 2 II a RL wegen seines Vermutungscharakters einiges von dem Schrecken, den die Vermengung der Haftung für vertragliche Vereinbarungen und für bloße Tatsachenerklärungen[96] hat. Die Einrichtung der Vermutung entlastet den Käufer lediglich von dem Nachweis, daß die Beschreibung des Verkäufers tatsächlich Vertragsinhalt geworden ist[97]. Es wird nur vermutet, daß Wissenserklärungen auch Willenserklärungen sind[98]. Die Vermutung kann widerlegt werden, wenn nachgewiesen wird, daß die Beschreibung nur eine bloße Wissenserklärung darstellt.

Die Beschreibung durch den Verkäufer erfüllt eine ähnliche Funktion wie die in Art. 2 II d RL angesprochene Werbung und Etikettierung. Da es in Art. 2 II a, 1. Var. RL nur um Beschreibungen geht, die der Verkäufer selbst abgibt, ist es der hier vertretenen Ansicht nach[99] folgerichtig, ihm auch die eigene Beschreibung im selben Rahmen wie (u. U. fremde) Werbung oder Etikettierung zuzurechnen[100]. Eine Vermutung, nach der Beschreibungen Bestandteil der Sollbeschaffenheitsvereinbarung geworden sind, halte ich für vertretbar, zumal die Haftung bereits bei der Bestimmtheit der Aussagen ihre Grenze findet[101] und die Vermutung widerlegt werden kann. Art. 2 II a 1. Var. RL ist auch dann ein gegenüber 2 II d RL eigenständiger Tatbestand, da er sich auf individuelle, nicht auf öffentliche Aussagen bezieht.

---

[94] *Ernst* und *Gsell*, ZIP 2000, 1410, 1414 f.

[95] *Grundmann*, in: Europäisches Kaufgewährleistungsrecht, S. 298; *Wilhelm*, ecolex 1996, 825; *Jud*, ÖJZ 1997, 441, 443; *Steiner*, in: Schermaier, S. 259.

[96] So *Kircher*, ZRP 1997, 290, 292.

[97] *Coester-Waltjen*, Jura 1997, 637, 641; *Welser* und *Jud*, S. 44 f; *Faber*, JBl 1999, 413, 420 f.

[98] *Welser* und *Jud*, S. 44 f; *Faber*, JBl 1999, 413, 420 f.

[99] Ebenso *Krebs*, Beilage Nr. 14, DB 2000, S. 17; vgl. auch *Schlechtriem*, in: Zivilrechtswissenschaft und Schuldrechtsreform, S. 216 in der Mitte.

[100] siehe dazu unter 3.4.3.3.

[101] Vgl. dazu den Gedanken von *Kircher*, Warenkauf, S. 273.

3.4.1.3. Haftung aufgrund Probe oder Muster

Art. 2 II a Var. 2 und 3 entspricht Art. 35 II c CISG[102] und § 494 BGB. Ist nachgewiesen, daß ein Muster vorgelegt wurde, so muß die Ware diesem entsprechen. In den meisten Fällen kommt man schon aufgrund der allgemeinen Regeln der Vertragsauslegung zu dem Ergebnis, die Sollbeschaffenheit bestimme sich nach der vorgelegten Probe[103].

Der Verkäufer haftet nicht, wenn er nachweisen kann, daß er das Muster nur unverbindlich zur Ansicht vorgelegt hat[104].

3.4.2. Art. 2 II b, c RL: Zweckbestimmung

Gemäß Art. 2 II b RL muß die Ware zu dem Zweck verwendbar sein, den der Verbraucher dem Verkäufer zur Kenntnis gebracht hat und dem der Verkäufer zugestimmt hat. Frühere Fassungen[105] ließen eine einseitige Kenntnisgabe entsprechend Art. 35 II b CISG genügen. Damit wich die Regelung vom deutschen Recht ab, dem die Gewährleistung für die Eignung der Kaufsache für die speziellen Zwecke des Käufers fremd ist. Gemäß § 459 I 1 BGB muß nur der vertraglich vorausgesetzte Gebrauch der Sache möglich sein. Eine einseitige Zweckbestimmung durch den Käufer reicht nicht aus[106]. Ob die Sache für den Zweck des Verbrauchers geeignet ist, ist allenfalls ein für das Schicksal des Vertrages unbedeutendes Motiv[107]. Der Käufer muß eine vertragliche Vereinbarung herbeiführen.

Die jetzige Fassung der Richtlinie erfordert die Zustimmung des Verkäufers, wodurch die Zweckeignung nach allgemeinen Auslegungsregeln Vertragsinhalt wird[108]. Es reicht aus, wenn der Verkäufer, nachdem ihm die Zweckbestimmung zur Kenntnis gebracht worden ist, den Vertrag abschließt und damit konkludent sein Einverständnis zu verstehen gibt[109]. Die Bestimmung entspricht also dem

---

[102] *Ehmann* und *Rust*, JZ 1999, 856, 853.

[103] Die Regelung des Art. 2 II a Var. 2 und 3 RL, wie auch § 494 BGB, sei deshalb überflüssig, *Rieger*, VuR 1999, 287, 288; dieser Ansicht ist auch die Schuldrechtskommission; *Kircher*, Warenkauf, S. 273 f.

[104] *Lehr* und *Wendel*, EWS 1999, 321, 322; Schlechtriem/*Schwenzer*, Art. 35 Rn 26 CISG.

[105] Gemeinsamer Standpunkt, ABl. C 333 vom 30. 10. 1998, S. 46 ff.

[106] *Amtenbrink* und *Schneider*, VuR 1996, 367, 373.

[107] *Kircher*, Warenkauf, S. 274.

[108] In diesem Sinne auch *Staudenmayer*, NJW 1999, 2393, 2394: Die Hinzufügung der Zustimmung des Verkäufers sei deshalb überflüssig.

[109] *Micklitz*, EuZW 1999, 485, 486; *Grundmann*, in: Europäisches Kaufgewährleistungsrecht, S. 298: protestatio facto contraria. Warum die von *Lehr* und *Wendel*, EWS 1999, 321, 322 vorgenommene Differenzierung zwischen Kenntnisgabe des Zwecks durch den Käufer zusammen mit einer für den Käufer erkennbaren Zustimmungshandlung einerseits und vertraglicher Vereinbarung andererseits erforderlich sein sollte, ist nicht nachvollziehbar.

subjektiven Fehlerbegriff aus § 459 I 1 BGB[110] und dem, was Art. 2 I RL zunächst voraussetzt: Die Sollbeschaffenheit ergibt sich aus der vertraglichen Vereinbarung[111].

Die Einschränkung aus Art. 35 II b, 2. HS CISG, nach der die Haftung nur besteht, sofern der Käufer nicht auf die Sachkenntnis des Verkäufers vertraute oder vertrauen konnte, wurde fallengelassen[112], da dieser Fall anders als im Handelskauf kaum vorkommen wird[113]. Außerdem liefe eine solche Ausnahme dem Verbraucherschutz zuwider. Der Verbraucher ist in Bezug auf das Vertrauen in die Sachkunde des Verkäufers schutzwürdiger als ein gewerblicher Käufer[114], da zwischen Verbraucher und gewerblichem Verkäufer fast immer ein Informationsgefälle besteht[115].

Art. 2 II c RL bestimmt, daß die Kaufsache für die Zwecke tauglich sein muß, für die Waren dieser Art gewöhnlich gebraucht werden[116]. Dies entspricht Art. 35 II a CISG und dem Fehlerbegriff aus § 459 I 1 BGB[117].

Betrachtet man also Art. 2 II a–c RL und läßt die letzte Vermutungsregel, Art. 2 II d RL, außer acht, deckt sich der Fehlerbegriff zum großen Teil mit dem subjektiv-objektiven Fehlerbegriff des deutschen Gesetzes- und Richterrechts aus § 459 I 1 BGB[118].

3.4.3. Art. 2 II d RL

Art. 2 II d RL enthält die umstrittenste Vermutungsregel. Das Verbrauchsgut muß „eine Qualität und Leistungen aufweisen, die bei Gütern der gleichen Art üblich sind und die der Verbraucher vernünftigerweise erwarten kann, wenn die Beschaffenheit des Gutes und gegebenenfalls die insbesondere in der Werbung oder bei der Etikettierung gemachten öffentlichen Äußerungen des Verkäufers, des Herstellers oder dessen Vertreters über die konkreten Eigenschaften des Gutes in Betracht gezogen werden".

---

110 *Rieger*, VuR 1999, 287, 288.

111 *Staudenmayer*, NJW 1999, 2393, 2394.

112 *Kircher*, ZRP 1997, 290, 291.

113 *Staudenmayer*, NJW 1999, 2393, 2394.

114 Kritisch zur Übertragung der CISG-Handelskaufsregeln auf den Verbraucherkauf auch *Medicus*, ZIP 1996, 1925, 1927.

115 *Schlechtriem*, JZ 1997, 441, 444.

116 Nach *Tonner*, BB 1999, 1769, 1771 scheint hier das Konzept der legitimen Erwartungen aus dem Grünbuch durch.

117 *Kircher*, Warenkauf, S. 274; *Rieger* VuR 1999, 287, 288; *Amtenbrink* und *Schneider*, VuR 1996, 367, 373.

118 *Schlechtriem*, JZ 1997, 441, 444; *Tonner*, BB 1999, 1769, 1771.

Nachdem frühere Fassungen, die eine noch schärfere Haftung des Verkäufers begründeten[119], stark angegriffen wurden[120], ist die Vorschrift diesbezüglich abgeschwächt worden[121].

3.4.3.1. Aufbau des Art. 2 II d RL

Zunächst ist fraglich, ob es sich um einen oder um zwei Tatbestände handelt, das heißt, ob das „und" kumulativ gemeint ist oder nur wie bei Art. 2 II a RL zwei Tatbestände voneinander trennt. Die Verbindung beider Satzteile zu einem Tatbestand ist sinnvoll, weil die erste Hälfte des Art. 2 II d für sich genommen in der Bedeutung nur wenig von Art. 2 II c RL abweichen würde[122]: Art. 2 II c und II d, 1. Teil RL haben die Üblichkeit gemeinsam und unterscheiden sich nur durch die Begriffe Zweck, bzw. Qualität und Leistung. Diese überschneiden sich und sind überhaupt schwer voneinander zu trennen. Art. 2 II d RL hätte dann wenig Existenzberechtigung[123]. Werden die Erwartungen des Verbrauchers miteinbezogen, so erhält die Vorschrift einen eigenständigen Regelungsgehalt[124]. Diese Auffassung bestätigt sich bei einem Blick in die französische Fassung der Vorschrift. Dort wird zur Verbindung der beiden Satzteile ein Relativpronomen[125] verwendet. Dadurch werden die beiden Satzteile zu einem Tatbestand verbunden[126].

Weiter stellt sich die Frage, auf welchen Satzteil sich der Konditionalsatz bezieht. Nach dem Wortlaut bezieht er sich auf den Satzteil, der unmittelbar vor dem Nebensatz liegt. Der Konditionalsatz definiert, was zur Bestimmung dessen, was der Käufer vernünftigerweise erwarten darf, herangezogen werden kann[127]. Die erste Satzhälfte, die sich auf die üblichen Eigenschaften bezieht, ist von dieser Einheit durch das Und abgetrennt und hat keinen Bezug zum Konditionalsatz[128].

---

[119] Vgl. Art. 2 II d des ursprünglichen RL-Vorschlages 1996, ABl. C 307, S. 8, 9 f.

[120] Vgl. z. B. Beschluß des Bundesrates BR-Drs. 696/96, S. 2; *Micklitz*, EuZW 1997, 229, 231; *Kircher*, ZRP 1997, 290, 294; *Schlechtriem*, JZ 1997, 441, 444.

[121] *Schlechtriem*, in: GS Lüderitz, S. 683.

[122] *Magnus*, in: Europäisches Kaufgewährleistungsrecht, S. 87.

[123] *Magnus*, in: Europäisches Kaufgewährleistungsrecht, S. 87; ähnlich auch *Grundmann*, S. 297.

[124] In diesem Sinne entscheiden auch *Ehmann* und *Rust*, JZ 1999, 853, 856 (Sie ziehen die beiden Satzteile zusammen, wenn sie davon ausgehen, daß die Werbeaussagen aus dem 2. Halbsatz auch zur Bestimmung der üblichen Qualität aus dem 1. Halbsatz herangezogen werden sollen), und *Rieger*, VuR 1999, 287, 288 f.

[125] *„auxquelles"*.

[126] *Faber*, JBl 1999, 413, 422.

[127] *Tonner*, BB 1999, 1769, 1771; *Schlechtriem*, GS Lüderitz, S. 683; *Rieger*, VuR 1999, 287, 288

[128] Vgl. auch *Schlechtriem*, GS Lüderitz, S. 683.

3.4.3.2. Art. 2 II d, 1. Teil RL

Keine Schwierigkeiten bereitet die Auslegung des Art. 2 II d, 1. Halbsatz RL. Wie oben gezeigt wurde, ähnelt er stark Art. 2 II c RL. Art. 2 II d, 1. Teil RL ist eng an die Definition der deutschen Gattungsschuld in § 243 II BGB angelehnt[129].

3.4.3.3. Art. 2 II d, 2. Teil RL

Gemäß Art. 2 II d, 2. Teil RL prägen auch die vernünftigen Erwartungen des Verbrauchers die vermutete Sollbeschaffenheit. Diese Vorschrift findet keine Entsprechung im CISG[130], sondern spiegelt das von der Kommission im Grünbuch favorisierte Konzept der „berechtigten Erwartungen" wider[131]. Die Formulierung läßt viel Auslegungsspielraum, indem sie verschiedene relativierende Ausdrücke[132] anhäuft[133].

3.4.3.3.1. Beschaffenheit des Gutes Was der Käufer erwarten darf, richtet sich nach der Beschaffenheit des Gutes. Erwägungsgrund 8 nennt beispielhaft die Tatsache, ob eine Ware neu oder gebraucht ist. Richtigerweise kann es nicht auf den tatsächlichen Zustand der Sache ankommen, sondern nur darauf, welche Beschaffenheit die Sache nach den gemeinsamen Vorstellungen der Parteien haben soll[134]. Wird eine gebrauchte Sache arglistig als neue verkauft, darf der Verkäufer demnach nicht von den Haftungserleichterungen des Art. 2 II d RL profitieren.

3.4.3.3.2. Werbung und Etikettierung Art. 2 II d RL hat wegen der Einbeziehung von Werbeaussagen und der Etikettierung in den Vertragsmäßigkeitsmaßstab viel Kritik erfahren.

Ein erster Kritikpunkt ist die Einbeziehung von Werbeangaben, weil sie schon wegen ihres Charakters als nicht verbindlich gemeinte, blumige Anpreisungen nicht zur Grundlage für die vertragliche Haftung geeignet seien[135]. Diese Kritik verfängt nicht. Die Vorschrift nennt ausdrücklich nur Äußerungen über konkrete Produkteigenschaften[136]. „Vernünftigerweise" kann sich ein Verbraucher dann

[129] *Staudenmayer*, in: Europäisches Kaufgewährleistungsrecht, S. 35.

[130] *Medicus*, ZIP 1996, 1925, 1926.

[131] *Micklitz*, EuZW 1997, 229, 231; *Grundmann*, S. 296; *Schwartze*, in: Auf dem Wege zu einem europäischen Zivilgesetzbuch, S. 39, Fn 29; ausführlich zu diesem Konzept *Schnyder* und *Straub*, ZEuP 1996, 8, 46.

[132] „bei Gütern der gleichen Art üblich ... vernünftigerweise erwarten kann, ... gegebenenfalls ... in Betracht gezogen werden."

[133] *Schlechtriem*, in: Zivilrechtswissenschaft und Schuldrechtsreform, S. 216.

[134] *Rieger*, VuR 1999, 287, 289.

[135] *Kircher*, ZRP 1997, 290, 292 und Warenkauf, S. 276.

[136] *Staudenmayer*, NJW 1999, 2393, 2394.

auf Aussagen verlassen, wenn sie bestimmt genug[137] und also irgendwie meßbar oder quantifizierbar sind[138]. Werbeaussagen, die in den Vertragsmäßigkeitsmaßstab einbezogen werden, sind damit so konkret, daß die Einbeziehung gerechtfertigt ist. Beim Erwerb von Verbrauchsgütern entscheidet sich der Verbraucher in der Regel schon im Vorfeld aufgrund der Werbung für ein Produkt, nicht erst bei der Beratung durch den Verkäufer, die oft gar nicht mehr stattfindet[139]. Der Verkäufer profitiert von der durch den Hersteller oder durch Dritte gemachten Werbung, denn das Markenvertrauen ist oft das entscheidende Kaufargument[140]. Damit kann ihm die Werbung auch zugerechnet werden[141].

Kritisiert wurde Art. 2 II d RL vor allem deshalb, weil er zu einer Bindung an Aussagen führen kann, die nicht Vertragsinhalt geworden sind. Grundsätzlich kann bei Zugrundelegung des von der Richtlinie in Art. 2 I RL verfolgten subjektiven Fehlerbegriffs nur der tatsächliche Vertragsinhalt zur Bestimmung der Sollbeschaffenheit herangezogen werden[142]. Art. 2 II d RL durchbricht diesen Grundsatz, indem er auch öffentliche Äußerungen des Verkäufers und sogar dritter Personen einbezieht, die nicht Vertragsinhalt geworden sind[143]. Für diese Einbeziehung ist nicht einmal eine Bezugnahme des Kaufvertrags auf die Werbeaussagen erforderlich[144]. Damit werden auch Werbeaussagen berücksichtigt, die nach deutschem Recht nicht Vertragsinhalt geworden wären[145]. Besonders deutlich wird diese Ausweitung bei der Einbeziehung von Äußerungen Dritter gemäß Art. 2 II d RL, die nach den allgemeinen Auslegungsregeln in der Regel nicht Vertragsinhalt werden[146]. Es geht also nicht nur darum, wie Äußerungen der

[137] *Magnus*, in: Europäisches Kaufgewährleistungsrecht, S. 87; *Rieger*, VuR 1999, 287, 288; *Schmidt-Räntsch*, ZIP 1998, 849, 851; vgl. auch Stellungnahme des WSA zum ursprünglichen RL-Vorschlag 1996, ABl. C 66 vom 3. 3. 1997, S. 8, 3. 9.; *Grundmann*, in: Europäisches Kaufgewährleistungsrecht, S. 299.

[138] *Lehr* und *Wendel*, EWS 1999, 321, 323: z. B. bestimmte Höchstgeschwindigkeit eines Autos, zuckerfreie Bonbons.

[139] *Staudenmayer*, in: Europäisches Kaufgewährleistungsrecht, S. 35; *Wolf*, RIW 1997, 899, 900; *Rieger*, VuR 1999, 287, 289.

[140] Stellungnahme des WSA zum ursprünglichen RL-Vorschlag, ABl. C 66 vom 3. 3. 1997, S. 6, 2. 5.

[141] *Grundmann*, in: Europäisches Kaufgewährleistungsrecht, S. 299; *Reich*, Bürgerrechte, S. 339.

[142] *Lehmann*, JZ 2000, 280, 283.

[143] *Kircher*, ZRP 1997, 290, 292; Beschluß BRat, BR-Drs. 696/96, S. 2; *Schwartze*, in: Auf dem Wege zu einem Europäischen Zivilgesetzbuch, S. 38, Fn 28.

[144] *Westermann*, in: Europäisches Kaufgewährleistungsrecht, S. 255; *Tonner*, BB 1999, 1769, 1771.

[145] *Lehmann*, JZ 2000, 280, 283; *Schwartze*, in: Auf dem Wege zu einem Europäischen Zivilgesetzbuch, S. 38, Fn 28; *Jud*, ÖJZ 1997, 441, 443.

[146] *Staudenmayer*, NJW 1999, 2393, 2394.

Vertragsparteien ausgelegt und im Zweifel ergänzt werden können, sondern auch darum, daß Äußerungen, die außerhalb des Vertragsabschlusses gemacht wurden und auf die sich die Parteien auch nicht bezogen haben, Vertragsinhalt werden.

Die Werbung erhält einen Stellenwert für die Bestimmung der Vertragsmäßigkeit, den sie im Rahmen der Fehlerdefinition bisher nicht gehabt hat: Der Verkäufer wird grundsätzlich an Werbeaussagen festgehalten[147]. Dabei geht Art. 2 II d RL über die übliche Zweckeignung aus Art. 2 II c RL, die sich ebenfalls aus der gängigen Werbung ergeben kann, hinaus[148]. Relevant sind auch solche beworbenen Eigenschaften, die über die üblichen Eigenschaften hinausgehen. Beispielsweise muß sich der Verkäufer an der Werbung festhalten lassen, ein Staubsauger könne, anders als die üblichen Geräte, auch Hausstaubmilben entfernen.

Kritiker führen an, diese Bindung ohne Vertrag widerspreche der grundlegenden Regel des Schuldrechts, daß die einseitige Gestaltung eines Rechtsverhältnisses zu Lasten eines nicht beteiligten Dritten nicht möglich sein soll[149]. Der Verkäufer hafte für rechtlich nicht bindende Erklärungen, die Grenze zwischen Anpreisung und Willenserklärung werde verwischt[150]. Der Käufer sei insoweit auch nicht schutzwürdig, denn er könne nicht erwarten, daß der Verkäufer für alle Werbeaussagen hafte[151]. Die Umdeutung einer Erwartungshaltung in einen Gewährleistungsanspruch liefe auf eine verschuldensunabhängige Haftung für irreführende Werbung hinaus[152].

Grundsätzliche dogmatische Verwerfungen sind allerdings bei der Umsetzung ins deutsche Recht nicht zu erwarten[153]. Es ist daran zu erinnern, daß Art. 2 II RL nur als widerlegbare Vermutung formuliert ist für die Fälle, in denen die vertraglichen Vereinbarungen gemäß Art. 2 I RL nichts anderes hergeben[154]. Die Einbeziehung öffentlicher Äußerungen kann durch abweichende vertragliche Vereinbarungen ausgeschlossen werden. Das wird für Art. 2 II d RL durch Art. 2 IV RL bestätigt. Diese Vorschrift stellt einen gewissen Ausgleich zu Art. 2 II d RL dar[155]. Die zweite Alternative des Art. 2 IV RL[156] bestätigt, daß eine vertragliche

[147] *Tonner*, BB 1999, 1769, 1771; *Schlechtriem*, JZ 1997, 441, 445.

[148] In Frage gestellt von *Magnus*, in: Europäisches Kaufgewährleistungsrecht, S. 87.

[149] *Kircher*, Warenkauf, S. 276 f.; *Kircher*, ZRP 1997, 290, 292; vgl. *Flume*, AT II, S. 8.

[150] *Kircher*, Warenkauf, S. 276.

[151] *Kircher*, ZRP 1997, 290, 292.

[152] *Wolf*, RIW 1997, 899, 900; *Schlussas*, S. 90.

[153] *Schlechtriem*, in: GS Lüderitz, S. 683: weder für die Verkäuferhaftung im allgemeinen noch für den Fehlerbegriff im besonderen; *Lehmann*, JZ 2000, 280, 283.

[154] Siehe dazu oben unter 3.3.1 und 3.3.2.

[155] *Staudenmayer*, NJW 1999, 2393, 2394 und in: Europäisches Kaufgewährleistungsrecht, S. 35; *Hänlein*, DB 1999, 1641, 1642

[156] „Der Verkäufer ist durch die ... öffentlichen Äußerungen nicht gebunden, wenn er nachweist, daß die betreffende Äußerung zum Zeitpunkt des Vertragsschlusses berichtigt war, ...“.

Vereinbarung zulässig ist, nach der die öffentlichen Aussagen nicht Bestandteil der Sollbeschaffenheitsvereinbarung werden sollen[157,158]. Außerdem bleibt wegen Art. 2 IV RL die Einbeziehung öffentlicher Aussagen stets an die Umstände des Einzelfalls gebunden. Wenn der Verkäufer an öffentliche Äußerungen nicht gebunden ist, die er nicht kannte oder kennen konnte, oder die die Kaufentscheidung nicht beeinflussen konnten, dann bleibt Art. 2 II d RL nahe an dem, was nach den allgemeinen Auslegungsregeln als Sollbeschaffenheitsvereinbarung gilt[159]. Die Objektivierung des Fehlerbegriffs, die mittelbar dadurch geschehen kann, daß die vernünftige Erwartung des Käufers aus Art. 2 II d RL auch von der per Werbung verbreiteten allgemeinen, also objektiven Vorstellung von der Kaufsache bestimmt wird, relativiert sich dadurch[160].

Allerdings ändert sich zu Lasten des Verkäufers die Beweislage. Anders als sonst wird die Werbung grundsätzlich gemäß Art. 2 II d RL einbezogen. War dies aufgrund einer entsprechenden vertraglichen Vereinbarung ausgeschlossen, so trifft den Verkäufer gemäß Art. 2 IV RL die Beweislast. Er ist also gehalten, eine entsprechende schriftliche Abmachung herbeizuführen. Dadurch werden die berechtigten Interessen des Käufers gewahrt, denn er wird dadurch hinreichend über die Unrichtigkeit der Werbeaussagen aufgeklärt und kann seine Kaufentscheidung anpassen. Es verbleibt ein Restrisiko für den Verkäufer, da er selbst dann haftet, wenn er die Unrichtigkeit der Werbung nicht erkannt hat[161]. Der Verkäufer muß sich daher im eigenen Interesse über die Werbeaussagen des Herstellers informieren[162]. Ihm, der näher an der Ware oder am Hersteller ist, kann das Einstehenmüssen für die beworbenen Eigenschaften eher zugemutet werden als es dem Käufer zugemutet werden kann, eine Irreführung durch falsche Werbung zu erdulden[163].

Im Ergebnis bedeutet die Einbeziehung von Werbeaussagen des Verkäufers daher keine große Ausweitung des Fehlerbegriffs gegenüber dem gegenwärtigen[164],

---

[157] In diesem Sinne auch *Rieger*, VuR 1999, 287, 289.

[158] *Schmidt-Räntsch* weist in ZEuP 1999, 294, 296 darauf hin, daß Entlastungsgrund 2 IV RL in der Praxis keine Rolle spielen wird, weil der Verkäufer dadurch Verhaltenspflichten aus dem Vertragshändlerverhältnis mit dem Hersteller verletze.

[159] *Schlechtriem*, in: Zivilrechtswissenschaft und Schuldrechtsreform, S. 216; *Jud*, ÖJZ 1997, 441, 443; *Welser* und *Jud*, S. 49.

[160] *Kircher*, Warenkauf, S. 276; *Rieger*, VuR 1999, 287, 288; vgl. auch *Lehmann*, JZ 2000, 280, 283; *Wolf*, RIW 1997, 899, 900; *Ernst* und *Gsell*, ZIP 2000, 1410, 1415.

[161] *Lehmann* und *Dürrschmidt*, GRUR 1997, 549, 551.

[162] *Micklitz*, EuZW 1999, 485, 487.

[163] Vgl. *Grundmann*, in: Europäisches Kaufgewährleistungsrecht, S. 299 f.

[164] *Schmidt-Räntsch*, ZIP 1998, 849, 851; *Gass*, S. 136; siehe auch bei Fußnote 165.

die Rechtslage ändert sich kaum[165,166]. In erster Linie gilt, was vereinbart wurde. Hilfsweise müssen ergänzend die Vermutungsregeln des Art. 2 II RL angewandt werden, sofern sie nicht gemäß Art. 2 III und IV RL nachweislich ausgeschlossen sind[167].

In den meisten Fällen des Art. 2 II RL ist ohnehin eine konkludente Sollbeschaffenheitsvereinbarung anzunehmen, oder es handelt sich um Situationen, in denen ein Rückgriff auf „gewöhnliche" Umstände, also den objektiven Fehlerbegriff, unvermeidlich ist[168].

3.5. Kenntnis vom Mangel beim Verbraucher, Art. 2 III RL

Nach Art. 2 III RL - die Vorschrift übernimmt die Funktion des § 460 BGB[169] - liegt keine Vertragswidrigkeit vor, wenn der Verbraucher bei Vertragsschluß Kenntnis von der Vertragswidrigkeit hatte oder wenn er vernünftigerweise nicht in Unkenntnis darüber sein konnte[170]. Insoweit stimmt die Regelung mit den §§ 459 I 1, 460, 2 BGB überein[171].

Die Formulierung „vernünftigerweise nicht in Unkenntnis sein können" wird unterschiedlich ausgelegt, von nur grober bis zu auch leichter Fahrlässigkeit[172]. Die Formulierung ist die des Art. 35 III CISG. Dort ist strittig, ob sie über grobe Fahrlässigkeit hinausgeht[173]. Läßt man für den Ausschluß der Vertragswidrigkeit normalfahrlässige Unkenntnis genügen, schützt die Richtlinie den Verbraucher schlechter als § 460 BGB[174]. Im Hinblick auf den verbraucherschützenden Zweck der Richtlinie sollte die Bestimmung für den Käufer mindestens so günstig ausgelegt werden wie im CISG, es sollte der Schutzstandard des § 460 BGB erreicht

---

[165] *Reich*, NJW 1999, 2399; *Ehmann* und *Rust*, JZ 1999, 853, 856; *Rieger*, VuR 1999, 287, 288; *Hänlein*, DB 1999, 1641, 1642; vgl. auch *Medicus*, ZIP 1996, 1925, 1926 f.; *Westermann*, in: Europäisches Kaufgewährleistungsrecht, S. 255.

[166] Zum Verhältnis der Haftung für Werbeaussagen gemäß Art. 2 II d RL zur Trevira-Rechtsprechung siehe unten bei 8.2.

[167] *Lehmann*, JZ 2000, 280, 283.

[168] *Rieger*, VuR 1999, 287, 288.

[169] *Hänlein*, DB 1999, 1641, 1643.

[170] Die Vorschrift ist im Hinblick auf die „Vertragswidrigkeit" paradox formuliert.

[171] *Amtenbrink* und *Schneider*, VuR 1996, 367, 374.

[172] *Micklitz*, EuZW 1999, 485, 486.

[173] *Staudenmayer*, NJW 1999, 2393, 2394; vgl. die Nachweise bei Schlechtriem/*Schwenzer*, Art. 35 Rn 34, Fn 102.

[174] *Westermann*, in: Europäisches Kaufgewährleistungsrecht, S. 261.

werden[175]. Beim Verbraucherkauf ist der Haftungsausschluß bereits bei nur fahrlässiger Unkenntnis nicht sachgerecht[176]. Art. 2 III RL soll auf keinen Fall eine Untersuchungsobliegenheit statuieren[177]. Gemeint sind Fälle, in denen der Verbraucher gar nicht anders konnte, als die Vertragswidrigkeit wahrzunehmen[178]. Dies geht aus der Begründung der Kommission zu Art. 3 I des ursprünglichen RL-Vorschlags hervor: Nur offenkundige Mängel sollen keine Haftung begründen, weil bei ihnen eigentlich gar keine Vertragswidrigkeit vorliege[179]. Denn wenn der Verbraucher den Mangel kennt oder in Augenschein nimmt, offenkundige Mängel „sorgfaltswidrig" übersieht[180] und den Kaufvertrag dennoch abschließt, akzeptiert er die Kaufsache, so wie sie ist, als vertragsgemäß[181]. Art. 2 III RL sollte also so ausgelegt werden, daß nur grobe Fahrlässigkeit schadet. Dann tritt keine wesentliche Verschärfung zu Lasten des Verbrauchers gegenüber § 460 BGB ein[182].

Art. 2 III RL kommt innerhalb der Richtlinienhaftung eine größere Bedeutung zu als § 460 im Rahmen des BGB. Da die Gewährleistungsrechte der Richtlinie nicht abdingbar sind, übernimmt er die Funktion des Gewährleistungsausschlusses bei Ware zweiter Wahl oder Gebrauchtwaren[183]. Deshalb sollte die Vorschrift auch in Ergänzung zu § 460 BGB zum Wohle der Gebrauchtwarenverkäufer umgesetzt werden[184].

Die Haftung des Verkäufers ist auch dann ausgeschlossen, wenn die Vertragswidrigkeit auf den vom Verbraucher gelieferten Stoff zurückgeht. Diese Ausschlußregel hat nur beim Werk- und Werklieferungsvertrag Bedeutung.

---

[175] *Ehmann* und *Rust*, JZ 1999, 853, 857; *Rieger*, VuR 1999, 287, 289

[176] *Ehmann* und *Rust*, JZ 1999, 853, 857.

[177] *Staudenmayer*, NJW 1999, 2393, 2394; *Micklitz*, 485, 486; *Westermann*, in: Europäisches Kaufgewährleistungsrecht, S. 261; *Reich*, NJW 1999, 2397, 2402.

[178] *Staudenmayer*, NJW 1999, 2393, 2394 f.

[179] Begründung zum ursprünglichen RL-Vorschlag, Dok. KOM (95), 520 endg., S. 13; *Amtenbrink* und *Schneider*, VuR 1996, 367, 374; *Rieger*, VuR 1999, 287, 289.

[180] Begründung zum ursprünglichen RL-Vorschlag, Dok. KOM (95), 520 endg., S. 13.

[181] *Hänlein*, DB 1999, 1641, 1643.

[182] *Rieger*, VuR 1999, 287, 289; *Matthiesen* und *Lindner*, NJ 1999, 617, 618.

[183] *Schmidt-Räntsch*, ZIP 1998, 849, 851; *Hänlein*, DB 1999, 1641, 1643.

[184] *Westermann* in: Europäisches Kaufgewährleistungsrecht, S. 261.

3.6. Besondere Fälle der nichtvertragsgemäßen Leistung

3.6.1. Montagemängel

Die Verwendung des Begriffs „Mangel" statt Vertragswidrigkeit soll keinen Unterschied in der Bedeutung ausmachen[185]. In der englischen und in der französischen Fassung beispielsweise werden in Art. 2 V und Art. 3 I RL dieselben Begriffe genannt[186].

Bei Mangelhaftigkeit im Zusammenhang mit Montage kann man zwei Fallgruppen unterscheiden: Einmal den Fall, daß aufgrund falscher Montage Mängel an der Kaufsache selbst auftreten, die einzelnen Bauteile dabei beschädigt werden, also die Verschlechterung der Kaufsache nach Vertragsschluß[187]. Zum anderen den Fall, daß sich die Mangelhaftigkeit auf die Montage an sich beschränkt, die Kaufsache selbst aber unbeschädigt bleibt, zum Beispiel wenn intakte Küchenschränke schief aufgehängt werden. Teilweise wird dem Wortlaut des Art. 2 V 1 RL, der vom „Mangel infolge unsachgemäßer Montage des Verbrauchsgutes" spricht, entnommen, die Richtlinie beziehe sich nur auf die Regelung solcher Montagefehler, die Mängel an der Kaufsache an sich zur Folge haben[188]. Der Begründung zum ursprünglichen Richtlinienvorschlag 1996[189] ist jedoch zu entnehmen, daß auch der Fall gemeint ist, bei dem die Montageleistung allein mangelhaft ist. Dort heißt es, eine Ausdehnung der auf den Kauf anwendbaren Regeln auf die Montage von Gütern sei unerläßlich, da in der Praxis die jeweiligen Leistungen des Verkäufers bei der Montage von Gütern im Verbund mit einem Kaufabschluß schwer voneinander zu unterscheiden seien. Der Verbraucher müsse aber homogen geschützt werden gegen Vertragswidrigkeiten des Verkäufers. Ziel der Gleichstellung ist damit auch die Vermeidung von Abgrenzungsproblemen zwischen Montagemängeln und Mängeln der Kaufsache. Bloße Montagemängel müssen also auch von Art. 2 V RL erfaßt sein[190]. Die einheitliche Behandlung

[185] *Kircher*, Warenkauf, S. 277; *Anders*, ZRP 2000, 293, 294.

[186] *„Lack of conformity"* bzw. *„défaut de conformité"*.

[187] *Westermann*, in: Europäisches Kaufgewährleistungsrecht, S. 260; *Ehmann* und *Rust*, JZ 1999, 853, 856.

[188] *Steiner*, in: Schermaier, S. 262; *Schurr*, ZfRV 1999, 222, 225.

[189] Dok. KOM (95) 520 endg., S. 13

[190] *Welser*, FS Hempel, S. 326; *Kircher*, Warenkauf, S. 277.; *Micklitz*, EuZW 1997, 229, 232; *Jud*, ÖJZ 1997, 441, 442; auch *Medicus*, ZIP 1996, 1925, 1927 geht davon aus, wenn er anregt, dem Verkäufer zunächst die Nachbesserung nur der Montageleistung zu ermöglichen; das führt nämlich nur dann zum Ziel der vertragsgemäßen Leistung, wenn die Kaufsache an sich bei der falschen Montage unbeschädigt geblieben ist.

beider Fallgruppen ist auch sinnvoll, da der die Montage veranlassende Verkäufer der richtige Adressat für Mängelrügen bezüglich Kaufsache und deren Montage ist[191].

3.6.2. Mangelhafte Montageanleitung

Gemäß Art. 2 V 2 RL löst auch die Lieferung einer mangelhaften Montageanleitung die Haftung nach der Richtlinie aus, wenn der Verbraucher die Kaufsache deshalb unsachgemäß montiert. Diese sogenannte „IKEA-Klausel" entspricht Erwägungsgrund 4 der Resolution des Rates über Gebrauchsanleitungen für technische Konsumgüter[192]. Für Art. 2 V 2 RL gilt dasselbe wie für Satz 1. Art. 2 V 2 RL fordert als Folge der mangelhaften Montageanleitung lediglich, daß der Käufer die Sache tatsächlich mangelhaft montiert. Auf Beschädigungen der Kaufsache selbst aufgrund der Montage kommt es nicht an. Gelingt es dem Käufer trotz der fehlerhaften Montageanleitung, die Kaufsache mangelfrei zu montieren, ist er nicht schutzwürdig. Die Bewertung der Fehlerhaftigkeit der Montageanleitung als Vertragswidrigkeit ist dann nicht gerechtfertigt. Insoweit hat Art. 2 V 2 RL denselben haftungsauslösenden Tatbestand wie Art. 2 V 1 RL.

3.6.3. Haftung für falsche Verpackung?

Im Unterschied zu anderen Rechtsordnungen gehört im CISG die dem Vertrag entsprechende Verpackung zur Vertragsmäßigkeit im Sinne des Art. 35 CISG[193]. Im deutschen Recht fällt mangelhafte Verpackung nicht unter die Sachmängelgewährleistung, sondern unter die positive Vertragsverletzung. Die Richtlinie weicht, was die Verpackung betrifft, vom Wortlaut des CISG ab. Es stellt sich die Frage, ob die Richtlinie damit inhaltlich von der CISG-Regelung abweichen wollte. Dafür spricht, daß die Verpackung im Handelsverkehr eine größere Rolle spielt. Sie hat nicht nur die Funktion, die Kaufsache auf dem Weg zum Käufer zu schützen. Darüberhinaus ist sie in der Regel zum Weiterverkauf erforderlich in Bezug auf den Schutz, die Portionierung und die Bezeichnung der Kaufsache. Es ist deshalb davon auszugehen, daß die Richtlinie tatsächlich von Art. 35 CISG abweichen wollte. Die Verletzung der Pflicht, die Kaufsache ordnungsgemäß zu verpacken, führt nicht ohne weiteres zu einer Haftung wegen Vertragswidrigkeit. Vielmehr ist wie bei anderen Nebenpflichtverletzungen erforderlich, daß sich die Verletzung in einer Vertragswidrigkeit der Kaufsache auswirkt.

[191] *Micklitz*, EuZW 1997, 229, 232.
[192] ABl. C 411, S. 1 vom 31.12.1998; *Staudenmayer*, NJW 1999, 2393, 2395.
[193] Schlechtriem/*Schwenzer*, Art. 35 Rn 11 und 18.

3.6.4. Rechtsmängel als Vertragswidrigkeit?

Fraglich ist, ob der Begriff der Vertragswidrigkeit auch Rechtsmängel umfaßt. Die Lieferung einer Sache, die mit dem Recht eines Dritten belastet ist, kann dem Wortlaut nach im Prinzip unter den Vertragswidrigkeitsbegriff der Richtlinie subsumiert werden[194]. Diese Einschätzung entspricht der zu Art. 35 CISG, der dem Wortlaut nach grundsätzlich so auslegbar sein soll[195]. Diese Auffassung wird auch von denjenigen geteilt, die die Einbeziehung der Rechtsmängelhaftung in den Regelungsbereich der Richtlinie ablehnen[196].

Rechtsmängel kommen vor allem beim Grundstückskauf vor, der von der Richtlinie nicht behandelt wird[197]. An sich können Rechtsmängel auch beim Kauf beweglicher Sachen auftreten[198], besonders in solchen Rechtsordnungen, die besitzlose Pfandrechte an beweglichen Sachen kennen[199]. Große Bedeutung werden sie beim Verbrauchsgüterkauf jedoch nicht haben[200].

Ausdrücklich in den Vertragswidrigkeitsbegriff einbezogen werden die Rechtsmängel in der Richtlinie nicht, nichts in den Erwägungsgründen oder den Bestimmungen der Richtlinie deutet auf Rechtsmängel hin[201]. Die Formulierungen der Art. 2 und 3 RL sind vielmehr auf Sachmängel zugeschnitten[202]. Die in Art. 2 II a RL genannte Beschreibung des Verkäufers wird sich regelmäßig beim Kauf beweglicher Sachen nicht auf die rechtliche Zuordnung der Ware beziehen, genausowenig die in Art. 2 II d RL genannten Werbeaussagen[203]. Die anderen Vermutungsregeln des Art. 2 RL beziehen sich ausdrücklich auf körperliche Eigenschaften der Sache[204]. Die in Art. 2 V RL genannten Montagemängel sind Sachmängel. Nicht einmal die Garantien des Verkäufers, für die Art. 6 RL Bestimmungen enthält, beziehen sich auf Rechtsmängel. Schließlich paßt der Rechtsbehelf der Abhilfe vor allem auf Sachmängel. Gemeint ist ausweislich des Art. 2 IV RL vor allem das Ändern der körperlichen Eigenschaften der Kaufsache[205]. So ergibt auch die

[194] *Schmidt-Räntsch*, ZIP 2000, 1639; *Grundmann*, S. 301; *Rieger*, VuR 1999, 287.

[195] Schlechtriem/*Huber*, Art. 46 Rn 27.

[196] *Brüggemeier*, JZ 2000, 529, 530; *Roth*, in: Zivilrechtswissenschaft und Schuldrechtsreform, S. 238; *Ernst* und *Gsell*, ZIP 2000, 1410, 1411.

[197] *Ernst* und *Gsell*, ZIP 2000, 1410, 1412.

[198] Zur Einordnung der eingeschränkten Nutzbarkeit aufgrund öffentlich-rechtlicher Beschränkungen als Sachmangel vgl. *Ernst* und *Gsell*, ZIP 2000, 1410, 1411, Fußnote 8; *Brüggemeier*, JZ 2000, 529, 530.

[199] *Brüggemeier*, JZ 2000, 529, 530.

[200] *Medicus*, in: Europäisches Kaufgewährleistungsrecht, S. 226.

[201] *Welser* und *Jud*, S. 49.

[202] *Grundmann*, S. 294, Fußnote 31.

[203] *Ernst* und *Gsell*, ZIP 2000, 1410, 1411.

[204] Zu Art. 2 II RL siehe unter 3.4.

[205] *Ernst* und *Gsell*, ZIP 2000, 1410, 1411.

Anforderung des Art. 3 III 3 RL einen Sinn, nach der nicht nur Verzögerungen vermieden werden sollen, sondern auch Unannehmlichkeiten für den Käufer.

Für die Nichtbehandlung der Rechtsmängelhaftung spricht auch der Vergleich mit dem CISG, an das sich die Richtlinie möglichst nahe anlehnen will[206]. Das CISG regelt in seinem 2. Abschnitt Sach- und Rechtsmängel, es behält dabei[207] die Unterscheidung bei. Das wird schon aus dem Titel des Absatzes ersichtlich[208]. Den Pflichten des Verkäufers aus Art. 35 CISG, der dem Art. 2 RL entspricht, und den folgenden Artikeln stehen die Pflichten bezüglich der Belastung der Ware mit Rechten Dritter aus Art. 41 ff. CISG gegenüber[209]. Aus der Systematik des CISG folgt daher, daß es sich bei dem Vertragswidrigkeitsbegriff des Art. 35 CISG um einen terminus technicus handelt, in dem Rechtsmängel nicht enthalten sind[210]. Hätten die Richtliniengeber davon abweichen wollen, hätten sie dem sicher mindestens in den Erwägungsgründen Ausdruck verliehen[211].

Ein derartiges Vorhaben, vom CISG in dem Punkt Rechtsmängelhaftung abzuweichen, ist auch nicht den Materialien zur Richtlinie bzw. ihren Vorentwürfen zu entnehmen[212]. Unter den Vertragswidrigkeitsbegriff des Grünbuchs, die „Nichtübereinstimmung mit den berechtigten Erwartungen“[213], können Rechtsmängel prinzipiell subsumiert werden, denn der Käufer kann grundsätzlich davon ausgehen, daß die Sache frei von solchen Belastungen ist[214]. Das Grünbuch spricht die Rechtsmängel jedoch nirgends an[215]. Insbesondere werden Rechtsmängel auch nicht als einer der den Warenverkehr behindernden Faktoren genannt, die die Richtliniengebung motivierten[216]. Im Mittelpunkt steht vielmehr der gegenständliche Zustand einer Kaufsache, Qualitäts- und Sicherheitsmängel[217]. Auch die Begründung zum ursprünglichen Richtlinienvorschlag nennt als Hauptprobleme,

---

[206] *Staudenmayer*, NJW 1999, 2393 f.; *Magnus*, in: Europäisches Kaufgewährleistungsrecht, S. 88.

[207] Wie auch andere Rechtsordnungen, z. B. das französische und englische Recht, siehe sogleich.

[208] „Vertragsmäßigkeit der Ware sowie Rechte oder Ansprüche Dritter“; *Roth*, in: Zivilrechtswissenschaft und Schuldrechtsreform, S. 239.

[209] Schlechtriem/*Schwenzer*, Art. 35 Rn 5; Schlechtriem/*Huber*, Art. 46 Rn 27; *Roth*, in: Zivilrechtswissenschaft und Schuldrechtsreform, S. 239.

[210] Schlechtriem/*Huber*, Art. 46 Rn 27; *Roth*, in: Zivilrechtswissenschaft und Schuldrechtsreform, S. 239; *Ernst* und *Gsell*, ZIP 2000, 1410, 1411.

[211] *Ernst* und *Gsell*, ZIP 2000, 1410, 1411.

[212] So auch *Welser* und *Jud*, S. 49 f; *Brüggemeier*, JZ 2000, 529, 530;

[213] Grünbuch, S. 109 f.

[214] *Schnyder* und *Straub*, ZEuP 1996, 8, 47.

[215] *Schnyder* und *Straub*, ZEuP 1996, 9, 47 kritisieren dementsprechend die Nichtbehandlung der Rechtsmängel.

[216] Vgl. Grünbuch, S. 18, 109.

[217] Vgl. Grünbuch, S. 18; *Brüggemeier*, JZ 2000, 529, 530; *Jud*, ÖJZ 1997, 441, 442.

die eine Vereinheitlichung des Gewährleistungsrechts erfordern, solche im Zusammenhang mit der Qualität der Erzeugnisse[218], die eindeutig eine Frage des Sachmangels ist. Das Richtlinienvorhaben wird im Grünbuch damit begründet[219], die mitgliedstaatlichen Rechtsordnungen bedürften der Überarbeitung, da sie noch auf den Handel mit technisch einfacheren Waren ausgerichtet seien. Diese Regelungen paßten nicht mehr auf die heutige Konsumgesellschaft. Die heutigen Verbrauchsgüter seien hochtechnologisiert, Mängel daher schwer erkennbar – gemeint sind offenbar Sachmängel. Betont wird auch die Nähe zur Produkthaftungsrichtlinie[220]: Die Haftung für fehlerhafte Produkte und die Gewährleistungshaftung, die in der neuen Richtlinie behandelt werden solle, hätten viele Berührungspunkte[221]. Die Produkthaftung ist ihrer Natur nach stets auf den Zustand der Sache zurückzuführen, steht also den Sachmängeln nahe. Die Begründung zum ursprünglichen Richtlinienvorschlag nimmt diese Gedanken des Grünbuchs auf[222]. Ausdrücklich ungeregelt bleiben sollen „Aspekte[n]im Zusammenhang mit der Erfüllung oder Nichterfüllung von Verträgen oder andere[r] Arten der unzulänglichen Vertragserfüllung, die über die Vertragswidrigkeit des Erzeugnisses hinausgehen"[223]. Vor dem Hintergrund der Orientierung an einem körperlichen Fehlerbegriff in Art. 2 des ursprünglichen Richtlinienvorschlags[224] kann dies als Ausschluß von Rechtsmängeln verstanden werden[225]. Insbesondere bei den Diskussionen über die Verjährungsfrage hätten die Rechtsmängel angesprochen werden müssen. Das CISG regelt die Verjährung von Rechtsmängelhaftungsansprüchen nicht, sondern überläßt sie dem nationalen Recht[226]. Die Verjährungsfrist von zwei Jahren aus Art. 5 I RL für Rechtsmängel kann gefährlich kurz sein gegenüber derjenigen, die für den Anspruch des Dritten, sein Recht dem Käufer gegenüber geltend zu machen[227], gilt[228]. Der Verbraucher wird oft erst nach Ablauf der Zweijahresfrist feststellen, daß er z. B. gestohlene Ware erworben hat - in der Regel wohl erst dann, wenn

---

218 Begründung zum ursprünglichen RL-Vorschlag, Dok. KOM (95) 520 endg., S. 3 und 5.

219 Grünbuch, S. 18.

220 Richtlinie 85/374/EWG.

221 Grünbuch, S. 18, 69 f.

222 Begründung zum ursprünglichen RL-Vorschlag, Dok. KOM (95) 520 endg., S. 5 f; *Jud*, ÖJZ 1997, 441, 442; *Brüggemeier*, JZ 2000, 529, 530.

223 Begründung zum ursprünglichen RL-Vorschlag, Dok. KOM (95) 520 endg., S. 7.

224 ABl. C 307 vom 16. 10. 1996, S. 8, 9. Die Vorschrift entspricht in weiten Teilen dem der RL.

225 Diese Auffassung teilt im Ergebnis auch *Jud*, ÖJZ 1997, 441, 442.

226 *Schlechtriem*, Int. UN-Kaufrecht, Rn 163.

227 Im deutschen Recht gemäß § 195 BGB dreißig Jahre lang.

228 *Medicus*, in: Europäisches Kaufgewährleistungsrecht, S. 226; *Roth*, in: Zivilrechtswissenschaft und Schuldrechtsreform, S. 238; *Ernst* und *Gsell*, ZIP 2000, 1410, 1412; *Huber*, Diskussionsbeitrag, siehe *Schwartze*, in: Zivilrechtswissenschaft und Schuldrechtsreform, S. 350.

der Dritte an ihn herantritt[229]. Sollten die Rechtsmängel miteinbezogen sein, wäre das Verjährungsproblem an irgendeiner Stelle bei der Vorbereitung zur Richtlinie angesprochen worden, insbesondere da es sich um eine Abweichung vom CISG gehandelt hätte, die Fristen heftig umstritten waren und damit ausführlich erörtert worden sind. Bestätigt wird die Nichtbehandlung der Rechtsmängelhaftung dadurch, daß die Richtlinie die Verkäuferhaftung gar nicht abschließend regeln will[230].

Es hängt wohl mit der Übermacht der Gegenargumente zusammen, daß die Einbeziehung der Rechtsmängelhaftung von vielen gar nicht diskutiert wird[231]. Auch Rechtswissenschaftler aus anderen Mitgliedstaaten gehen nicht davon aus, daß die Rechtsmängelhaftung bei der Umsetzung der Richtlinie einbezogen werden müsse. In Frankreich, wo die Rechtsmängelhaftung und die Sachmängelhaftung getrennt geregelt sind[232], wird die Ausweitung des Richtlinienregelungsbereichs auf Rechtsmängel nicht diskutiert und als abwegig angesehen[233]. Auch in Großbritannien will man die Rechtsmängelhaftung nicht ändern[234]. Selbst Juristen aus Österreich, wo Sach- und Rechtsmängelhaftung einheitlich gehandhabt werden, nehmen nicht an, daß die Richtlinie auch die letzteren einbeziehe[235].

Die Argumentation derjenigen, die die Rechtsmängelhaftung einbeziehen wollen, bleibt denn auch bei der bloßen Behauptung stehen, der Wortlaut des Art. 2 I RL meine auch die Rechtsmängel[236]. Für die gegenteilige Annahme, daß die Rechtsmängelhaftung außerhalb des Regelungsbereichs der Richtlinie liegt, sprechen hingegen die eben aufgeführten Argumente.

---

[229] *Schlechtriem* in: GS Lüderitz, S. 685.

[230] *Roth*, in: Zivilrechtswissenschaft und Schuldrechtsreform, S. 239 f. Siehe dazu ausführlich unter 2.2

[231] Von den Autoren, die sich mit dem Vertragswidrigkeitsbegriff ausführlich auseinandersetzen, z. B. *Schwartze*, ZEuP 2000, 543, 554 ff.; *Schlechtriem*, in: Zivilrechtswissenschaft und Schuldrechtsreform, S. 213 ff.; *Tonner*, BB 1999, 1769, 1771; *Reich*, NJW 1999, 2397, 2400.

[232] *Rohlfing-Dijoux*, Diskussionsbeitrag, siehe *Schwartze*, in: Europäisches Kaufgewährleistungsrecht, S. 347: Die Rechtsmängelhaftung ist in Art. 1626 *Code Civil* geregelt, die Sachmängelhaftung in Art. 1641 *Code Civil*.

[233] *Rohlfing-Dijoux* in: Europäisches Kaufgewährleistungsrecht, S. 150 und Diskussionsbeitrag, siehe *Schwartze*, ebenda, S. 347.

[234] *Howells*, Diskussionsbeitrag, siehe *Schwartze*, in: Europäisches Kaufgewährleistungsrecht, S. 348; *Ernst* und *Gsell*, ZIP 2000, 1410, 1411.

[235] *Welser*, FS Hempel, S. 325; *Welser* und *Jud*, S. 49 f.; *Jud*, ÖJZ 1997, 441, 442; dagegen unkritische Übernahme der österreichischen Rechtslage bei *Steiner*, in: Reform des Gewährleistungsrechts, S. 257.

[236] *Rieger*, VuR 1999, 287; *Schmidt-Räntsch*, ZIP 2000, 1639. Der Autor äußert sich in seinen früheren Veröffentlichungen zur Richtlinie bei seinen Ausführungen zur Vertragswidrigkeit nicht zu Rechtsmängeln, vgl. *Schmidt-Räntsch*, ZEuP 1999, 294, 296 und ZIP 1998, 849, 851.

4. Der Haftungstatbestand, Art. 3 I RL

Anders als im deutschen Recht, in dem nicht klar ersichtlich ist, aus welchem Rechtsgrund der Verkäufer bei Lieferung einer mangelhaften Sache haftet[1], stellt die Richtlinie dies in Art. 2 I klar. Die Haftung der Richtlinie knüpft gemäß Art. 3 I, 2 I RL an die Vertragswidrigkeit an: Der Verkäufer ist verpflichtet, dem Verbraucher dem Kaufvertrag gemäße Güter zu liefern. Er ist also zur mangelfreien Leistung verpflichtet. Die Haftung des Verkäufers ist verschuldensunabhängig, es handelt sich um eine Garantiehaftung[2].

4.1. Maßgeblicher Zeitpunkt

Umstritten ist, zu welchem Zeitpunkt die Ware vertragswidrig sein muß, damit der Verkäufer nach Art. 3 RL haftet, und ob die Richtlinie dazu überhaupt eine Regelung enthält. Teilweise wird ausgehend vom Wortlaut des Art. 3 I RL der Zeitpunkt der Lieferung für ausschlaggebend gehalten. Lieferzeitpunkt sei dann der Zeitpunkt, zu dem die Kaufsache physisch tatsächlich ausgehändigt werde[3]. Dies sei nach dem angeblich eindeutigen Wortlaut die einzige konsequente Auslegungsmöglichkeit[4]. Auch der auf die nationalen Gefahrtragungsregeln verweisende Erwägungsgrund 14 RL könne daran nichts ändern[5]. Die Richtlinie weiche insofern von Art. 36 CISG und den nationalen Rechtsordnungen ab[6].

---

[1] Siehe unten zur Erfüllungs- und Gewährleistungstheorie 7.1.2.

[2] *Amtenbrink* und *Schneider*, VuR 1996, 374.

[3] *Micklitz*, EuZW 1997, 229, 232 und EuZW 1999, 485, 486; *Horak*, in: Schermaier, S. 239; vgl. auch *Schnyder* und *Straub*, ZEuP 1996, 8, 60.

[4] *Micklitz*, EuZW 1999, 485, 486; *Lehr* und *Wendel*, EWS 1999, 118, 321, 323; *Schiller*, PHI 1999, 118, 124.

[5] *Micklitz*, EuZW 1999, 485, 486; *Schiller*, PHI 1999, 118, 124.

[6] *Micklitz*, EuZW 1997, 229, 232 und EuZW 1999, 485, 486; *Lehr* und *Wendel*, EWS 1999, 118, 321, 323

Diese Abweichung war laut der Begründung zu Art. 3 I des ursprünglichen Richtlinienvorschlages von 1996 auch tatsächlich beabsichtigt[7]. Soweit die physische Übergabe nach deutschem Recht vom Gefahrübergang zu Lasten des Verbrauchers abweicht[8], sei es daher nicht richtlinienkonform, die Gefahrtragungsregeln beizubehalten[9]. Folgt man dieser Ansicht, muß der Verkäufer auch dann bis zur Übergabe haften, wenn er nach den deutschen Gefahrtragungsregeln entlastet wäre, weil und sobald er seinerseits alles zur Vertragsdurchführung Erforderliche getan hat. Ist der Verbraucher bei Bringschuld in Annahmeverzug oder hat der Verkäufer bei Holschuld bereits abgesondert und bereitgestellt, ist der Verkäufer nach deutschem Recht von der Gefahrtragung entlastet. Wenn nach der Richtlinie die physische Übergabe ausschlaggebend sein soll, kann der Verbraucher sogar in den Fällen, in denen er selbst säumig oder vertragsbrüchig ist, den Gewährleistungszeitpunkt beliebig nach hinten verschieben, indem er die Kaufsache nicht entgegennimmt oder nicht abholt[10]. Außerdem ist der Verbraucher beim Versendungskauf gegenüber der gegenwärtigen Rechtslage besser gestellt, wenn nicht mehr auf den Gefahrübergang, das heißt gemäß § 447 BGB auf die Übergabe an die Transportperson, sondern auf die tatsächliche Lieferung abgestellt wird. Mangelfreiheit ist dann bis zur tatsächlichen Übergabe durch die Transportperson an den Verbraucher erforderlich. Der Verkäufer trüge stets das Transportrisiko[11]. Als Konsequenz würden die besonderen Gefahrübergangsregeln des Versendungskaufs für Verbraucherkäufe abgeschafft[12]. Dieses Problem verschärft sich noch durch Art. 5 III RL: Die 6-Monats-Frist für die Vermutung, die Sache sei schon von Anfang an vertragswidrig gewesen, verlängert sich beim Versendungskauf um die Transportzeit[13].

Die andere Meinung beruft sich darauf, daß die Richtlinie keine Vorschrift enthalte, der der für die Vertragswidrigkeit maßgebliche Zeitpunkt zu entnehmen sei. Sie stützt sich dabei vornehmlich auf Erwägungsgrund 14 RL. Die Richtlinie nenne zwar in Art. 3 I RL die Lieferung als maßgeblichen Zeitpunkt. Sie defi-

---

[7] Dok. KOM (95) 520 eng., S. 13.

[8] In der Regel geht die Gefahr gemäß § 446 I 1 BGB mit der Übergabe über.

[9] Vgl. *Jud*, ÖJZ 1997, 441, 444; *Westermann*, in: Europäisches Kaufgewährleistungsrecht, S. 262.

[10] *Amtenbrink* und *Schneider*, VuR 1996, 367, 374; *Jud*, ÖJZ 1997, 441, 444.

[11] *Ehmann* und *Rust*, JZ 1999, 853, 857; *Westermann*, in: Europäisches Kaufgewährleistungsrecht, S. 262; so strebte es noch das Grünbuch an, S. 116.

[12] *Ehmann* und *Rust*, JZ 1999, 853, 857; *Westermann*, in: Europäisches Kaufgewährleistungsrecht, S. 262. *Schnyder* und *Straub* ZEuP 1996, 8, 60 haben diese Abschaffung zugunsten des Verbrauchers in seiner Stellungnahme zum Grünbuch angeregt.

[13] *Westermann*, in: Europäisches Kaufgewährleistungsrecht, S. 262.

niere den Begriff der Lieferung jedoch nicht[14]. Art. 3 I RL habe nur den Zweck, klarzustellen, daß nicht bereits der Vertragsschluß ausschlaggebend sei[15], habe also deklaratorischen Charakter[16]. Die tatsächliche Übergabe als maßgeblicher Zeitpunkt sei diskutiert, aber abgelehnt worden. Der unjuristische, ungenaue Begriff der Lieferung sei absichtlich gewählt worden, damit die Mitgliedstaaten ihre Gefahrtragungsregeln beibehalten könnten[17], was in Erwägungsgrund 14 dann nochmals klargestellt worden sei[18]. Zu dem Entschluß, den Gefahrübergang nicht zu regeln, sei man im Hinblick auf das Subsidiaritätsprinzip gekommen[19]. Die Anwendung der deutschen Gefahrtragungsregeln sei eröffnet, da die Richtlinie keine erkennbare Regelung enthalte, was mit der Lieferung gemeint sei[20]. So hält auch die Begründung zu Art. 3 RL des geänderten Richtlinienvorschlages von 1998 fest, daß der Begriff der Lieferung den Mitgliedstaaten genügend Spielraum lassen wolle und das Problem des Gefahrübergangs dadurch nicht berührt werde[21].

Dieser Ansicht ist zuzustimmen. Der Wortlaut des Art. 3 I RL steht einer Anwendung der deutschen Gefahrübergangsregeln nicht entgegen. Er ist unklar und unjuristisch. Auch wenn man den Begriff mit Hilfe der Materialien zur Richtlinie auslegt, kann man ihn nicht füllen. Die Begründung zu Art. 3 I des ursprünglichen Richtlinienvorschlags[22], nach der die Richtlinie von den Bestimmungen des CISG und der nationalen Rechtsordnungen bezüglich des für die Vertragswidrigkeit relevanten Zeitpunkts abweichen will, bezieht sich darauf, daß nicht der Vertragsschluß der relevante Zeitpunkt sein soll[23], und wird vor allem durch die Begründung zum geänderten Richtlinienvorschlag[24] wieder aufgehoben. Dort wird bekräftigt, daß die nationalen Gefahrtragungsregeln nicht berührt werden

---

[14] *Ernst* und *Gsell*, ZIP 2000, 1410, 1415.

[15] Vgl. schon Grünbuch, S. 116 und die Begründung zum ursprünglichen RL-Vorschlag, Dok. KOM (95) 520 endg., S. 13.

[16] *Amtenbrink* und *Schneider*, VuR 1996, 367, 374; *Georges*, S. 240.

[17] Mitteilung der Kommission über den Gemeinsamen Standpunkt, SEK (1998) 1553 endg., S. 8; *Staudenmayer*, NJW 1999, 2393, 2395 und in: Europäisches Kaufgewährleistungsrecht, S. 36.

[18] Mitteilung der Kommission über den Gemeinsamen Standpunkt, SEK (1998) 1553 endg., S. 8; *Amtenbrink* und *Schneider*, VuR 1999, 293, 297; *Staudenmayer*, 2393, 2394 und in Europäisches Kaufgewährleistungsrecht, S. 36; *Ernst* und *Gsell*, ZIP 2000, 1410, 1415; *Amtenbrink* und *Schneider*, VuR 1999, 293, 297.

[19] *Staudenmayer*, in: Europäisches Kaufgewährleistungsrecht, S. 37.

[20] *Ernst* und *Gsell*, ZIP 2000, 1410, 1415; *Steiner*, in: Schermaier, S. 262.

[21] Begründung zum geänderten RL-Vorschlag 1998, Dok. KOM (98) 217 endg., S. 4.

[22] Ursprünglicher RL-Vorschlag 1996, Dok. KOM (95) 520 endg., S. 13.

[23] Und ist damit insoweit, als sie sich auf Art. 36 I CISG bezieht, unschlüssig, da das CISG nicht auf den Vertragsschluß, sondern den Gefahrübergang abhebt.

[24] Begründung zu Art. 3 I des geänderten RL-Vorschlags 1998, Dok. KOM (98) 217 endg., S. 4.

sollen, so daß sie wie bisher zur Wirkung kommen können. Das Abstellen auf den Gefahrübergang ist auch sachgerecht, wie die oben genannten Beispiele zur Abweichung von Übergabe und Gefahrübergang zeigen[25]. Nach Gefahrübergang hat der Verkäufer keinen Einfluß auf die Sache mehr und soll dann nicht mehr verschuldensunabhängig haften müssen[26]. Der Gefahrübergang ist im *common law*, bei den kontinentalen Rechtsordnungen und im Ergebnis auch in den romanischen Rechtsordnungen der relevante Zeitpunkt[27]. Die Gefahr geht im deutschen Recht beim Verbraucherkauf regelmäßig gemäß § 446 I 1 BGB mit Übergabe über, insoweit decken sich die Ergebnisse der beiden Auslegungsmöglichkeiten zum relevanten Zeitpunkt[28]. Beim Versendungskauf ist grundsätzlich die Übergabe an die Transportperson ausschlaggebend, § 447 I BGB. Die Regelung entspricht Art. 31, 67 ff CISG[29]. Die Regelung des CISG mag zwar auf den Handelskauf abgestimmt sein[30]. Im deutschen Recht kommt aber zu diesen Regeln zugunsten des Verbrauchers noch die gesicherte Rechtsprechung des BGH hinzu[31], nach der der Verkäufer auch nach Gefahrübergang noch bei Verpackungs- oder Instruktionsfehlern nach pVV haftet[32]. Die Abschaffung des Versendungskaufes beim Verbrauchsgüterkauf und das Abstellen auf die tatsächliche Ablieferung auch bei Annahmeverzug und Holschuld würde zwar eine Besserstellung des Verbrauchers bewirken. Diese Besserstellung ist aber nach dem oben Gesagten vom Richtliniengeber nicht verlangt[33].

---

[25] *Ernst* und *Gsell*, ZIP 2000, 1410, 1415; *Rieger*, VuR 1999, 287, 289.

[26] Erman/*Grunewald*, § 459 Rn 29.

[27] *Schnyder* und *Straub*, ZEuP 1996, 8, 59.

[28] *Amtenbrink* und *Schneider*, VuR 1996, 367, 374.

[29] *Ernst* und *Gsell*, ZIP 2000, 1410, 1415.

[30] So *Schnyder* und *Straub*, ZEuP 1996, 8, 61: Die Artt. 36, 67 ff. CISG paßten deshalb nicht in die Richtlinie.

[31] *Westermann*, in: Europäisches Kaufgewährleistungsrecht, S. 262. Westermann geht freilich davon aus, daß der Wortlaut des Art. 3 eindeutig und zwingend sei und deshalb der Ausgleich über die pVV-Haftung nicht ausreiche.

[32] Vgl. dazu unten 11.2.4.2.

[33] Ein über die Auslegung des Art. 3 I RL hinausgehendes Problem ergibt sich – wie auch im deutschen Recht –, wenn der Liefervertrag mit einer Montageverpflichtung verbunden ist, da weder die tatsächliche Lieferung noch der eigentliche Gefahrübergang bezüglich der Ware als relevanter Zeitpunkt geeignet sind, *Westermann*, in: Europäisches Kaufgewährleistungsrecht, S. 260. Hier kommt es darauf an, ein Substitut für die werkvertragliche Abnahme zu finden. Die Richtlinie stellt hier jedoch keine Probleme, die über die bereits im deutschen Recht bestehenden hinausreichten.

4.2. Vermutungsregel des Art. 5 III RL

Gemäß Art. 5 III RL wird innerhalb von sechs Monaten widerleglich vermutet, daß bis dahin offenbar gewordene Mängel bereits zum Zeitpunkt der Lieferung bestanden[34]. Die Frist aus Art. 5 III RL ist keine Verjährungsfrist, sondern eine materielle Frist[35]. Nach sechs Monaten trägt der Käufer die Beweislast für die Vertragswidrigkeit zum relevanten Zeitpunkt[36]. Grund für diese Regelung war, daß innerhalb der ersten sechs Monate noch der Verkäufer das Produkt besser kennt als der Verbraucher und er deshalb weniger Beweisschwierigkeiten hat. Ist er nur Durchlieferer, so steht er dem Hersteller, der ihm die nötige Kenntnis vermitteln kann, näher[37].

Der Beginn der Frist ist nach dem Wortlaut die Lieferung. Konsequent wäre es, die Frist ab Gefahrübergang laufen zu lassen. Da dieser aber in der Richtlinie nicht geregelt ist, muß im Interesse der Einheitlichkeit an die physische Aushändigung angeknüpft werden[38]. Faktisch wird durch diese Regelung der für die Vertragswidrigkeit relevante Zeitpunkt um sechs Monate nach hinten verschoben[39]. Im Interesse des Verbrauchers liegt es, sich innerhalb der sechs Monate durch Überprüfung der Ware zu vergewissern, ob er einen Anspruch hat[40].

Die Gefahr, daß der Verkäufer wesentlich schlechter gestellt wird im Falle von Mißbrauch oder Beschädigung der Kaufsache durch den Käufer[41], wird durch den zweiten Halbsatz abgemildert, nach dem die Vermutung nicht gilt, wenn sie mit der Art der Vertragswidrigkeit unvereinbar ist[42]. Die Vermutung gilt auch nicht für verderbliche Ware. Dennoch verbleibt eine Schlechterstellung des Verkäufers im Hinblick auf den Regreß gegen seinen Zulieferer, demgegenüber die Regelung nicht gilt[43].

---

[34] Der Begriff des Offenbarwerdens entstammt Art. 36 I CISG und ist entsprechend auszulegen, *Staudenmayer*, in: Europäisches Kaufgewährleistungsrecht, S. 39.

[35] *Matthiesen* und *Lindner*, NJ 1999, 617, 619; *Staudenmayer*, in: Europäisches Kaufgewährleistungsrecht, S. 39.

[36] *Tonner*, BB 1999, 1769, 1772 f.

[37] *Staudenmayer*, in: Europäisches Kaufgewährleistungsrecht, S. 40; *Grundmann*, in: Europäisches Schuldvertragsrecht, S. 302.

[38] *Micklitz*, EuZW 1999, 485, 486; wohl auch *Gsell*, ERPL 1999, 151, 167.

[39] *Grundmann*, in: Europäisches Schuldvertragsrecht, S. 302.

[40] *Micklitz*, EuZW 1999, 485, 486; *Grundmann*, in: Europäisches Kaufgewährleistungsrecht, S. 301.

[41] *Lehr* und *Wendel*, EWS 1999, 321, 323 f.

[42] *Rieger*, VuR 1999, 287, 289.

[43] *Ehmann* und *Rust*, JZ 1999, 853, 857 f.

Im Wesentlichen entspricht die Regelung der deutschen Rechtsprechung zur Beweislast, insbesondere dem Anscheinsbeweis[44]. Neben Art. 5 III RL können Beweiserleichterungen für den Käufer nach nationalem Recht bestehen bleiben[45].

[44] *Tonner*, BB 1999, 1769, 1774; *Gass*, S. 135; *Micklitz*, EuZW 1997, 229; *Schmidt-Räntsch*, ZIP 1998, 849. Außerdem ähnelt sie § 484 BGB, der eine ähnliche Vermutung für die Hauptmängel beim Viehkauf vorsieht, *Hänlein*, DB 1999, 1641, 1643.

[45] *Amtenbrink* und *Schneider*, VuR 1996, 367, 377.

5. Rechtsbehelfe des Verbrauchers

Ist die gelieferte Ware nicht vertragsgemäß, stehen dem Verbraucher gemäß Art. 3 II RL drei bzw. vier verschiedene Rechtsbehelfe zur Verfügung. Sie stehen zueinander in einem Stufenverhältnis[1]: Zunächst kann der Verbraucher Abhilfe gemäß Art. 3 III RL verlangen, also Herstellung des vertragsgemäßen Zustandes in Gestalt der Ersatzlieferung oder der Nachbesserung. Gemäß Art. 3 V RL kann er in zweiter Linie Minderung geltend machen oder den Vertrag auflösen.

5.1. Erste Stufe: Abhilfe, Art. 3 III RL

Der Verbraucher kann die unentgeltliche Nachbesserung oder Ersatzlieferung verlangen, sofern dies nicht unmöglich oder unverhältnismäßig ist. Die Richtlinie unterscheidet dabei nicht zwischen Stück- und Gattungsschuld[2]. Sie weicht damit vom deutschen Recht ab, das nur bei Gattungsschuld gemäß § 480 I BGB einen Nachlieferungsanspruch vorsieht. Wenn man dieser Unterscheidung im Rahmen der Richtlinie überhaupt eine Bedeutung zumessen will, kann man anhand der Auswahl der Rechtsbehelfe allenfalls feststellen, daß die Gattungsschuld als Muster des Verbraucherkaufes diente. Verbrauchsgüter werden in der Regel industriell hergestellt, so daß im deutschen Recht in den meisten Fällen ein Gattungskauf vorliegt[3]. Darauf beruht ein weiterer technischer Unterschied: Die Nachlieferung stellt beim Verbraucherkauf in Zukunft das gesetzliche Leitbild dar, nicht mehr die Stückschuld, bei der die Abhilfe der nur vertraglich zu vereinbarende Ausnahmefall war[4].

Die vertragsbewahrende Abhilfe[5] geht den auf Vertragsänderung bzw. -auflösung gerichteten traditionellen Rechtsmitteln Minderung und Vertragsauflösung

[1] Vgl. auch Erwägungsgründe 10 und 11 RL.

[2] *Amtenbrink* und *Schneider*, VuR 1996, 374.

[3] *Schiller*, PHI 1999, 118, 123; *Amtenbrink* und *Schneider*, VuR 1996, 374, 375.

[4] *Schmidt-Räntsch*, ZIP 1998, 849, 852.

[5] *Ehmann* und *Rust*, JZ 1999, 853, 859.

vor. Mit diesem Ansatz zieht die Richtlinie die Aufrechterhaltung des Vertrags der Auflösung und dem Schadensersatz vor. Damit steht sie dem CISG nahe[6] und auch der Vertragspraxis im deutschen Rechtskreis, wo es verbreitet ist, die Nachlieferung auch beim Stückkauf zu vereinbaren[7]. In der Richtlinie ist der Abhilfeanspruch als echtes Gewährleistungsrecht ausgestaltet[8]. Die Diskussion über den Charakter der Nachlieferungspflicht beim Gattungskauf als modifizierter Erfüllungsanspruch oder als Gewährleistungsanspruch erübrigt sich also für den Verbraucherkauf[9]. Damit erledigt sich auch der im deutschen Recht bestehende Streit, ob es sich bei der Abhilfe um eine einseitige oder synallagmatische Pflicht handelt und ob bei Verzug aus § 286 BGB nur auf Schadensersatz oder auch aus § 326 BGB gehaftet werden muß, also auch ein Rücktritt möglich ist.

Da der Übergang auf die anderen Rechtsbehelfe Minderung und Vertragsauflösung nur unter bestimmten Voraussetzungen möglich ist, hat Art. 3 III RL nicht nur einen Abhilfeanspruch des Käufers, sondern auch ein Nachbesserungsrecht des Verkäufers zur Folge. Die Nachbesserung soll angesichts der vorherrschenden Massenproduktion der angemessene Rechtsbehelf sein[10]. Die Regelung entspricht insoweit in der Funktion Art. 50 CISG, der dem Verkäufer bei grundsätzlich freiem Wahlrecht des Käufers zwischen allen vier Rechtsbehelfen die Möglichkeit einräumt, die Minderung durch Nacherfüllung abzuwenden[11].

5.1.1. Inhalt des Abhilfeanspruchs

Die Richtlinie überläßt es den Mitgliedstaaten, die Rechtsbehelfe inhaltlich auszufüllen. Sie macht diesbezüglich fast keine Vorgaben. Es handelt sich also um den Bereich, der nach der Natur einer Richtlinie, die nur das Ziel, nicht die Mittel festlegt, ungeregelt bleibt. Deshalb kann man einerseits auf die deutsche Rechtsauffassung zum Ersatzlieferungs- und Nachbesserungsanspruch zurückgreifen, sofern man dabei den Vorgaben der Richtlinie genügt, was die in ihr festgelegten Ziele betrifft. Da eines der grundlegenden Ziele in der Vereinheitlichung des Binnenmarktes besteht, sollte bei der Umsetzung das internationale CISG nicht aus dem Blick verloren werden, an dem sich die Richtlinie orientiert.

---

[6] *Schnyder* und *Straub*, ZEuP 1996, 8, 59.

[7] *Schiller*, PHI 1999, 118, 124; *Staudenmayer*, NJW 1999, 2393, 2394. Das Gesetz erkennt diese Lösung in § 476 a BGB und § 11 Nr. 10 b AGBG an.

[8] *Amtenbrink* und *Schneider*, VuR 1996, 374, 375.

[9] *Schiller*, PHI 1999, 118, 124.

[10] *Staudenmayer*, in: Europäisches Kaufgewährleistungsrecht, S. 37.

[11] *Nietzer* und *Stein*, ZVglRWiss 2000, 41, 49; *Magnus*, in: Europäisches Kaufgewährleistungsrecht, S. 89.

5.1.1.1. Ersatzleistung

Die Richtlinie selbst enthält keine Angaben zur Ausfüllung des Nachlieferungsanspruchs. Der Wirtschafts- und Sozialausschuß versteht unter der Ersatzleistung den Austausch der vertragswidrigen gegen eine vertragsmäßige Sache[12]. So wird auch der Ersatzlieferungsanspruch aus Art. 45 I a i. V. m. Art. 46 I, II CISG[13] verstanden[14]. Das deutsche Recht sieht für den Gattungskauf in § 480 I BGB einen Nachbesserungsanspruch als modifizierten Erfüllungsanspruch vor. Der Verkäufer schuldet gemäß § 480 I BGB die (Neu-)Lieferung einer mangelfreien Sache[15]. Die Ersatzlieferung ist im deutschen Recht außerdem in § 11 Nr. 10 b AGBG legislatorisch anerkannt[16]. Der Verkäufer muß einen weiteren Versuch unternehmen, seine Leistungspflicht zu erfüllen. Dazu muß er alles tun, was zur Vertragserfüllung erforderlich ist. Neben der erneuten Lieferung und eventuellen Montage einer nunmehr vertragsgemäßen Sache muß der Verkäufer die zusätzlich anfallenden Arbeiten ausführen oder ausführen lassen. Dazu gehören z. B. Ausbau und Abtransport der zunächst gelieferten Sache[17].

Eine Ersatzlieferung ist nach der Richtlinie nicht nur beim Gattungskauf, sondern auch beim Stückkauf denkbar, wenn nämlich der Verkäufer zunächst eine andere als die vereinbarte Stücksache geliefert hat[18].

5.1.1.2. Nachbesserung

5.1.1.2.1. Art. 1 II f RL Nachbesserung bedeutet, so bestimmt es Art. 1 II f RL, Herstellung des vertragsgemäßen Zustandes des Verbrauchsguts. Der Verkäufer muß also, wenn die Sache mangelhaft ist, anders als im deutschen

---

[12] Stellungnahme des WSA zum ursprünglichen Richtlinienvorschlag, ABl. C 66 vom 3. 3. 1997, S. 9, 3.15.

[13] Enger als die Richtlinie grenzt Art. 46 II CISG die Ersatzlieferung auf die Fälle ein, in denen der Käufer mit der Ware so gut wie nichts anzufangen weiß. Diese Abweichung trägt dem Unterschied zwischen Handels- und Verbraucherkauf Rechnung. Beim internationalen Handelskauf sind die Transportkosten für Rückführung und Neulieferung wegen der großen Mengen und weiten Strecken von großem Gewicht. Der professionelle Einkäufer hat unter Umständen auch für mangelhafte Ware Absatzmöglichkeiten, während der Verbraucher die Sache nicht verwenden kann. *Magnus*, in: Europäisches Kaufgewährleistungsrecht, S. 89.

[14] Schlechtriem/*Huber*, Art. 46 Rn 28a.

[15] *Reinicke* und *Tiedtke*, Rn 520.

[16] *Ehmann* und *Rust*, JZ 1999, 853, 858.

[17] Wie der Ersatzlieferungsanspruch im Hinblick auf die bereits gelieferte, mangelhafte Ware abzuwickeln ist, läßt die Richtlinie ebenfalls ungeregelt. Im CISG kann der Ersatzlieferungsanspruch gemäß Art. 82 CISG ausgeschlossen sein, wenn der Käufer die mangelhafte Ware nicht zurückgeben kann. Im deutschen Recht verweist § 480 I 2 BGB auf bestimmte Wandlungsvorschriften.

[18] Vergleiche dazu Schlechtriem/*Huber*, Art. 46 Rn 22.

Recht nicht nur eine andere, mangelfreie Sache herbeischaffen, sondern notfalls durch Reparatur den vertragsgemäßen Zustand der Kaufsache herstellen[19]. Wenn es keine vertragsgemäße Sache gibt, kann er sich nicht auf Unmöglichkeit der Abhilfe berufen[20].

5.1.1.2.2. Art. 3 IV RL Die Abhilfe hat gemäß Art. 3 II, III RL unentgeltlich zu erfolgen. Art. 3 IV RL stellt diesen Begriff klar[21]. Unentgeltlich heißt, daß der Verkäufer die bei der Mangelbeseitigung anfallenden Kosten tragen muß, sie also nicht vom Verbraucher ersetzt verlangen kann. Genannt sind insbesondere die Kosten für Versand, Arbeit und Material. Art. 3 IV RL ist als Klarstellung zu qualifizieren, welche Arbeiten vom Nachbesserungsanspruch umfaßt sein sollen. Die Unentgeltlichkeit soll sich nicht auf den vom Verkäufer bei der Nachbesserung anzuwendenden Sorgfaltsmaßstab auswirken. Auch kommt es nicht darauf an, daß in der Regel die Kosten für eventuelle Mängelbeseitigungen in die Kaufpreiskalkulation mit einbezogen sind, die Leistung rechtstechnisch also zumeist nicht unentgeltlich ist[22].

Die in Art. 3 IV RL genannten Beispiele für Kosten, die vom Nachbesserungsanspruch erfaßt sein sollen, finden ihre Entsprechung in der Ausgestaltung des Nachbesserungsanspruchs im deutschen Recht. Hier existiert ein Nachbesserungsanspruch beim Werkvertrag in § 633 II BGB und als - meist durch AGB[23] - gewillkürter Nachbesserungsanspruch in § 476a BGB[24]. Die Nachbesserungsansprüche aus § 476a und 633 II BGB sind ihrem Inhalt nach gleich, § 633 II 2 BGB verweist auf § 476a BGB[25]. Der Unterschied im Fall, daß ein Nachbesserungsrecht beim Kauf vereinbart wird, zu dem gesetzlichen Nachbesserungsrecht aus dem Werkvertragsrecht ist der, daß im Kaufrecht in der Regel das Nachbesserungsrecht an die Stelle der Rechtsbehelfe Wandlung und Minderung tritt[26], wogegen es im Werkvertragsrecht die Möglichkeiten der Wandlung und Minderung nur einschränkt. In der Richtlinie verhält es sich so wie im Werkvertragsrecht, so daß sie in dieser Hinsicht dem deutschen Werkvertragsrecht verwandter ist als dem Kaufrecht[27].

---

[19] *Staudenmayer*, in: Europäisches Kaufgewährleistungsrecht, S. 38.

[20] Anders als im deutschen Recht bei § 480 I BGB, vgl. BGHZ 50, 200, 206; MünchKomm/ *Westermann*, § 480 Rn 5.

[21] *Staudenmayer*, in: Europäisches Kaufgewährleistungsrecht, S. 38.

[22] *Medicus*, ZIP 1996, 1925, 1927, Fußnote 12; *Junker*, DZWiR 1997, 271, 278.

[23] MünchKomm/ *Westermann*, § 462 Rn 11.

[24] Ist im Kaufvertrag ein Nachbesserungsrecht vorgesehen, enthält § 476a BGB eine Auslegungsregel, die allerdings nicht erschöpfend ist, vgl. den Wortlaut des § 476a BGB: „insbesondere".

[25] Bis auf die Abweichungen, die auf der Verschiedenartigkeit der Vertragsarten beruhen. Diese wirken sich im Verhältnis zum Schadensersatz nicht aus.

[26] Vgl. § 476 a BGB; *Reinicke* und *Tiedtke*, Rn 495.

[27] *Rieger*, VuR 1999, 287, 291.

Der Verkäufer muß gemäß § 476a, 1 BGB die Nachbesserung auf seine Kosten durchführen und außerdem alle durch die Nachbesserung entstehenden kausalen Kosten tragen[28]. Die Mangelbeseitigung umfaßt die Beseitigung aller Fehler bzw. die Herstellung der zugesicherten Eigenschaften. Dazu gehören alle Maßnahmen, die notwendig sind, um insgesamt ein vertragsmäßig mangelfreies Werk zu erstellen[29]. Neben der eigentlichen Beseitigung des Mangels umfaßt der Anspruch auch alle Vorbereitungsarbeiten und die Beseitigung der Nachbesserungsspuren, also alle Arbeiten, die erforderlich sind, um den Zustand wiederherzustellen, der bei mangelfreier Leistung herrschen würde[30]. Dazu zählen Arbeitskosten wie Lohn und Material und die Kosten für Austausch oder Neuanfertigung von Einzelteilen[31], ebenso die Kosten begleitender Arbeiten wie Aufräumen und Putzen[32]. Dazu zählt auch die Beseitigung von Schäden, die zwangsläufig auf Grund der Nachbesserung entstehen[33], beispielsweise durch den Aus- und Wiedereinbau des mangelhaften Werkstücks.

Im CISG gelten für die Kosten, Verzögerungs- und Begleitschäden beim Nachlieferungsanspruch aus Art. 46 CISG die Regeln für die Erfüllung der ursprünglichen Leistungspflicht entsprechend[34]. Der Verkäufer muß sämtliche Aufwendungen im unmittelbaren Zusammenhang mit der nachträglichen Erfüllung tragen. Denn wenn er dies schon gemäß Art. 48 CISG bei freiwilliger Nacherfüllung tun muß, dann erst recht bei Nachlieferung aufgrund Aufforderung durch den Käufer[35].

Auch nach der Richtlinie muß der Verkäufer nicht nur die eigentlichen Mängelbeseitigungskosten wie Ersatzteilkosten und Arbeitsaufwand für deren Einbau tragen, sondern auch die, die für die Vor- und Nacharbeiten anfallen.

5.1.1.2.3. Art. 3 III 3 RL Die Abhilfe hat gemäß Art. 3 III 3 RL innerhalb einer angemessenen Frist und ohne erhebliche Unannehmlichkeiten für den Verbraucher zu erfolgen. Was eine angemessene Frist ist und was unter erheblicher Unannehmlichkeit zu verstehen ist, läßt die Richtlinie den Mitgliedstaaten

[28] Soweit sie nicht auf Ortsveränderungen des Werks beruhen, die nicht im Vertrag vorgesehenen sind; Palandt/*Sprau*, § 633 Rn 5c; Palandt/*Putzo*, § 476a Rn 7; MünchKomm/*Westermann*, § 476a Rn 4; *Reinicke* und *Tiedtke*, Rn 498.

[29] Für den Werkvertrag BGHZ 96, 111, 119.

[30] Für den Werkvertrag: BGHZ 96, 221, 225; Staudinger/*Peters*, § 633 Rn 173; MünchKomm/*Soergel*, § 633 Rn 99.

[31] Beispiele von *Reinicke* und *Tiedtke*, Rn 498 f.

[32] BGH NJW 1963, 805 f.; MünchKomm/*Westermann*, § 476a Rn 4.

[33] BGHZ 72, 31, 33; Soergel/*Teichmann*, § 633 Rn 4.

[34] Honsell/*Schnyder/Straub*, Art. 46 Rn 77.

[35] Honsell/*Schnyder/Straub*, Art. 46 Rn 41 f.

zur Ausfüllung. Da es hier auf den jeweiligen Einzelfall ankommen wird[36], bleibt die Ausgestaltung beider Kriterien vermutlich, da eine Ausgestaltung per Gesetz wenig praktikabel ist, den Gerichten überlassen.

5.1.2. Wahlrecht zwischen den Rechtsbehelfen der ersten Stufe

5.1.2.1. Wahlrecht des Käufers

Zwischen den beiden Abhilfemöglichkeiten kann nicht der Verkäufer wählen, wie im deutschen Werkvertragsrecht und beim Gattungskauf. Vielmehr hat gemäß Art. 3 III 1 RL der Verbraucher das Wahlrecht. Der vertragsbrüchige Verkäufer soll nicht privilegiert werden[37]. Teilweise wird das zur Gewährleistung der Effektivität des Verbraucherschutzes begrüßt[38]. Es überwiegen allerdings die kritischen Stimmen, die den Parteien diesbezüglich Vertragsfreiheit einräumen wollen[39] oder sogar entsprechend dem CISG ein Wahlrecht des Verkäufers bevorzugen[40].

Das Wahlrecht des Käufers ist allerdings gemäß Art. 3 III 1 RL stark[41] eingeschränkt durch den Vorbehalt der Verhältnismäßigkeit und der Möglichkeit. Diese Begrenzungen des Wahlrechts entfalten eine zweite Bedeutung beim Übergang auf die Rechtsbehelfe zweiter Stufe.

5.1.2.2. Einschränkung des Wahlrechts durch Unmöglichkeit

Voraussetzung für die Zulässigkeit der Wahl des Käufers ist, daß die gewählte Abhilfeart nicht unmöglich ist. Dies ist Art. 3 III 1 RL zu entnehmen, der dem Verbraucher nur dann die beiden Abhilfemöglichkeiten einräumt, wenn sie

---

[36]Welche Frist beispielsweise angemessen ist, wird je nach Produktart und Umständen differieren, *Lehr* und *Wendel*, EWS 1999, 321, 325.

[37]*Staudenmayer*, in: Europäisches Kaufgewährleistungsrecht, S. 38.

[38]*Schurr*, ZfRV 1999, 222, 226.

[39]Stellungnahme des WSA zum ursprünglichen Richtlinienvorschlag 1996, 3. 13, S. 9 und Beschluß des Bundesrates, BR-Drs. 696/96; im ursprünglichen Vorschlag, auf den sich beide Texte beziehen, hatte der Käufer allerdings noch die freie Wahl zwischen allen vier Rechtsbehelfen. Erwägungsgrund 12 erlaubt solche Vereinbarungen im Wege einer gütlichen Einigung nach Auftreten des Fehlers, beläßt die endgültige Entscheidung aber beim Verbraucher, *Lehr* und *Wendel*, EWS 1999, 321, 324 f.

[40]*Kircher*, Warenkauf, S. 281: Dem Käufer sei gleichgültig, auf welche Weise er zu einer mangelfreien Sache kommt; *Medicus*, ZIP 1996, 1925, 1927: Da der Verkäufer das Risiko des Mißlingens der Nachbesserung trage, indem er anschließend noch auf Minderung oder Vertragsauflösung haftet, sollte er auch das Wahlrecht haben.

[41]*Staudenmayer*, in: Europäisches Kaufgewährleistungsrecht, S. 38.

möglich sind. Die Begrenzung des Wahlrechts des Käufers bei Unmöglichkeit ist unumstritten[42].

Bei der Unmöglichkeit kommt es analog Erwägungsgrund 11, S. 2 RL nicht auf das subjektive Unvermögen des Verkäufers an – dies ist eine Frage der Verhältnismäßigkeit bzw. der Zumutbarkeit im Sinne des Art. 3 III 2 RL. Vielmehr meint Art. 3 III 1 RL den engen Begriff der objektiven Unmöglichkeit. Beim Gattungskauf ist eine Unmöglichkeit der Ersatzlieferung damit kaum denkbar[43]. Aber auch die Möglichkeit der Nachbesserung muß nach objektiven Gesichtspunkten bestimmt werden. Dies ist insofern problematisch, als der Verkäufer nicht unbedingt Hersteller ist, ihm fehlt also oft die Sachkunde und Möglichkeit, die Ware zu reparieren[44]. Dann muß es nach den Vorgaben der Richtlinie ausreichen, wenn es Dritte gibt, die die Nachbesserung für den Verkäufer übernehmen können[45].

Beim Stückkauf – im Rahmen der Richtlinie kommt er vor allem beim Kauf gebrauchter Waren vor – ist die Ersatzlieferung denknotwendig unmöglich und deshalb ausgeschlossen[46], es sei denn, der Verkäufer hat zunächst eine ganz andere als die versprochene Sache geliefert.

5.1.2.3. Einschränkung des Wahlrechts durch Unverhältnismäßigkeit

Gemäß Art. 3 III 1, 2 RL ist die Auswahl des Käufers auf eine Alternative reduziert, wenn die andere Abhilfemöglichkeit unverhältnismäßig ist. Art. 3 III 2 RL regelt, welche Erwägungen in die Verhältnismäßigkeitsabwägung einzubeziehen sind. Entscheidender Gesichtspunkt sind die Abhilfekosten, es geht also um die wirtschaftliche Zumutbarkeit[47]. Zu welchen Gesichtspunkten die Kosten in Verhältnis zu setzen sind, bestimmt Art. 3 III 2 RL in drei verschiedenen Fallgruppen[48]. Die Zumutbarkeit richtet sich nach dem Verhältnis der Kosten zum Wert einer mangelfreien Sache, der Bedeutung der Vertragswidrigkeit und danach, ob die kostengünstigere andere Abhilfemöglichkeit dem Verbraucher erhebliche Un-

[42] Vgl. *Schurr*, ZfRV 1999, 222, 226; *Schwartze*, ZEuP 2000, 544, 565.

[43] *Lehr* und *Wendel*, EWS 1999, 321, 324.

[44] *Schurr*, ZfRV 1999, 222, 226.

[45] *Medicus*, ZIP 1996, 1925, 1927. A. A. *Schurr*, ZfRV 1999, 222, 226: Art. 3 III 1 RL solle als subjektiver Unmöglichkeitsmaßstab aufgefaßt werden und sei dann überflüssig, denn es folge schon aus einem allgemeinen Prinzip des Schuldrechts, daß Unmögliches und Unverhältnismäßiges nicht verlangt werden könne.

[46] *Schlechtriem*, JZ 1997, 441, 445; *Ehmann* und *Rust*, JZ 1999, 853, 858; *Micklitz*, EuZW 1999, 485, 487; *Amtenbrink* und *Schneider*, VuR 1996, 374 f.

[47] *Lehr* und *Wendel*, EWS 1999, 321, 324.

[48] *Staudenmayer*, in: Europäisches Kaufgewährleistungsrecht, S. 38.

annehmlichkeiten bereiten würde[49]. Klare Vorgaben für die Abwägung gibt die Richtlinie damit nicht[50], sie enthält eine gewisse Rechtsunsicherheit[51].

Der Verhältnismäßigkeitsmaßstab soll gemäß Erwägungsgrund 11, Satz 2 RL ein rein objektiver und daher nicht aus der Sicht bzw. nach dem Vermögen einer der Parteien zu bestimmen sein[52]. Nach der objektiven Regel wird bei hochwertigen Gütern prinzipiell die Nachbesserung günstiger sein, bei Massengütern die Ersatzlieferung[53]. Außerdem kommt es auf den Umfang bzw. die Schwere des Fehlers an[54]. Je größer die Vertragswidrigkeit ist, desto mehr Kosten sind dem Verkäufer zuzumuten[55].

Der Verbraucher hat ein echtes Wahlrecht[56], sofern keine der beiden Möglichkeiten unverhältnismäßig ist. Diese Verhältnismäßigkeitsabstufung mildert die Gefahr des Rechtsmißbrauchs ab, die aufgrund des Wahlrechts des Verbrauchers drohen könnte[57]. Sind beide Alternativen unverhältnismäßig, so entfällt der Abhilfeanspruch gemäß Art. 3 III 1 i. V. m. 3 V Spiegelstrich 1 RL. Der Verbraucher kann dann nur Minderung oder Vertragsauflösung verlangen.

5.2. Der Übergang von der ersten auf die zweite Stufe

Art. 3 V RL bestimmt, wann der Verbraucher von den Rechtsbehelfen erster Stufe auf Minderung oder Vertragsauflösung übergehen kann. Der Käufer hat keine Möglichkeit, die Nachbesserung durchzusetzen. Ein Recht auf Ersatzvornahme räumt ihm die Richtlinie nicht ein[58]. Damit soll wohl die Abwicklung des Massengeschäfts Verbraucherkauf für den Verkäufer erleichtert werden. Mit dem Charakter des Verbrauchsgüterkaufes als Massengeschäft ist auch zu rechtfertigen, daß der Käufer bei der Wahl der Rechtsbehelfe in der Richtlinie stärker eingeschränkt ist als im CISG. Ein Gleichlauf mit dem Handelsrecht des CISG ist nicht erforderlich[59].

---

[49] Es findet also keine Abwägung nach ökologischen Gesichtspunkten statt, wie es von *Tonner*, BB 1999, 1769, 1773 angeregt wurde, bei der an die Unverhältnismäßigkeit einer Reparatur hohe Anforderungen zu stellen wären.

[50] *Schwartze*, ZEuP 2000, 544, 565.

[51] *Lehr* und *Wendel*, EWS 1999, 321, 324.

[52] *Lehr* und *Wendel*, EWS 1999, 321, 324; *Staudenmayer*, in: Europäisches Kaufgewährleistungsrecht, S. 38; *Staudenmayer*, NJW 1999, 2393, 2394; *Micklitz*, EuZW 1999, 485, 487.

[53] *Schmidt-Räntsch*, ZEuP 1999, 294, 295.

[54] *Lehr* und *Wendel*, EWS 1999, 321, 324.

[55] *Staudenmayer*, in: Europäisches Kaufgewährleistungsrecht, S. 38.

[56] *Micklitz*, EuZW 1999, 485, 487.

[57] *Schurr*, ZfRV 1999, 222, 226.

[58] *Kircher*, Warenkauf, S. 281.

[59] *Magnus*, in: Europäisches Kaufgewährleistungsrecht, S. 90.

Die Übergangstatbestände sind alternativ[60]. Sie ähneln der Rechtsprechung zum Verlust des Nachbesserungsrechts des Verkäufers bei §§ 633 II 2, 634 II BGB[61].

5.2.1. Kein Abhilfeanspruch, Art. 3 III 1. Spiegelstrich RL

Der Verbraucher kann gemäß Art. 3 III 1. Spiegelstrich RL sofort Minderung oder Vertragsauflösung geltend machen, wenn er keinen Anspruch auf eine der beiden Abhilfemöglichkeiten, Ersatzlieferung oder Nachbesserung, hat. Der Anspruch auf Abhilfe setzt gemäß Art. 3 III 1 RL voraus, daß sie möglich und verhältnismäßig ist. Sind beide Möglichkeiten entweder unmöglich oder unverhältnismäßig, hat der Verbraucher keinen Abhilfeanspruch, sondern nur – und dies sofort – die Möglichkeit, Minderung oder Vertragsauflösung geltend zu machen[62].

Der Abhilfeanspruch kann auch dann wegfallen, wenn nur eine Art der Abhilfe möglich ist, sie den Verkäufer aber unverhältnismäßig belastet. Zwar bemißt sich die Verhältnismäßigkeit nach dem Wortlaut des Art. 3 III 1, 2 RL nur aus einem Vergleich mit dem anderen Rechtsbehelf. Man könnte also zu dem Ergebnis kommen, im Vergleich zu einer unmöglichen Abhilfeart sei die andere stets verhältnismäßig. Diese Auslegung widerspricht jedoch dem ökonomischen Zweck des Art. 3 III 1. Spiegelstrich RL, nach dem jeder unverhältnismäßige Abhilfeanspruch ausgeschlossen sein soll[63]. Unverhältnismäßig gemäß Art. 3 III 1 und V, 1. Spiegelstrich RL muß eine Abhilfemöglichkeit auch dann sein, wenn sie für den Verkäufer im Verhältnis zu den Rechtsbehelfen zweiter Stufe unzumutbar ist[64]. Dies stellt Erwägungsgrund 11 klar, nach dem es auch möglich sein muß, daß beide Abhilfen gleichzeitig unverhältnismäßig sind[65]. Dies kann aber nur dann sein, wenn es einen außerhalb der beiden Abhilfeansprüche liegenden Vergleichspunkt gibt. Art. 3 III 2 RL regelt den Maßstab für die Zumutbarkeitsprüfung im Verhältnis der Rechtsbehelfe erster Stufe untereinander, die dort aufgestellten Abwägungsparameter sind in die Verhältnismäßigkeitsprüfung gemäß Art. 3 III 1, V 1. Spiegelstrich RL einzustellen. Ein Übergang auf die zweite Stufe ist demnach

[60] *Staudenmayer*, in: Europäisches Kaufgewährleistungsrecht, S. 39; *Hänlein*, DB 1999, 1641, 1644.

[61] *Ehmann* und *Rust*, JZ 1999, 853, 858.

[62] *Rieger*, VuR 1999, 287, 291, Fn 41.

[63] *Rieger*, VuR 1999, 287, 291, Fußnote 41.

[64] *Rieger*, VuR 1999, 287, 291; *Welser* und *Jud*, S. 86 f.

[65] „Zunächst kann der Verbraucher vom Verkäufer die Nachbesserung des Gutes oder eine Ersatzlieferung verlangen, es sei denn, daß diese Abhilfen unmöglich oder unverhältnismäßig seien.“ *Rieger*, VuR 1999, 287, 291, Fußnote 41; *Welser* und *Jud*, S. 87.

auch dann möglich, wenn nur eine Abhilfemöglichkeit gegeben ist, diese den Verkäufer aber im Verhältnis zu den Rechtsbehelfen zweiter Stufe unverhältnismäßig belastet[66].

Nach der Reparatur darf kein Minderwert mehr verbleiben. Sonst reicht die Nachbesserung nicht aus, und der Verkäufer schuldet Neulieferung. Ist diese aber unmöglich, so kann der Käufer auf die zweite Stufe übergehen und den Minderwert über die Minderung geltend machen.

5.2.2. Die Anforderungen des Art. 3 III 3 RL sind nicht erfüllt, Art. 3 V 2. und 3. Spiegelstrich RL

Ein Verstoß gegen die Bestimmung des Art. 3 III 3 RL, nach dem die Abhilfe innerhalb einer angemessenen Frist und ohne erhebliche Unannehmlichkeiten für den Käufer geschehen muß, eröffnet die Möglichkeit, auf die zweite Stufe überzugehen.

5.2.2.1. Die Übergangstatbestände

Der Übergang nach Fristablauf ist mit der Regelung des deutschen Rechts beim Werkvertrag zu vergleichen. Eine ausdrückliche Nachfristsetzung vor dem Übergang auf Vertragsauflösung und Minderung entsprechend §§ 634 I 1, II oder 439 I, 440 I BGB, Art. 47 CISG ist aber nicht erforderlich[67]. Vielmehr beginnt mit dem Nachbesserungsbegehren ohne weiteres der Lauf einer angemessenen Frist[68]. Anders als im deutschen Werkvertragsrecht ist die Herrschaft des Verbrauchers über die Frist nicht erforderlich. Auch verliert er bei Fristablauf seinen Nachbesserungsanspruch nicht, ihn treffen nach der Richtlinie keinerlei Nachteile. Er behält weiter das Wahlrecht, ob er die Rechtsbehelfe erster oder zweiter Stufe geltend machen will[69].

Der Übergang bei erheblicher Unannehmlichkeit für den Käufer kann unabhängig vom Ablauf der angemessenen Frist stattfinden. Teilweise wird erhebliche Unannehmlichkeit schon bei Scheitern des ersten Nachbesserungsversuches angenommen, was dazu führt, daß der Verkäufer nur einen Abhilfeversuch hat[70]. Als Begründung für diese strenge Auffassung wird vorgebracht, daß der Verbraucher, nachdem er das Fehlschlagen des Versuchs festgestellt hat, keine Nachfrist

[66] So im Ergebnis auch *Faber*, JBl 1999, 413, 428.

[67] *Rieger*, VuR 1999, 287, 291; kritisch *Schlechtriem*, JZ 1997, 441, 445; *Tonner*, BB 1999, 1769, 1773: Abweichung von § 11 Nr. 10 b AGBG.

[68] *Rieger*, VuR 1999, 287, 291.

[69] *Rieger*, VuR 1999, 287, 291.

[70] *Micklitz*, EuZW 1999, 485, 488; *Tonner*, BB 1999, 1769, 1773.

setzen müsse, ein unmittelbarer Übergang auf die Rechtsbehelfe zweiter Stufe damit sofort möglich sei[71]. Meines Erachtens müssen die Voraussetzungen des 3. Spiegelstrichs im jeweiligen Einzelfall geprüft werden. Das Fehlschlagen oder ein erneuter Versuch der Abhilfe muß erhebliche Unannehmlichkeiten gebracht haben bzw. bringen. Es ist dann eine Frage des Einzelfalls, ob die Regelung von dem Fristablauf des 2. Spiegelstrichs überholt wird, oder ob die erhebliche Unannehmlichkeit noch vor Ablauf der abgemessenen Frist zutage tritt. Einer eigenständigen Bedeutung des Art. 3 V, 3. Spiegelstrich RL steht dann nichts entgegen.

5.2.2.2. Übergang auch bei erfolgreicher Abhilfe?

Dem Wortlaut nach scheint der Käufer auch dann noch Minderung oder Vertragsauflösung geltend machen zu können, wenn die Abhilfe erfolgreich, aber erst nach Ablauf einer angemessenen Frist oder verbunden mit erheblichen Unannehmlichkeiten für den Verbraucher durchgeführt wurde. Die Folge wäre, daß der Verbraucher selbst nach Erreichung des Vertragsziels den Vertrag noch rückgängig machen könnte[72]. Die Minderung würde eine schadensersatzähnliche oder genugtuende Funktion übernehmen, die dem Gewährleistungsrecht fremd ist[73]: Bei erfolgreicher Nachbesserung ist eine auszugleichende Differenz zwischen dem erwarteten und dem tatsächlichen Wert der Sache nicht mehr gegeben. Ein Minderungsanspruch kann deshalb kein Ausgleich für ein gestörtes Äquivalenzinteresse sein. Er wäre ein Entschädigungsanspruch für immaterielle Einbußen, der in der Höhe durch den Kaufpreis begrenzt würde und eher dem Schadensersatz zuzuordnen wäre[74]. Bei Überschreitung der Frist ergäbe sich eine „Nutzungsausfallentschädigung“[75]. Vollkommen offen läßt die Richtlinie, welche Höhe die Entschädigung haben soll[76]. Die Richtlinie enthält zwar auch für die konventionelle Minderung keine Berechnungsregel. Für die Berechnung eines Entschädigungsanspruchs stehen aber weder im CISG noch in sonstigen Gewährleistungsrechtsordnungen Modelle zur Verfügung[77].

Für die extensive Auslegung scheint der Wortlaut des Art. 3 V 3. Spiegelstrich RL zu sprechen, der den Übergang selbst dann zuläßt, wenn der Verkäufer Abhilfe

---

[71] *Micklitz*, Euzw 1999, 485, 488.

[72] *Gsell*, JZ 2001, 65, 70.

[73] *Welser* und *Jud*, S. 86.

[74] *Roth*, in: Zivilrechtswissenschaft und Schuldrechtsreform, S. 243; *Schlechtriem*, in: Zivilrechtswissenschaft und Schuldrechtsreform, S. 219; *Ernst* und *Gsell*, ZIP 2000, 1410, 1417 und ZIP 2000, 1812, 1813.

[75] *Amtenbrink* und *Schneider*, VuR 1999, 293, 298, Fn 54.

[76] *Schlechtriem*, in: Zivilrechtswissenschaft und Schuldrechtsreform, S. 219.

[77] Vgl. *Welser* und *Jud*, S. 86.

„geschaffen hat", das heißt selbst nach Vollendung der Abhilfe[78].

Die Auslegung des Art. 3 V RL in diesem Sinne ist nicht richtig, eine engere Interpretation ist sinnvoller. Der Übergang auf die Rechtsbehelfe zweiter Stufe soll entweder dann möglich sein, wenn die Abhilfe nicht innerhalb einer angemessenen Frist erfolgreich abgeschlossen wird, Art. 3 V, 2. Spiegelstrich – Voraussetzung für die Minderung bzw. Vertragsauflösung ist, daß die Abhilfe bis dahin nicht bereits in vollem Umfang erfolgreich war und damit der Verkäufer seine Pflicht aus der Haftung gemäß Art. 2 I, 3 I RL erfüllt hat[79]. Nach Art. 3 V, 3. Spiegelstrich RL soll der Übergang außerdem möglich sein, wenn sich herausstellt, daß es keine Abhilfemöglichkeit gibt, die nicht für den Verbraucher mit erheblichen Unannehmlichkeiten verbunden wäre, oder wenn die Abhilfe versucht wurde, aber fehlgeschlagen und ein weiterer Versuch dem Verbraucher nicht zuzumuten ist[80]. Außerdem kann der Verbraucher, wenn die Abhilfeversuche gemäß dem 2. oder 3. Spiegelstrich abgebrochen werden, einen verbleibenden Minderwert liquidieren bzw. ganz vom Vertrag zurücktreten[81].

Folgende Gründe sprechen für diese Auslegung und machen wahrscheinlich, daß es sich um eine weitere Ungenauigkeit bei der Formulierung der Richtlinie handelt[82].

Art. 3 III 3 RL zwingt nicht zu der weiten Auslegung der Richtlinie. Es wird angeführt, Art. 3 III 3 RL schreibe eine eigenständige Pflicht des Verkäufers fest. Diese bliebe ohne Sanktion, wenn dem Verbraucher der Übergang auf die Rechtsbehelfe zweiter Stufe bei Verletzung dieser Pflichten abgeschnitten werde, wenn die Abhilfe erfolgreich gewesen sei[83]. Eine solche Ausweitung entspricht aber nicht der Intention der Richtlinie. Stattdessen legt sie nur fest, welche Umstände Einfluß auf die Bemessung der angemessenen Frist aus Art. 3 V, 2. Spiegelstrich RL haben und wann die Abhilfe mit erheblichen Unannehmlichkeiten verbunden ist[84], nämlich die Art des Verbrauchsgutes und der Verwendungszweck[85]. In die-

[78] *Ernst* und *Gsell*, ZIP 2000, 1812, 1813; *Roth* in: Zivilrechtswissenschaft und Schuldrechtsreform, S. 244; Roth stellt zu Recht fest, daß auch der englische und der französische Wortlaut (*„if the seller has not completed the remedy within a reasonable time ... without significant inconvenience"* bzw. *„si le vendeur n´a pas mis en œuvre le mode de dédommagement dans un délai raisonnable, ... sans inconvénient majeur"*) diese Auslegung erlaubt.

[79] Für die Richtliniengemäßheit dieser Auslegung auch *Schlechtriem*, in: Zivilrechtswissenschaft und Schuldrechtsreform, S. 219.

[80] *Welser* und *Jud*, S. 86; *Schwartze*, ZEuP 2000, 543, 568; *Micklitz*, EuZW 1999, 485, 488.

[81] *Amtenbrink* und *Schneider*, VuR 1999, 293, 298.

[82] In diesem Sinne auch *Welser* und *Jud*, S. 85; *Schmidt-Räntsch*, siehe *Jansen*, Diskussionsbericht, in: Zivilrechtswissenschaft und Schuldrechtsreform, S. 257.

[83] *Roth*, in: Zivilrechtswissenschaft und Schuldrechtsreform, S. 245.

[84] *Schwartze*, ZEuP 2000, 544, 565 f.

[85] Eine abschließende Aufzählung kann schon wegen der Vielgestaltigkeit der möglichen Fälle

sem Sinne verstanden ist die Vorschrift mehr als eine Wiederholung des in Art. 3 V, Spiegelstrich 2 und 3 Gesagten, begründet aber nicht etwa eine eigenständige, zu sanktionierende Pflicht des Verkäufers[86].

Auch Erwägungsgrund 10 spricht für die enge Auslegung. Der Käufer soll zuerst die Abhilfe verlangen können, „andernfalls" die Möglichkeit haben, die Rechtsbehelfe zweiter Stufe geltend zu machen. Der „erste Fall", die Abhilfe, muß also ergebnislos gewesen sein, damit der „andere Fall" eintritt und der Anspruch auf Minderung und Vertragsauflösung entsteht. Der Erwägungsgrund geht somit von einer Exklusivität aus. In der englischen Fassung tritt diese in der Formulierung *„failing this"* noch deutlicher zutage.

Den Materialien zur Richtlinie ist ebenfalls nichts zu entnehmen, was auf den Willen des Richtliniengebers hindeutete, dem Verbraucher einen den Verkäufer bestrafenden Rechtsbehelf in die Hand geben zu wollen. Die Richtlinie will, wie oben ausführlich dargestellt, den Schadensersatz gerade nicht regeln. Eine Ausnahme für immaterielle Schäden ist nicht ersichtlich. Die Vorschrift des Art. 3 V RL soll vielmehr das Verhältnis der Rechtsbehelfe Abhilfe und Minderung bzw. Vertragsauflösung zueinander regeln – ohne inhaltlich etwas an den Behelfen zu ändern oder ihnen gar einen ganz anderen Zweck zu geben. Ziel der Richtlinienrechtsbehelfe war es vielmehr im gesamten Entstehungsprozeß, das Recht des Käufers auf Vertragserfüllung, also das Erfüllungsinteresse, schnell durchzusetzen[87]. Im ursprünglichen Vorschlag standen noch alle Rechtsbehelfe gleichberechtigt nebeneinander[88]. Der Wirtschafts- und Sozialausschuß regte daraufhin an, die Vertragsauflösung nur zuzulassen, wenn das Abhilfeverlangen des Käufers erfolglos sei, weil der Verkäufer nicht abhelfen wolle oder könne[89]. Dem entsprach auch Art. 3 IV 4 des geänderten Richtlinienvorschlags von 1998[90]. Nur wenn beide Abhilfevarianten nicht möglich waren oder wenn nach dem Versuch der Instandsetzung die Vertragswidrigkeit nicht behoben war, konnte der Verbraucher Minderung oder Vertragsaufhebung geltend machen. Hier wurde deutlich ausgesprochen, daß an der „Exklusivität" der Rechtsbehelfe nicht gerüttelt werden

---

nicht beabsichtigt sein.

[86]Damit muß auch kein entsprechender *effet utile* der Vorschrift gewahrt werden, wie es *Roth*, in: Zivilrechtswissenschaft und Schuldrechtsreform, S. 245 fordert.

[87]Vgl. die Stellungnahme des WSA zum ursprünglichen RL-Vorschlag, ABl. C 66 vom 3. 3. 1997, S. 5, 9, 3. 13; Grünbuch, Dok. KOM (93) 509 endg., S. 113; Begründung zum ursprünglichen RL-Vorschlag, Dok. KOM (95) 520 endg., S. 10.

[88]Art. 3 VI des ursprünglichen RL-Vorschlages, Dok. KOM (95) 520 endg.

[89]Stellungnahme des WSA zum ursprünglichen RL-Vorschlag, ABl. C 66 vom 3. 3. 1997, S. 5, 9, 3. 16, 3. 17.

[90]ABl. C 148 vom 14. 5. 1998, S. 12, 17.

soll[91]. Der Gemeinsame Standpunkt[92] formulierte die Vorschrift wieder um und gab ihr die Gestalt, die aus der Richtlinie bekannt ist. In der Begründung heißt es, daß die Abänderung klarstellende Wirkung habe, von einer Erweiterung des Zwecks der Rechtsbehelfe ist nicht die Rede[93]. Außerdem wurde darauf hingewiesen, daß die Sprachfassungen überprüft werden sollen[94]. Anscheinend war man sich der mißverständlichen Formulierung bewußt.

Außerdem spricht die Anlehnung der Richtlinie an das CISG auch bezüglich der Rechtsbehelfe[95] gegen eine extensive Auslegung. Die Minderung übernimmt dort keinesfalls die Funktion, immaterielle Schäden zu ersetzen. Art. 50 CISG berechnet den Minderungsbetrag vielmehr konkret nach dem Wertverhältnis einer mangelfreien zu der vertragswidrigen Kaufsache.

Die Möglichkeit, den Vertrag trotz Abhilfe aufzulösen, widerspräche schließlich dem Ansatz der Richtlinie, der Vertragsdurchführung Vorrang zu geben. In den meisten Fällen wird eine Vertragsauflösung ohnehin analog Art. 3 VI RL wegen Geringfügigkeit der Verletzung der Verkäuferpflichten ausgeschlossen sein, wenn die Abhilfe nur verspätet war. Wenn die Vertragsaufhebung schon bei geringfügiger Verletzung der „Hauptpflicht“, eine mangelfreie Ware zu liefern, ausgeschlossen ist, dann erst recht bei Verletzung einer etwaigen „Nebenpflicht“ aus Art. 3 III 3 RL. Das Ergebnis ist auch nicht unbillig. Denn der Ausgleich von Verspätungsschäden wird den Mitgliedstaaten überlassen.

5.3. Zweite Stufe: Minderung und Vertragsauflösung

Die Richtlinie läßt den Mitgliedstaaten einen weiten Spielraum bei der Ausfüllung der Rechtsbehelfe Minderung und Vertragsauflösung, vgl. Erwägungsgrund 15 RL und Gemeinsamer Standpunkt zu Art. 3 II RL-Vorschlag[96]. Ungeregelt bleibt auch die Natur der Rechtsbehelfe. Der Wortlaut scheint für die Vertragstheorie zu sprechen[97], dies ist aber nicht zwingend.

---

[91] Vgl. dazu auch *Schwartze*, ZEuP 2000, 543, 568. Außerdem ist aus der Formulierung klar erkennbar, daß eine ergänzende Minderung - oder auch die Vertragsaufhebung insgesamt - nach nur teilweise erfolgreicher Abhilfe möglich ist.

[92] ABl. C 333 vom 30. 10. 1998, S. 46 ff.

[93] Begründung zum Gemeinsamen Standpunkt, ABl. C 333 vom 30. 10. 1998, S. 46, 54.

[94] Begründung zum Gemeinsamen Standpunkt, ABl. C 333 vom 30. 10. 1998, S. 46, 54, Fußnote 1.

[95] Vgl. Art. 45 ff. CISG.

[96] *Staudenmayer*, in: Europäisches Kaufgewährleistungsrecht, S. 39; *Schlechtriem*, JZ 1997, 441, 445; *Kircher*, Warenkauf, S. 282.

[97] *Schlechtriem*, JZ 1997, 441, 445.

5.3.1. Minderung

Weitere Vorschriften über die Minderung enthält die Richtlinie nicht. Insbesondere die Berechnungsart bleibt dem nationalen Recht vorbehalten[98]. Als Orientierungspunkt für eine sinnvolle Umsetzung kommt Art. 50 CISG in Betracht[99]. Die Begründung zum ursprünglichen Richtlinienvorschlag 1996 weist in der Kommentierung zu Art. 3 IV RL-Vorschlag 1996 auf die gleiche Regelung im CISG hin[100]. Art. 50 CISG regelt die Berechnung des Minderungsbetrages entsprechend der Praxis zu § 472 BGB[101]. Es kommt auf die Differenz zum hypothetischen Wert einer mangelfreien Sache an[102], wobei das Äquivalenzverhältnis erhalten bleibt. Damit sind – bis auf die notwendig vorgeschaltete Abhilfe – keine Änderungen im deutschen Recht erforderlich.

5.3.2. Vertragsauflösung

Die einzige Vorschrift zur Vertragsauflösung - der Begriff wurde absichtlich in Abgrenzung zum Begriff der Wandelung gewählt - ist Art. 3 VI RL, nach dem die Vertragsauflösung bei geringfügigen Vertragswidrigkeiten ausgeschlossen ist. Inhaltlich wird der Begriff Geringfügigkeit nicht weit von dem der Erheblichkeit in § 459 I 2 BGB abweichen[103]. Anders als im deutschen Recht filtert die Richtlinie nicht wie § 459 I 2 BGB bereits beim Tatbestand unerhebliche Fälle heraus, sondern erst auf der Rechtsfolgenseite. Diese Regelung ist flexibler und damit sachgerechter als die deutsche[104]. Es leuchtet nicht ein, warum der Käufer auch nur unerhebliche Abweichungen von dem vertraglich Geschuldeten hinnehmen müssen soll. Mindestens die Minderung ist dem Verkäufer auch in diesen Fällen zumutbar. Die Vertragsauflösung als härtester Rechtsbehelf ist durch Art. 3 VI RL ausgeschlossen. Wie es mit der Nachbesserung und der Ersatzlieferung aussieht, bestimmt sich danach, ob diese Rechtsbehelfe dem Verkäufer im Einzelfall gemäß Art. 3 II RL zumutbar sind[105].

---

[98] *Kircher*, Warenkauf, S. 282.

[99] *Kircher*, ZRP 1997, 290, 293 und Warenkauf, S. 282; *Magnus*, in: Europäisches Kaufgewährleistungsrecht, S. 90.

[100] Begründung zum ursprünglichen RL-Vorschlag 1996, Dok. KOM (95) 520 endg., S. 14.

[101] Schlechtriem/*Huber*, Art. 50 Rn 2.

[102] *Kircher*, Warenkauf, S. 283.

[103] *Schiller*, PHI 1999, 118, 124.

[104] *Westermann*, in: Europäisches Kaufgewährleistungsrecht, S. 270; *Ehmann* und *Rust*, JZ 1999, 853, 859.

[105] *Westermann*, in: Europäisches Kaufgewährleistungsrecht, S. 270.

Die Modalitäten der Vertragsauflösung richten sich nach nationalem Recht, denn die Richtlinie regelt nichts weiteres[106]. Nicht geregelt ist etwa, ob die Verschlechterung der gelieferten Ware nach Lieferung Einfluß auf das Recht des Käufers auf Vertragsauflösung hat[107].

---

[106] *Kircher*, ZRP 1997, 290, 292.

[107] *Schlechtriem*, JZ 1997, 441, 445; *Rieger*, VuR 1999, 287, 291.

6. Sonstige Bestimmungen

6.1. Ausschluß- und Mindestverjährungsfrist, Art. 5 I RL

Gemäß Art. 5 I 1 RL haftet der Verkäufer nur für solche Vertragswidrigkeiten, die innerhalb von zwei Jahren nach der Lieferung offenbar werden. Dabei handelt es sich um eine materielle Ausschlußfrist, keine Verjährungsfrist[1]. Es kommt nicht darauf an, daß der Verbraucher die Vertragswidrigkeit innerhalb dieser Zeit auch geltend macht[2]. Auf ein Tätigwerden des Verbrauchers kommt es nicht an[3]. Die Regelung ändert nichts daran, daß die Vertragswidrigkeit bereits ab Gefahrübergang vorgelegen haben muß[4]. Sie begründet keine Garantie für innerhalb des Zeitraums von zwei Jahren auftretende Mängel[5]. Andererseits stellt diese Vorschrift auch klar, daß es wie im deutschen Recht ausreicht, wenn die Vertragswidrigkeit im relevanten Zeitpunkt nur angelegt ist, und dann erst nach dem relevanten Zeitpunkt zu Tage tritt[6].

Bezüglich der Verjährungsfrage enthält lediglich Art. 5 I 2 RL eine Regelung. Er ordnet eine Mindestverjährungsfrist an[7], indem er es verbietet, die zweijährige Frist aus Art. 5 I, Satz 1 RL durch innerstaatliche Verjährungsvorschriften zu verkürzen[8]. Diese besondere Formulierung beruht darauf, daß die Zeitpunkte für

[1] *Matthiesen* und *Lindner*, NJ 1999, 617, 619; *Gsell*, ERPL 1999, 151, 153; *Magnus*, in: Europäisches Kaufgewährleistungsrecht, S. 90; *Staudenmayer*, NJW 1999, 2393, 2396.

[2] So mißverständlich *Wolf*, RIW 1997, 899, 901; *Hondius*, ZEuP 1997, 130, 137.

[3] *Gsell*, ERPL 1999, 151, 153 f.

[4] *Amtenbrink* und *Schneider*, VuR 1996, 367.

[5] *Staudenmayer*, in: Europäisches Kaufgewährleistungsrecht, S. 39.

[6] Davon ging schon der Wirtschafts- und Sozialausschuß aus, wenn er feststellt, daß die Ausschlußfristen stets mit Ablieferung zu laufen beginnen und auch dann nicht später, wenn der Mangel erst später in Erscheinung tritt, Stellungnahme des WSA zum ursprünglichen RL-Vorschlag 1996, ABl. C 66 vom 3.3.1997, S. 11.

[7] *Gsell*, ERPL 1999, 151, 156.

[8] Zum Bedeutungsverlust des Art. 5 I 1 RL gegenüber dem Satz 2 siehe *Gsell*, ERPL 1999, 151, 159 f.

den Verjährungsfristbeginn in den Mitgliedstaaten unterschiedlich sind, so daß eine absolute Bestimmung einer zulässigen Verjährungsfrist zu uneinheitlichen Ergebnissen geführt hätte[9].

Regelungen über die Unterbrechung oder Hemmung wurden im Richtliniengebungsverfahren diskutiert[10], schließlich jedoch nicht aufgenommen. Gemäß Erwägungsgrund 18 RL bleiben sie dem nationalen Recht überlassen.

6.2. Rügepflicht, Art. 5 II RL

Art. 5 II RL räumt den Mitgliedstaaten die Möglichkeit ein, eine zweimonatige Frist einzurichten, innerhalb derer der Verbraucher dem Verkäufer die Vertragswidrigkeit nach ihrer Feststellung anzeigen muß. Diese Vorschrift hat ihr Vorbild in den Art. 38, 39 CISG[11]. Sie wurde zum Ausgleich der langen Verjährungsfrist[12] auf Betreiben der deutschen Seite aufgenommen[13]. Sie begründet keine Untersuchungspflicht für den Verbraucher[14], zwingt ihn aber, auf die berechtigten Interessen des Verkäufers, den Kauf schnell endgültig abzuwickeln, Rücksicht zu nehmen und stärkt die Rechtssicherheit[15]. Sie stellt einen Ausgleich für das Fehlen einer § 464 BGB vergleichbaren Regelung dar. Die Sanktion bei Rügeversäumung spricht die Richtlinie nicht aus, sie kann nur der Verlust der Richtlinienrechtsbehelfe sein[16].

Obwohl die Rügefrist von deutscher Seite angeregt wurde, wird ihre Einführung bei der Umsetzung ins deutsche Recht großenteils[17] und auch hier abgelehnt. Die Regelung hat ursprünglich im Zusammenhang mit dem anfänglich geplanten freien Wahlrecht des Verbrauchers zwischen allen vier Rechtsbehelfen gestanden und jetzt, da die Rechtsbehelfe zum Vorteil des Verkäufers gestaffelt sind, ihre

[9] *Staudenmayer*, NJW 1999, 2393, 2396 und in: Europäisches Kaufgewährleistungsrecht, S. 40.

[10] *Gsell*, ERPL 1999, 151, 165 f.; *Staudenmayer*, in: Europäisches Kaufgewährleistungsrecht, S. 40.

[11] Hier ist die fristgerechte Mängelrüge zwingend. Als angemessene Frist werden zwei Wochen bis ein Monat angenommen, *Magnus*, in: Europäisches Kaufgewährleistungsrecht, S. 90 mit Nachweisen.

[12] Vgl. die Begründung zu Art. 4 I des ursprünglichen Richtlinienvorschlags, Dok. KOM (95) 520 endg., S. 16.

[13] *Schiller*, PHI 1999, 118, 125

[14] *Rieger*, VuR 1999, 287, 290; *Gsell*, ERPL 1999, 151, 163.

[15] Begründung zu Art. 4 I des ursprünglichen Richtlinienvorschlags, Dok. KOM (95) 520 endg., S. 16; *Schiller*, PHI 1999, 118, 125.

[16] *Rieger*, VuR 1999, 287, 290.

[17] *Staudenmayer*, in: Europäisches Kaufgewährleistungsrecht, S. 40 f. und NJW 1999, 2393, 2396; *Schurr*, ZfRV 1999, 222, 227. Positiv dagegen *Rieger*, VuR 1999, 287, 290.

Berechtigung verloren[18]. Für den Laien ist es nicht nachvollziehbar, wenn die Richtlinienrechtsbehelfe, die ihm stärkere Rechte als die §§ 459 ff. BGB einräumen sollen, zeitlich vor diesen wegfallen können[19]. Insgesamt würde die Rechtsposition des Verbrauchers durch die Frist zu stark geschwächt, insbesondere kann man an ihn nicht dieselben Maßstäbe anlegen wie an den gewerblichen Käufer des CISG[20]. Führt man dennoch eine Rügepflicht ein, müßten die Verbraucher auf jeden Fall über die Einrichtung einer Rügefrist effektiv informiert werden[21].

6.3. Regreß des Letztverkäufers, Art. 4 RL

Haftet der Letztverkäufer dem Verbraucher wegen einer Vertragswidrigkeit, die er nicht verursacht hat, so kann er, wenn die Vertragswidrigkeit von einem anderen Glied in der Absatzkette oder vom Hersteller verursacht worden ist, gemäß Art. 4 RL Regreß nehmen.

Die Vorschrift ist ein Überbleibsel der im Grünbuch noch vorgesehenen Erweiterung des Kreises der Gewährleistungsschuldner durch eine *„action directe"* des Verbrauchers gegen den Hersteller[22]. Der Hersteller sollte gesamtschuldnerisch mit dem Verkäufer haften, wenn er die Vertragswidrigkeit im Produktionprozeß verursacht hatte[23]. Die Haftung des Herstellers unterlag inhaltlich noch weiteren Beschränkungen, so daß die Herstellerhaftung „quasisubsidiarisch" die Haftung des Letztverkäufers ergänzte[24].

Durch die Regreßmöglichkeit sollen insbesondere mittelständische Letztverkäufer[25] davor geschützt werden, wirtschaftlich für eine Vertragswidrigkeit aufkommen zu müssen, die sie nicht zu vertreten haben[26]. Diese Vorschrift dient dem Verbraucherschutz nur mittelbar[27]. Die Kompetenz der EU zur Regelung dieses Bereiches ergibt sich indirekt daraus, daß die Verminderung des Liquiditätsrisikos des Letztverkäufers dem Schutz des Verbrauchers dient, der für die Gel-

[18] *Micklitz*, EuZW 1999, 485, 488.

[19] *Kircher*, ZRP 1997, 290, 293.

[20] *Magnus*, in: Europäisches Kaufgewährleistungsrecht, S. 90.

[21] *Gsell*, ERPL 1999, 151, 164.

[22] Grünbuch, S. 110-113; vgl. Stellungnahme des WSA zum ursprünglichen RL-Vorschlag, ABl. C 66 vom 3. 3. 1997, S. 6; *Micklitz*, EuZW 1997, 229, 233.

[23] Grünbuch, S. 110-112; *Westermann*, in: Europäisches Kaufgewährleistungsrecht, S. 276.

[24] *Schnyder* und *Straub*, ZEuP 1996, 8, 17 f.; *Amtenbrink* und *Schneider*, VuR 1996, 367, 370.

[25] *Hondius*, ZEuP 1997, 130, 136; *Grundmann*, in: Europäisches Kaufgewährleistungsrecht, S. 42; *Schmidt-Kessel*, ÖJZ 2000, 668, 669.

[26] *Micklitz*, EuZW 1997, 229, 233; *Schurr*, ZfRV 1999, 222, 227.

[27] *Medicus*, ZIP 1996, 1925, 1928.

tendmachung seiner Gewährleistungsansprüche auf diesen beschränkt ist[28]. Der Schutz des Letztverkäufers wird dadurch eingeschränkt, daß die Regreßmöglichkeit nicht unter die Unabdingbarkeitsregel des Art. 7 RL fällt[29], sondern gemäß Erwägungsgrund 9, S. 3 und 4 RL vertraglich - und zwar schon vor Feststellung der Vertragswidrigkeit - abbedungen werden kann[30]. Zumeist wird sich der Letztverkäufer deshalb nicht an seine Zulieferer wenden können. Dies wiegt umso schwerer, als er gemäß Art. 2 II d RL für Werbeaussagen haften muß, die häufig vom Hersteller ausgehen[31].

Heftig umstritten und bis dato ungeklärt[32] ist die Frage, ob Art. 4 RL die Mitgliedstaaten verpflichtet, ein effektives Rückgriffsrecht des Letztverkäufers einzurichten. Sollte das Wie des Regreßanspruchs dem jetzt geltenden deutschen Recht folgen, kann es dazu kommen, daß der Verkäufer, wenn er vom Verbraucher in Anspruch genommen wird, seinerseits seinen Anspruch gegen seinen Vorgänger in der Vertragskette wegen Verjährung nicht mehr durchsetzen kann[33]. Die Situation des Letztverkäufers wäre dann vergleichbar mit der aktuellen Situation der Bauhandwerker[34]. Diese müssen wegen der Differenz der Gewährleistungsfrist für Bauleistungen[35] und der für Baumaterial[36] immer dann auch für materialbedingte Mängel allein einstehen, wenn der Mangel am Bauwerk erst nach sechs Monaten ab Lieferung des Materials auftritt[37]. Dieser Effekt wird im Falle der Letztverkäufer beim Verbrauchsgüterkauf verschärft. Nicht nur die Gewährleistungsfristen differieren. Der Verbraucher genießt zusätzlich die Regelung des Art. 5 III RL, nach der er bei Mängeln, die innerhalb der ersten sechs Monate zu Tage treten, die Mangelhaftigkeit zum Lieferzeitpunkt nicht beweisen muß, da sie vermutet wird. Dagegen gilt für den Verkäufer die Genehmigungsfiktion der §§ 377, 378 HGB. Zudem sind Gewährleistungsausschlüsse nur gegenüber dem Verbraucher, nicht aber innerhalb der Lieferkette verboten. Die Folge davon ist, daß die Risikoverteilung unter Umständen wirtschaftlich nicht angemessen ist[38]. Auf die Pflicht des Gesetzgebers, dem Verkäufer einen effektiven Regreßan-

---

[28] *Micklitz*, EuZW 1997, 229, 233; *Schurr*, ZfRV 1999, 222, 227; *Tonner*, BB 1999, 1769, 1774.

[29] Siehe den Wortlaut des Art. 7 RL: „sind für den Verbraucher ... nicht bindend".

[30] *Micklitz*, EuZW 1999, 485, 487; *Kircher*, ZRP 1997, 290, 294; *Hänlein*, DB 1999, 1641, 1644.

[31] *Kircher*, ZRP 1997, 290, 294.

[32] Vgl. *Welser* und *Jud*, S. 157 f.

[33] *Medicus*, ZIP 1996, 1925, 1928 f.

[34] *Schmidt-Räntsch*, ZIP 1998, 849, 850.

[35] Gemäß § 638 I, 3. Var. BGB: fünf Jahre.

[36] Gemäß § 477 I 1, 1. Alt. BGB: sechs Monate.

[37] *Gass*, in: FS Rolland, S. 143.

[38] *Schmidt-Räntsch*, ZIP 1998, 849, 850; *Jud*, ÖJZ 2000, 661.

spruch einzuräumen[39], scheinen Erwägungsgrund 9 und die Fassung des Art. 4 RL hinzudeuten: Erwägungsgrund 9, S. 3 RL bestimmt, daß der Verkäufer den Verantwortlichen in Regreß nehmen können muß. Art. 4, S. 2 und Erwägungsgrund 9, S. 5 RL stellen lediglich die Ausgestaltung des Regreßanspruches in das Belieben der Mitgliedstaaten, nicht dessen Existenz an sich. Die Einrichtung eines effektiven Regreßanspruches würde eine Reform des Handelskaufs, das heißt der §§ 373 ff. HGB notwendig machen, die über die spezielle Regelung des Verbraucherkaufes hinausginge[40]. Es wird vertreten, daß dies erforderlich sei, um die gemeinschaftsrechtliche Umsetzungsverpflichtung voll zu erfüllen[41].

Nach einer anderen Ansicht reicht es aus, wenn nur grundsätzlich irgendeine Möglichkeit für den Letztverkäufer besteht, Regreß zu nehmen. Da Art. 4 RL ausdrücklich offen lasse, gegen wen sich der Anspruch des Letztverkäufers richten solle und wie er geltend zu machen sei, lasse die Richtlinie dem nationalen Gesetzgeber bei der Gestaltung des Regreßanspruchs völlige Gestaltungsfreiheit[42]. Die Zurückhaltung des Richtliniengebers ergebe sich auch aus der nur mittelbaren Herleitung der Regelungskompetenz für die Ansprüche des Verkäufers[43]. Ob Lücken zwischen der Haftung des Letztverkäufers und der des Verantwortlichen entstehen, bleibe dem nationalen Gesetzgeber überlassen[44]. Auf die Effektivität im Einzelfall komme es nicht an, solange nicht etwa aufgrund der Verjährungsfristen der Rückgriff grundsätzlich ausgeschlossen werde[45]. Deshalb müsse das deutsche Recht diesbezüglich nicht geändert werden[46]. Die Vorschriften über die vertragliche und außervertragliche Haftung genügten vollauf, deren Effektivität müsse nicht überprüft werden.

Die Betonung der Vertragsfreiheit mit Möglichkeit des Gewährleistungsausschlusses in Erwägungsgrund 9, S. 4 RL und die Tatsache, daß die Vermutung aus Art. 5 III RL nur zugunsten des Verbrauchers wirkt, sprechen dafür, daß es auf die Effektivität des Regreßanspruches nicht ankommt. Eine gewisse Einschränkung der Effektivität ergibt sich damit schon aus der Richtlinie selbst. Die daraus folgende Beeinträchtigung des Verkäufers aufzufangen, verlangt die Richt-

[39]So *Medicus*, ZIP 1996, 1925, 1928; *Schmidt-Kessel*, ÖJZ 2000, 668, 672; *Roth*, in: Zivilrechtswissenschaft und Schuldrechtsreform, S. 248 ff; *Lehmann*, JZ 2000, 280, 290; *Jud*, ÖJZ 2000, 661, 662.

[40]*Schmidt-Räntsch*, ZEuP 1999, 294, 298 f.

[41]*Reich*, NJW 1999, 2397, 2400; ähnlich *Medicus*, ZIP 1996, 1925, 1928 f.

[42]*Westermann*, in: Europäisches Kaufgewährleistungsrecht, S. 276; *Staudenmayer*, NJW 1999, 2393, 2396.

[43]*Tonner*, BB 1999, 1769, 1772.

[44]*Grundmann*, in: Europäisches Kaufgewährleistungsrecht, S. 42.

[45]*Tonner*, BB 1999, 1769, 1773 f; *Schmidt-Kessel*, ÖJZ 2000, 668, 672.

[46]*Schmidt-Räntsch*, ZIP 1998, 849, 850; *Rieger*, VuR 1999, 287, 291; eine Mittelposition bezieht *Schmidt-Kessel*, ÖJZ 2000, 668, 672 ff.

linie vom nationalen Gesetzgeber nicht. Dasselbe kann angesichts des Art. 4, S. 2 RL, der dem nationalen Gesetzgeber viel Freiheit läßt, für ähnliche Beeinträchtigungen gelten, die sich aufgrund der nationalen Rechtsordnung ergeben.

6.4. Garantie, Art. 6 RL

Art. 6 RL enthält Bestimmungen über Garantien, die in ihrer Wirkung und Bedeutung weit hinter dem zurückbleiben, was im Grünbuch diskutiert worden ist[47]. Immerhin beschränkt sich die Richtlinie nicht auf Garantien bestimmter Herkunft, etwa von Seiten des Letztverkäufers. Herstellergarantien und solche von Verkäufern in der Absatzkette sind von Art. 6 I RL[48] und der Definition der Garantie in Art. 1 II e RL[49] auch erfaßt[50]. Grundsätzlich heißt die Richtlinie Garantien gut, da sie zu mehr Wettbewerb führen können und dem Verbraucher dienen[51]. Die Richtlinienbestimmungen zu den Garantien sollen sicherstellen, daß der Verbraucher dabei nicht irregeführt wird[52].

Garantieerklärungen sind gemäß Art. 6 I RL bindend, für den Inhalt gelten die in der Garantie oder der einschlägigen Werbung gemachten Bedingungen. Diese Bestimmung ist für einen deutschen Juristen selbstverständlich, was die Bindung an die in der Garantie angegebenen Bedingungen betrifft[53]. Die ausdrückliche Einbeziehung der Werbeaussagen, die zumeist die einzige Quelle darstellen, aus der der Verbraucher seine Information über die Garantie bei der Entscheidung über den Kauf bezieht[54], ist zur Klarstellung sinnvoll[55]. Auch der Spezialfall, daß das

---

[47] *Staudenmayer*, in: Europäisches Kaufgewährleistungsrecht, S. 43; *Micklitz*, EuZW 1999, 485, 488.

[48] Art. 6 I RL verpflichtet jeden, der eine Garantie anbietet.

[49] Art. 1 II e RL spricht zwar enger als Art. 6 I RL von Verkäufern und Herstellern. Auf Letztverkäufer begrenzt er die Wirkung der Garantievorschriften jedoch nicht. Weder die Definition des Verkäufers in Art. 1 II c RL (Verkäufer ist jeder, der Verbrauchsgüter verkauft, auch wenn Abnehmer ein weiterer Händler ist) noch die des Verbrauchsgutes aus Art. 1 II b RL (eine Sache kann auch dann Verbrauchsgut sein, wenn sie noch nicht an den Endverbraucher verkauft wird) führen zu dieser Einschränkung. Die Ansicht von *Micklitz*, EuZW 1997, 229, 234, daß nur Hersteller- und Letztverkäufer-Garantien gemeint seien, ist daher nicht nachzuvollziehen.

[50] *Schäfer* und *Pfeiffer*, ZIP 1999, 1829, 1836; *Medicus*, ZIP 1996, 1925, 1929; *Gass*, in: FS Rolland, S. 133; *Welser* und *Jud*, S. 163.

[51] Erwägungsgrund 21, S. 1 und 2.

[52] Erwägungsgrund 21, S. 3 und 4.

[53] *Medicus*, in: Europäisches Kaufgewährleistungsrecht, S. 229; *Staudenmayer*, in: Europäisches Kaufgewährleistungsrecht, S. 43; *Westermann*, in: Europäisches Kaufgewährleistungsrecht, S. 278 f.

[54] Begründung zum ursprünglichen RL-Vorschlag 1996, Dok. KOM (95) 520 endg., S. 16; *Lehmann* und *Dürrschmidt*, GRUR 1997, 549, 553; *Menke*, VuR 1994, 223, 224 und 225.

[55] *Staudenmayer*, in: Europäisches Kaufgewährleistungsrecht, S. 43.

Garantieformular hinter der Garantie aus der Werbung zurückbleibt, ist davon umfaßt[56]. Wenn der Werbung nur unklare und schwammige Aussagen zu entnehmen sind und dem eindeutige Aussagen im (Garantie-)Vertrag gegenüberstehen, so ist es konsequent, entsprechend der Regelung in Art. 2 II d RL zu verfahren, nach der (nur) genügend konkrete Werbeaussagen relevant werden können[57]. Art. 6 I RL bestimmt damit die Haftung nach der umfassenderen Garantieerklärung als Sanktion für den betrügerischen Verkäufer. Durch diese Straffunktion wird Art. 6 I RL in die Nähe des § 463, 2 BGB gerückt, nach dem der arglistige Verkäufer gemäß § 463, 2 BGB den Käufer so stellen muß, als habe die Kaufsache die vorgespiegelte Eigenschaft[58]. Die Garantieerklärung muß den Verkäufer außerdem einseitig binden[59]. Es muß also mindestens die Unwiderruflichkeit der Garantieerklärung bestimmt werden[60].

Die Absätze zwei bis vier enthalten Transparenzbestimmungen, die die Form der Garantie betreffen, wobei gemäß Absatz fünf Verstöße dagegen die Gültigkeit nicht berühren, denn dies ginge zu Lasten des Verbrauchers.

6.4.1. Unabdingbarkeit gemäß Art. 7 RL

Zur Absicherung des Verbraucherschutz-Mindestsockels[61] sind die Richtlinienvorschriften gemäß Art. 7 RL unabdingbar[62]. Diese Unabdingbarkeit verlagert das Steuerungssystem des Ausgleichs zwischen den Vertragspartnern von den Allgemeinen Geschäftsbedingungen wieder zurück in das materielle Kaufrecht[63]. Art. 7 I 1 RL bestimmt, daß Vereinbarungen, die die Richtlinienrechte des Verbrauchers auch nur mittelbar einschränken, für den Verbraucher nicht bindend sind. Erwägungsgrund 22, S. 2 RL stellt klar, daß auch solche Klauseln unzulässig sind, nach denen dem Käufer die Vertragswidrigkeit der Ware bei Vertragsschluß bekannt sei. Der Verkäufer kann also nicht mittelbar seine Haftung ausschließen, indem er das Vorliegen der Voraussetzungen des Haftungsausschlusses nach Art. 2 III

[56] Begründung zum ursprünglichen RL-Vorschlag 1996, Dok. KOM (95) 520 endg., S. 16; Grünbuch, S. 94; *Ehmann* und *Rust*, 853, 863; *Faber*, JBl 1999, 413, 430; *Tenreiro*, REDC 1996, 187, 216; nicht so sicher *Medicus*, in: Europäisches Kaufgewährleistungsrecht, S. 229; *Schiller*, PHI 1999, 118, 127.

[57] *Welser* und *Jud*, S. 166.

[58] *Ehmann* und *Rust*, JZ 1999, 853, 863.

[59] *Medicus*, in: Europäisches Kaufgewährleistungsrecht, S. 229; *Westermann*, in: Europäisches Kaufgewährleistungsrecht, S. 278; *Reich*, NJW 1999, 2397, 2402; *Schiller*, PHI 1999, 118, 127

[60] *Medicus*, in: Europäisches Kaufgewährleistungsrecht, S. 229 f.

[61] Vgl. Erwägungsgrund 22 am Anfang.

[62] *Micklitz*, EuZW 1999, 485, 489; *Reich*, NJW 1999, 2397, 2395.

[63] *Schmidt-Räntsch*, ZIP 1998, 849, 850.

RL[64] vertraglich vereinbart. Fraglich ist die Ansicht, Klauseln wie „gekauft wie besehen" seien weiter zulässig[65]. Richtig ist, daß die Richtlinie keine Mindestanforderungen, die an die Qualität von Verbrauchsgütern zu stellen sind, anordnet[66]. Die Parteien können also vertraglich vereinbaren, daß die Ware hinter den üblichen Qualitätsstandards zurückbleibt[67]. Die Regelung gilt allerdings nur, bis der Verbraucher den Verkäufer über die Vertragswidrigkeit in Kenntnis gesetzt hat. Sobald klar ist, daß man sich mit einer Vertragswidrigkeit auseinandersetzen muß, sind Vereinbarungen zulässig. Erwägungsgrund 12 RL sieht ausdrücklich die Möglichkeit vor, sich gütlich zu einigen.

Als Ausnahme von der Unabdingbarkeit besteht die Möglichkeit, die Haftungsgrenze bei Gebrauchtwaren vertraglich auf ein Jahr zu verkürzen, Art. 7 I 2 RL.

Art. 7 II RL enthält die für verbraucherschützende Richtlinien übliche IPR-Klausel.

6.4.2. Mindestharmonisierung gemäß Art. 8 RL

Die Mindestschutzklausel aus Art. 8 RL wurde bereits oben unter 2.4.1 vorgestellt. Wichtig für die Umsetzung der Richtlinienrechtsbehelfe ist, daß nicht nur andere Rechtsbehelfe des Verbrauchers gegen den Verkäufer beibehalten werden dürfen. Das nationale Recht darf auch Vorschriften enthalten, die eine Haftung des Käufers gegenüber dem Verkäufer begründen. Dazu zählt auch der Ausschluß der Richtlinienrechtsbehelfe, z. B. der Ausschluß des Nachlieferungsanspruches, wenn der Käufer die zunächst gelieferte Sache nicht mehr zurückgeben kann, wie bei der Wandlung im deutschen Recht und beim Rücktritt im CISG. Voraussetzung der Zulässigkeit solcher Vorschriften ist freilich, daß sie den *effet utile* der Richtlinienrechtsbehelfe nicht zunichte machen. Hier wird die Grenze der Zulässigkeit nicht allzu hoch liegen, da die Richtlinie trotz des Verbraucherschutzziels die Abgewogenheit der Rechte des Verbrauchers und des Verkäufers nicht beeinträchtigen will. Der Mindestsockel soll so ausgestaltet werden, daß ein vernünftiges Gleichgewicht zwischen den Interessen der Verbraucher und der Verkäufer hergestellt wird, damit beide zu gleichen Teilen vom Binnenmarkt profitieren können[68].

---

[64] Nach Art. 2 III RL „liegt" bei Kenntnis des Käufers von der Vertragswidrigkeit „keine Vertragswidrigkeit" vor. Die Formulierung ist paradox. Tatsächlich kann bei Kenntnis gar keine Vertragswidrigkeit vorliegen, da die Sache den Vorstellungen der Parteien entspricht.

[65] So aber *Grundmann*, in: Europäisches Kaufgewährleistungsrecht, S. 297 f.

[66] Vgl. *Grundmann*, in: Europäisches Kaufgewährleistungsrecht, S. 297 f.

[67] Z. B. Kauf eines Gebrauchtwagens zum Ausschlachten.

[68] Begründung des Rates zum Gemeinsamen Standpunkt, ABl. C 333 vom 30. 10. 1998, S. 52.

Teil II.

Auswirkungen auf den Schadensersatz beim Kauf

7. Schadensersatz aus §§ 463, 480 II BGB

7.1. Funktion der §§ 463, 480 II BGB

7.1.1. Zweigleisigkeit des Gewährleistungsrechts

Anspruchsgrundlage für den Schadensersatz im kaufrechtlichen Gewährleistungsrecht sind § 463 BGB für den Stückkauf und § 480 II BGB, der auf § 463 BGB verweist, für den Gattungskauf. Voraussetzung für die Schadensersatzhaftung ist die Lieferung einer im Sinne des § 459 BGB mangelhaften Sache. Dies folgt aus der systematischen Stellung der Vorschriften im Kapitel Sachmängelhaftung und dem Wortlaut „statt Wandlung und Minderung“[1]. Für sich allein löst die bloße Schlechtlieferung aber noch keine Schadensersatzhaftung aus. Es gibt keine unbedingte Garantiehaftung für mangelfreie Lieferung, sondern es bleibt zunächst bei der für den Verkäufer milderen Haftung auf Wandlung und Minderung[2]. Um einen Schadensersatzanspruch zu begründen, muß noch ein weiteres, die Haftung auslösendes Moment gemäß § 463 BGB dazukommen. Das Gesetz gewährt Schadensersatz wegen Nichterfüllung bei Zusicherung einer nicht vorhandenen Eigenschaft, § 463, 1 BGB, oder bei arglistigem Verschweigen eines Fehlers, § 463, 2 BGB. Darüberhinaus ist in Rechtsprechung und Lehre das arglistige Vorspiegeln einer zusicherungsfähigen Eigenschaft gemäß § 463, 2 BGB analog als Haftungsgrund anerkannt.

Diese strenge Trennung zwischen der Haftung für bloße Fehler, die sich auf die Gewährleistungsansprüche Wandlung und Minderung beschränkt, und der für das Fehlen von zugesicherten Eigenschaften oder bei Arglist geht bekanntlich auf das römisch-gemeine Recht zurück[3]. Auch dort existierte diese Zweigleisigkeit. Sie hatte rein institutionelle Hintergründe: Nach dem urtümlicheren „ius civile“

[1] Für viele MünchKomm/*Westermann*, § 463 Rn 1 m. w. N.

[2] Soergel/*Huber*, 463 Rn 2 f.

[3] Motive II, S. 224; Esser/*Weyers*, § 5 II 2 b, S. 39; *Walter, Thomas*, S. 47.

haftete der Verkäufer nur bei Arglist und Zusicherung, und zwar nur auf Schadensersatz[4]. Der Anspruch auf Wandlung und Minderung für einfache Fehler geht auf die marktrechtlichen Rechtsbehelfe der kurulischen Ädilen für den Sklaven- und Viehhandel zurück. Diese beiden Haftungsstränge wurden in das BGB übernommen, ohne daß eine Koordinierung der Rechtsbehelfe untereinander stattgefunden hätte – obwohl die Aufspaltung ihren institutionellen Hintergrund längst verloren hatte[5].

7.1.2. Grund der Schadensersatzhaftung bei Zusicherung und Arglist

Die Funktion der §§ 463, 480 II BGB ist von ihrem Charakter als Ausnahmevorschrift von dem den Verkäufer privilegierenden Gewährleistungsrecht her zu definieren. Weitgehende Einigkeit herrscht in Lehre und Rechtsprechung, welches der Normzweck des speziellen Kaufgewährleistungsrechts aus den §§ 459 ff. BGB im Verhältnis zum allgemeinen Leistungsstörungsrecht ist. Das allgemeine Leistungsstörungsrecht erlegt dem Verkäufer eine strenge Haftung auf. Liefert er nicht, bleibt grundsätzlich der Erfüllungsanspruch des Käufers bestehen. Nur in den besonderen Fällen des § 275 BGB erlischt er. An seine Stelle tritt dann der für den Verkäufer ebenfalls sehr strenge Schadensersatzanspruch wegen Nichterfüllung. Liefert der Verkäufer eine mangelhafte Sache, soll er im Verhältnis zu diesen Bestimmungen privilegiert werden. Grundsätzlich soll ihn nur noch die Haftung auf Wandlung oder Minderung treffen. Nach der Erfüllungstheorie schuldet er eigentlich noch mangelfreie Erfüllung, das Gesetz sieht aber in den §§ 459 ff. BGB eine Haftungserleichterung vor, nach der er tatsächlich nicht den bestehenden Erfüllungsanspruch befriedigen, sondern stattdessen nur Wandlung oder Minderung gewähren muß. Nach der Gewährleistungstheorie haftet der Verkäufer für Fehler zwar ohne Rücksicht auf Verschulden, dafür aber nur auf Wandlung oder Minderung. Der rechtspolitische Grund dafür ist, daß der Verkäufer, der meist nur Händler, nicht Hersteller ist, die Mangelhaftigkeit der von ihm verkauften Produkte nicht jederzeit und so umfassend überprüfen kann, daß er für jeden Schaden haften müßte. Es soll keine allgemeine Garantiehaftung für Mängelfreiheit geben, da dem Verkäufer oft kein persönlicher Vorwurf zu machen ist[6]. Er wird von seiner Erfüllungspflicht frei, es sei denn, es handelte sich um einen Gattungskauf. Beim Stückkauf hat der Verkäufer immerhin die im Kaufvertrag benannte Sache

[4] *Walter*, S. 43; Esser/*Weyers*, § 5 II 2 b, S. 39; *Leiser*, in: FS Schnorr von Carolsfeld, S. 301 ff.

[5] Esser/*Weyers*, § 5 II 2 b, S. 39; *Walter, Gerhard*, § 5 II 3, S. 153.

[6] Soergel/*Huber*, § 463 Rn 3. Dem folgen andere Zivilrechtsordnungen jedoch nicht.

geliefert, also – wenn auch schlecht – erfüllt. Hier ist nach Lieferung der Sache im mangelhaften Zustand ein Erfüllungsanspruch nicht interessengerecht, da der Verkäufer im allgemeinen die Sache gar nicht herstellen muß und auch keine Möglichkeit zur Nachbesserung hat. Weil er als Händler außerdem anders als ein Hersteller keinen Einblick in die Produktion hat, kann er vielfach die Mangelhaftigkeit nicht beurteilen und so für die Qualität nicht einstehen[7]. Andererseits wird der Käufer in seiner Erwartung getäuscht, die er im Hinblick auf die ihm gelieferte Sache haben durfte[8].

7.1.2.1. Zusicherungshaftung, § 463, 1 BGB

Die dogmatische Einordnung der Zusicherungshaftung auf Schadensersatz in diesen Zusammenhang ist nicht unumstritten. Der Gesetzgeber berief sich lediglich darauf, daß die Regelung dem Gemeinen Recht entspreche. Der innere Grund der Zusicherungshaftung sei ein Garantieversprechen[9]. Der Verkäufer garantiere zwar nicht dafür, daß die zugesicherte Eigenschaft vorhanden sei in dem Sinne, daß er bei Bedarf bereit sei, sie herzustellen[10]. Aber er gebe ein Versprechen dafür ab, für alle Folgen einstehen zu wollen, wenn die zugesicherte Eigenschaft fehle, auch ohne daß ihn diesbezüglich ein Verschulden treffe[11].

Früher wurde vertreten, die Haftung aus § 463, 480 II BGB sei ein speziell geregelter Fall der cic[12]. Der Begriff „Schadensersatz wegen Nichterfüllung" setze voraus, daß noch ein Erfüllungsanspruch bestehe. Dies widerspreche der Annahme, es handele sich um einen Gewährleistungsanspruch. Diese Meinung geht nämlich von der Gewährleistungstheorie aus, nach der der Käufer keinen Anspruch auf mangelfreie Erfüllung hat und sich die Gewährleistungsrechte von denen wegen Nichterfüllung unterscheiden. Sie sind keine Erfüllungsansprüche, sondern besondere, neben den Hauptpflichten bestehende Ansprüche, die der Wiederherstellung des subjektiven Synallagmas im Vertrag dienen[13]. Ein Erfüllungsanspruch käme nicht in Betracht, wenn Wandlung oder Minderung möglich sind, wie es § 463 BGB vorsieht. Wenn Schadensersatz wegen Nichterfüllung angeordnet werde, könne es sich nicht um einen Gewährleistungsanspruch handeln. Vielmehr handele es sich bei § 463 BGB um Verschuldenshaftung. Wenn der Verkäufer eine Eigenschaft zusichere, ohne sicher sein zu können, daß sie tatsächlich auch

---

[7] *Reinicke* und *Tiedtke*, Rn 258; *Fikentscher*, Rn 696.
[8] *Larenz*, § 41 II e, S. 68.
[9] Motive II, S. 225.
[10] Motive II, S. 229.
[11] Motive II, S. 228.
[12] BGHZ 60, 320; RGZ 95, 60; *Süß*, S. 84 ff.
[13] *Süß*, S. 85.

vorliegt, handele er mindestens fahrlässig und erfülle den Tatbestand einer cic. Bei Arglist sei das Verschulden offensichtlich. Diese Meinung kommt dann aber zwingend zu dem Schluß, daß die Rechtsfolge des § 463 BGB die falsche sei: Bei einer cic muß der Schuldner den Gläubiger so stellen, als sei der Vertrag nicht abgeschlossen worden, er muß also nur das negative Interesse ersetzen, nicht Schadensersatz wegen Nichterfüllung leisten. Diese Rechtsfolge passe daher nicht ins System des BGB und durchbreche den Kausalitätsgrundsatz[14]. Diese Meinung wird heute nicht mehr vertreten. Nach dem Gesetzeswortlaut ist bis auf die Arglist in § 463, 2 BGB ein besonderes Vertretenmüssen oder ein Verschulden für die Haftung aus § 463, 1 BGB nicht erforderlich[15]. Auch wenn der Verkäufer ohne jede Fahrlässigkeit den Fehler nicht erkennen konnte, haftet er dennoch aus § 463, 1 BGB[16]. Die in § 463, 2 BGB geforderte Arglist schließt die bei cic ausreichende Fahrlässigkeit aus[17].

Von den Vertretern der Erfüllungstheorie wird gegen die Annahme einer cic vorgebracht, gerade die als falsch begriffene Rechtsfolge Schadensersatz wegen Nichterfüllung deute darauf hin, daß es sich um einen Erfüllungsanspruch in Gestalt der Gewährleistung handele, nicht um eine Verschuldenshaftung, nach der der Käufer nur das negative Interesse erhalten dürfte[18].

Nach heute herrschender Meinung verfolgen die §§ 463, 480 II BGB als Gewährleistungsvorschriften denselben Zweck wie die sonstigen §§ 459 ff. BGB[19]. Dies einmal wegen des Zusammenhangs, den der Wortlaut „statt Wandlung und Minderung" schafft, indem an die Tatbestände angeknüpft wird, in denen diese Rechtsbehelfe eingreifen können. Zum anderen wegen der systematischen Stellung direkt hinter der Gewährleistungsvorschrift § 462 BGB[20]. Rechtsgrund für die Zusicherungshaftung sei die Enttäuschung der berechtigten Erwartungen des Käufers und sein Verzicht auf Erfüllung[21]. Die Zusicherung sei eine Garantie des Verkäufers auf das Vorhandensein der zugesicherten Eigenschaft[22], oder wenigstens garantieähnlich[23]. Die Rechtsprechung formuliert das so: Die Zusicherung

[14] *Süß*, S. 88.

[15] Staudinger/*Honsell*, § 463 Rn 2; *Larenz*, § 41 II c.

[16] *von Blume*, S. 218; RGRK/*Mezger*, § 463 Rn 1.

[17] MünchKomm/*Westermann*, § 463 Rn 3.

[18] Soergel/*Huber*, § 463 Rn 2.

[19] *von Blume*, IherJB 55, 209, 218; MünchKomm/*Westermann*, § 463 Rn 1; Palandt/*Putzo*, § 463 Rn 1; Staudinger/*Honsell*, § 463 Rn 2; RGRK/*Mezger*, § 463 Rn 1.

[20] MünchKomm/*Westermann*, § 463 Rn 1.

[21] MünchKomm/*Westermann*, § 459 Rn 64.

[22] Soergel/*Huber*, § 463 Rn 2; *Flume*, Eigenschaftsirrtum, S. 47 f.; *Rengier*, S. 91.; *Reinicke* und *Tiedtke*, Rn 450; *Walter, Gerhard*, § 5 II 3 a, S. 153; *Diederichsen*, AcP 165 (1965), 150, 158; Staudinger/*Honsell*, § 463 Rn 2; *Larenz*, § 41 II c, S. 58.

[23] MünchKomm/*Westermann*, § 463 Rn 3, da keine Kausalität erforderlich; *von Blume*, Iher-

sei die Übernahme der Gewähr für das Vorhandensein der Eigenschaft und das Versprechen, für alle Folgen einstehen zu wollen, wenn diese Eigenschaft fehlt, auch wenn dies nicht auf ein Verschulden des Verkäufers zurückgeht[24]. Der Begriff der Garantie in diesem Zusammenhang bedarf allerdings der Erklärung. Der Verkäufer übernimmt bei einer normalen Zusicherung, von der § 463, 2 BGB ausgeht, nicht die Garantie dafür, daß er dem Käufer eine Sache liefern wird, die die zugesicherte Eigenschaft tatsächlich hat. Diese wäre nur dann sinnvoll, wenn er diesen Zustand notfalls auch mit Nachbesserung oder Nachlieferung herstellen müßte, nachdem er einmal eine nicht der Zusicherung entsprechende Sache geliefert hat. Es soll nach § 463, 1 BGB aber gerade darauf ankommen, daß die zugesicherte Eigenschaft bereits bei Vertragsschluß vorhanden ist. Deshalb gibt er vielmehr ein Schadensersatzversprechen für den Fall ab, daß die gelieferte Sache nicht die zugesicherten Eigenschaften aufweist[25]. Auch die Gesetzesverfasser begriffen den Grundgedanken für die Haftung auf Schadensersatz wegen Zusicherung einer nicht vorhandenen Eigenschaft als Garantie[26]. Die Privilegierung des Verkäufers gegenüber den allgemeinen Vorschriften ist im Falle der Zusicherung daher nicht gerechtfertigt. Tritt der Verkäufer ausdrücklich für die Mangelfreiheit oder für das Bestehen bestimmter Eigenschaften ein, so ist ihm zuzumuten, sich von der ordnungsgemäßen Beschaffenheit der Sache zu überzeugen. Der Käufer soll sich nach dem Gesetz also auf die Aussagen des Verkäufers verlassen und seine Kalkulation darauf einstellen können, wenn ihm die Eigenschaft zugesichert wurde[27]. Der Verkäufer soll in diesem Fall für die vertragsgemäße Beschaffenheit einstehen müssen. Die Privilegierung durch das Gewährleistungsrecht wird bei Zusicherung also aufgehoben. Erst die vertraglich übernommene Garantie rechtfertigt, daß der Verkäufer für alle Schäden einstehen muß, auf die sich die Zusicherung bezieht, selbst wenn ihn kein Verschulden trifft. Er haftet wie nach allgemeinem Leistungsstörungsrecht. Allerdings bleibt dem Käufer außer beim Gattungskauf der Primäranspruch auf Leistung einer mangelfreien Sache verschlossen. Begründet wird dies wiederum damit, daß Stücksachen in dem Zustand zu liefern sind, in dem sie sind, weil Mangelbeseitigung entweder gar nicht möglich ist, oder der Verkäufer als Händler nicht die Möglichkeit zur Mangelbeseitigung hat. Der Käufer kann also (neben den Gewährleistungsrechten im eigentlichen Sinne, Wandlung und Minderung) den Sekundäranspruch auf Schadensersatz wegen Nichterfüllung geltend machen.

JB 55, 209, 226: „qualifizierte Gewährschaft".

[24]RGZ 161, 330, 337; BGHZ 50, 200, 204; BGHZ 48, 118, 122.

[25]*von Blume*, IherJB 55, 209, 218; *Diederichsen*, AcP 165 (1965), 150, 159; *Rabel* II, S. 106.

[26]Motive II, S. 225, 228.

[27]Erman/*Grunewald*, § 463 Rn 1.

7.1.2.2. Arglisthaftung, § 463, 2 BGB

Zur dogmatischen Einordnung der Arglisthaftung aus § 463, 2 BGB hat sich der Gesetzgeber nicht ausgelassen. Er stellt lediglich die rechtspolitische Erwägung an, das bisher geltende Recht verfolge mit der dem § 463, 2 BGB entsprechenden Haftung den Zweck, „den unredlichen Veräußerer in dem in Frage stehenden Falle wegen dessen hervorragender Wichtigkeit im Interesse thunlichster Sicherung des Verkehres mit empfindlichen Nachtheilen zu bedrohen". Dieses Bedürfnis verdiene volle Beachtung[28]. Dazu müsse der Verkäufer über das negative Interesse hinaus auch auf Schadensersatz wegen Nichterfüllung haften. Diese Begründung trägt nichts zum dogmatischen Verständnis der Vorschrift bei und läßt stattdessen den § 463, 2 BGB als einen Fremdkörper im Zivilrecht erscheinen, dem solche Normen zur Abstrafung eines betrügerischen Verkäufers sonst unbekannt sind[29].

Nach einer Meinung ist § 463, 2 BGB ein gesetzlich besonders geregelter Fall der cic, bei der der Verkäufer anders als sonst nicht nur auf das negative, sondern auf das Erfüllungsinteresse haftet[30]. Gerade die Tatsache, daß der Anspruch aus § 463, 2 BGB über einen Anspruch aus cic hinausgeht, spricht gegen die Einordnung als cic-Fall. Der Verkäufer schuldet nicht nur den Vertrauensschaden, sondern Schadensersatz wegen Nichterfüllung. Anders als bei cic wird nicht nur das negative, sondern das Erfüllungsinteresse befriedigt[31]. Der Käufer wird also nicht einfach nur so gestellt, als sei das haftungsbegründende Ereignis nicht eingetreten. Dann müßte man die arglistige Täuschung wegdenken, was in der Regel dazu führt, daß es aufgrund der ordnungsgemäßen Aufklärung des Käufers nicht zu einem Vertragsschluß gekommen wäre. Der Käufer wird also nur so gestellt, als habe er den Vertrag nicht abgeschlossen, erhält also das negative Interesse[32].

Nach der herrschenden Ansicht[33] beruht die Schadensersatzhaftung wegen Arglist darauf, daß der arglistige Verkäufer nicht besser stehen soll als der, der nur eine Eigenschaft – unter Umständen lediglich fahrlässig – zugesichert hat, die die Kaufsache nicht hat. Bei Arglist weiß der Verkäufer positiv, daß seine Abgaben unrichtig sind. Deshalb fällt hier die Abwägung zwischen den Interessen der Parteien anders aus. Es ist angemessen, den Verkäufer an seinen Angaben festzuhalten und ihm nicht ein gutes Geschäft auf unredlicher Grundlage zu ermöglichen[34].

---

[28] Motive II, S. 229.

[29] *Flume*, Eigenschaftsirrtum, S. 54.

[30] *Fikentscher*, Rn 716.

[31] RGZ 103, 154, 160; *Reinicke* und *Tiedtke*, Rn 453.

[32] *Reinicke* und *Tiedtke*, Rn 453 mit Rechenbeispiel.

[33] Vgl. *Herberger*, S. 128.

[34] Erman/*Grunewald*, § 463 Rn 1; *Diederichsen*, AcP 165 (1965), 150, 161; RGRK/*Mezger*, § 463 Rn 1.

In diesem Fall verdient es der Verkäufer anders als bei den sonstigen, durch § 459 ff. BGB privilegierten Schlechterfüllungsfällen nicht, bessergestellt zu werden als bei Nichterfüllung. Er ist nicht schutzwürdig und kann daher beim Wort genommen werden[35]. Der Verkäufer hätte den Schaden ersetzen müssen, wenn er dem Käufer Fehlerfreiheit zugesichert hätte. Er soll nicht billiger davonkommen, wenn er arglistig handelt[36]. Daher trifft ihn die Haftung auf Schadensersatz wegen Nichterfüllung[37]. Die Anhänger der Erfüllungstheorie kommen ohne weiteres zum Schadensersatz wegen Nichterfüllung, da mangelfreie Lieferung geschuldet ist[38].

7.2. Zusicherungshaftung, §§ 463, 1, 480 II BGB

Sichert der Verkäufer eine bestimmte Eigenschaft zu, so haftet er gemäß § 463,1 BGB, beim Gattungskauf gemäß § 480 II i. V. m. § 463, 1 BGB auf Schadensersatz, wenn diese Eigenschaft tatsächlich nicht bei der gelieferten Sache vorliegt.

7.2.1. Zusicherungsfähige Eigenschaften, § 459 II BGB

Zunächst sind alle die Eigenschaften zusicherbar, die einen Fehler im Sinne des § 459 I BGB begründen können. Fehler können einerseits körperliche Eigenschaften der Kaufsache sein, die ihr auf gewisse Dauer anhaften, andererseits auch ihre tatsächlichen, rechtlichen oder wirtschaftlichen Beziehungen zur Umwelt, die ihren Grund in der Beschaffenheit der Sache selbst haben und die Brauchbarkeit der Sache unmittelbar beeinflussen[39]. In beiden Fällen muß gemäß § 459 I 1, 2. HS und 2 BGB der Wert oder die Gebrauchstauglichkeit der Sache mehr als unwesentlich beeinträchtigt werden. Der Eigenschaftsbegriff bezieht sich abweichend vom Fehlerbegriff unstrittig auch auf solche Eigenschaften, die den Einschränkungen der § 459 I 1, 2. HS und 2 BGB nicht entsprechen. Das Fehlen der zugesicherten Eigenschaft muß den Wert oder die Tauglichkeit der Kaufsache nicht beeinträchtigen. Zusicherbare Eigenschaft ist auch, worauf der Käufer aus anderen Gründen Wert legt, etwa aus Liebhaberei. Die Zusicherung eröffnet den Vertragsparteien die Möglichkeit, die Gewährleistungshaftung für Beschaffenheiten herbeiführen, die von Gesetzes wegen eigentlich irrelevant sind, weil sie den Wert oder die Ge-

[35] *Reinicke* und *Tiedtke*, Rn 454.

[36] *Reinicke* und *Tiedtke*, Rn 454.

[37] *Flume*, Eigenschaftsirrtum, S. 54 f.; Soergel/*Huber*, § 463 Rn 3; *Herberger*, S. 128; *Rengier*, S. 92 f.

[38] Soergel/*Huber*, § 463 Rn 3, *Flume*, Eigenschaftsirrtum, S. 52.

[39] Ständige Rechtsprechung, BGHZ 111, 75; allgemeine Meinung, vgl. z. B. Palandt/*Putzo*, § 459 Rn 8.

brauchstauglichkeit nicht oder nur unerheblich mindern[40]. Eigenschaft ist damit jedes der Kaufsache auf Dauer anhaftende Merkmal, das aus irgendeinem Grund für den Käufer erheblich ist[41].

Nach der Rechtsprechung geht der Eigenschaftsbegriff noch in anderer Hinsicht über den der Beschaffenheit im Sinne des § 459 I BGB hinaus. Fehler begründen können nur solche Umweltbeziehungen, die der Sache ohne weiteres anhaften und sich nicht erst durch Heranziehung von Umständen ergeben, die außerhalb der Sache liegen[42]. Eine zusicherbare Eigenschaft kann dagegen auch eine Umweltbeziehung sein, die der Sache nicht unmittelbar innewohnt oder von ihr ausgeht[43]. Es können Eigenschaften zugesichert werden, die zu weit von der Sache abliegen, als daß sie einen Fehler begründen könnten. Besondere praktische Bedeutung hat diese Rechtsprechung für die Ertragszusicherung beim Unternehmens- und Grundstückskauf[44], im Rahmen des Verbrauchsgüterkaufes vor allem bei Altersangaben von Kraftfahrzeugen[45].

Die Grenze auf der anderen Seite bilden rein außerhalb der Sache liegende Umstände ohne jeden Bezug zu ihrer Beschaffenheit. Dazu zählen etwa mit dem Erwerb verbundene Steuervorteile, wenn sie in der Person des Erwerbers, nicht in der Kaufsache begründet liegen[46]. Sie sind keine zusicherbaren Eigenschaften, sondern können nur im Wege einer selbständigen Garantie eine Haftung des Verkäufers begründen[47]. Daneben kommt eine Schadensersatzhaftung aus cic in Betracht[48].

7.2.2. Garantiewille

An die Bewertung der Qualität einer Zusage des Verkäufers als Zusicherung stellt die Rechtsprechung strenge Anforderungen. Der Verkäufer muß bei Auslegung nach Treu und Glauben zu erkennen geben, daß er für den Bestand der Eigen-

---

[40]Palandt/*Putzo*, § 459 Rn 14.

[41]Palandt/*Putzo*, § 459 Rn 20.

[42]BGH NJW 1970, 653; Staudinger/*Honsell*, § 459 Rn 31; a. A., das heißt kein Unterschied zwischen Beschaffenheit im Sinne des § 459 I und Eigenschaft im Sinne des § 459 II BGB: *Reinicke* und *Tiedtke*, Rn 286; Esser/*Weyers*, § 5 II 2; *Larenz*, § 41 I b.

[43]BGH NJW 1992, 2564, 2565; *Hagen*, WM 1981, 422, 432; kritisch Erman/*Grunewald*, § 459 Rn 34.

[44]Erman/*Grunewald*, § 459 Rn 22, 35.

[45]BGH NJW 1992, 171; MünchKomm/*Westermann*, § 459 Rn 38.

[46]BGHZ 114, 263.

[47]BGHZ 114, 263, 267; BGHZ 87, 302; Soergel/*Huber*, § 459 Rn 33; Palandt/*Putzo*, § 459 Rn 20; Erman/*Grunewald*, § 459 Rn 34.

[48]Palandt/*Putzo*, Vor 459 Rn 7.

schaft und alle Folgen ihres Fehlens einstehen will[49]. Er muß seinem Garantiewillen klar Ausdruck geben. Die bloße Beschreibung der Kaufsache reicht für eine Zusicherung nicht aus[50]. Die Verwendung eines Warenzeichens stellt in der Regel nur die verkehrsübliche Bezeichnung dar[51].

Konkludente Zusicherungen läßt die Rechtsprechung daher nur in sehr engen Grenzen zu. Das Gesetz sieht die Schadensersatzhaftung aus §§ 463 und 480 II BGB nur als Ausnahme vom Normalfall der Haftung auf Wandlung oder Minderung vor. Entsprechend eng wird der Tatbestand ausgelegt. Eine konkludente Zusicherung kommt vor allem dann in Betracht, wenn der Käufer zum Beispiel wegen überlegenen Fachwissens des Verkäufers, auf das er sich ersichtlich verläßt, besonders schutzwürdig ist, nämlich insbesondere beim Gebrauchtwagenkauf vom Händler[52].

Sozusagen als Ausgleich für ihre Restriktion bei der Zusicherung akzeptieren Rechtsprechung und Literatur unter Umständen eine Haftung aus der richterrechtlichen cic[53].

7.2.3. Haftung für Werbeaussagen

Einen Sonderfall bei der Frage, ob eine Eigenschaft zugesichert worden ist, bildet die Produktwerbung, bei der bestimmte Eigenschaften der Kaufsache angepriesen werden. Sie verdient im Hinblick auf den umstrittenen Art. 2 II d RL, der die Werbung in den Vertragsmäßigkeitsmaßstab einbezieht, besondere Beachtung.

Eine Haftung für Werbeaussagen gibt es im deutschen Recht nur in begrenztem Umfang[54]. Grundsätzlich stellen öffentliche Angebote lediglich unverbindliche „invitationes ad offerendum" dar[55]. Sie spielen allenfalls eine Rolle bei der Vertragsauslegung, bei Verbraucherverträgen etwa als Begleitumstände des Vertragsschlusses bei der Beurteilung von AGB-Bestimmungen als benachteiligend gemäß § 24 a Nr. 3 AGBG[56]. Verbindlich werden Werbeaussagen grundsätzlich nur, wenn sie in die vertraglichen Willenserklärungen einbezogen werden[57]. Freilich kann auch dies konkludent geschehen. Es gelten die allgemeinen Auslegungsregeln, §§

[49]BGHZ 48, 118, 122; BGHZ 59, 158, 160 f.; Palandt/*Putzo*, § 459 Rn 15.

[50]BGH NJW 1981, 222.

[51]BGHZ 48, 118, 122 f.

[52]Soergel/*Huber*, § 459 Rn 141; siehe sogleich.

[53]MünchKomm/*Westermann*, § 459 Rn 11; *Paulusch*, Beilage Nr. 1, WM 1995, S. 43. Vgl. dazu 13.

[54]Kritisch z. B. *Menke*, VuR 1994, 223, 225.

[55]BGH NJW 1980, 1388; Palandt/*Heinrichs*, § 145 Rn 2; *Lehmann*, JZ 2000, 280, 286.

[56]*Lehmann*, JZ 2000, 280, 286.

[57]Vgl. BGH NJW 1997, 2590, 2591; BGHZ 132, 55 und 57; Soergel/*Huber*, § 459 Rn 156 f. und 170; MünchKomm/*Westermann*, § 459 Rn 63; *Lehmann*, JZ 2000, 280, 286 m. w. N.

133, 157 BGB[58]. Geht die Werbung von dritten Personen aus, ist entscheidend, daß sich der Verkäufer die Werbeaussagen in irgendeiner Weise zu eigen gemacht hat[59]. Voraussetzung für die Relevanz der Werbeaussagen ist, daß die Angaben konkret genug sind[60]. Beispielsweise kann das Abweichen von der Werbung bezüglich des Kraftstoffverbrauchs eines neuen Autos einen Mangel begründen, wenn die entsprechenden Herstellerangaben zur Vertragsgrundlage gemacht wurden[61]. Diskutiert wird hier nur noch, wie groß die Abweichung sein muß, um als Fehler zu gelten[62]. Für die Relevanz von Beschaffenheitsangaben auf der Etikettierung der Ware gilt dasselbe wie für die Werbung. Die bloße Weitergabe einer Herstellerangabe, auch auf der Verpackung, bedeutet noch nicht, daß sich der Verkäufer diese Angabe zu eigen macht[63]. Es ist in jedem Fall eine Bezugnahme des Verkäufers darauf erforderlich. In den meisten Fällen, das heißt bei nicht vollkommen phantastischen Herstellerangaben, wird sich dies aus den sonstigen Umständen des Vertragsschlusses ergeben. Steht auf der Software-Verpackung, die Ware sei mit einem bestimmten Betriebssystem kompatibel, so ist sie fehlerhaft, wenn sie nicht kompatibel ist[64].

Die Einordnung einer Abweichung von konkreten Werbeaussagen, die nach den allgemeinen Auslegungskriterien Vertragsinhalt geworden sind, als Fehler begegnet keinen Hindernissen[65]. Die Bewertung einer Werbeaussage auch als Zusicherung wird dagegen von der Rechtsprechung eher restriktiv gehandhabt[66]. Allgemeine Anpreisungen, wie sie die Produktwerbung in der Regel enthält, sind in der Regel keine Zusicherungen[67]. Eine bedeutende Ausdehnung erfährt die Zusicherungshaftung durch die Rechtsprechung zur Werbung beim Gebrauchtwagenverkauf durch Händler[68]. Grund für die schärfere Haftung der Gebrauchtwagenhändler sind die besonderen Marktverhältnisse[69]: Der Verbraucher ist hier besonders

---

[58] BGHZ 132, 55, 57; Soergel/*Huber*, § 459 Rn 157 und 170.

[59] *Lehmann*, JZ 2000, 280, 286.

[60] *Rieger*, VuR 1999, 287, 288; *Schmidt-Räntsch*, ZIP 1998, 849, 851 und ZEuP 1999, 294, 296.

[61] BGHZ 132, 55, 58 ff.; BGH NJW 1997, 2590 ff.; MünchKomm/*Westermann*, § 459 Rn 37.

[62] Vgl. die schon genannten Entscheidungen BGH NJW 1997, 2590 ff. und BGHZ 132, 55 ff., sowie *Schmidt-Räntsch*, ZIP 1998, 849, 851.

[63] BGH NJW 1981, 1269, 1270; *Lehmann*, JZ 2000, 280, 287.

[64] *Schmidt-Räntsch*, ZIP 1998, 849, 851.

[65] Soergel/*Huber*, § 459 Rn 157 und 170; *Westermann*, in: Europäisches Kaufgewährleistungsrecht, S. 255 f.; *Rieger*, VuR 1999, 287, 289; *Schmidt-Räntsch*, ZIP 1998, 849, 851.

[66] *Rieger*, VuR 1999, 287, 289; *Schmidt-Räntsch*, ZIP 1998, 849, 851; *Westermann*, in: Europäisches Kaufgewährleistungsrecht, S. 255.

[67] BGHZ 48, 118, 122 f; BGHZ 59, 158, 160.

[68] MünchKomm/*Westermann*, § 459 Rn 62; *Menke*, VuR 1994, 223, 226 f.

[69] BGH NJW 1988, 1378, 1379; *Paulusch*, Beilage Nr. 1, WM 1995, S. 43.

auf die überlegene Sachkunde des Verkäufers angewiesen[70]. Die Werbeangaben, die als Zusicherung gelten[71], sind für die Kaufentscheidung des Käufers von entscheidender Bedeutung[72]. Außerdem ist der formularmäßige Haftungsausschluß für einfache Mängel im Gebrauchtwagenhandel anerkannt, so daß der Käufer allein auf die Haftung aus § 463 BGB angewiesen ist[73]. Die Rechtsprechung läßt sich von Gerechtigkeitserwägungen leiten[74]. Der eigentliche Erklärungswille des Verkäufers tritt in den Hintergrund[75]. Der Gebrauchtwagenverkäufer haftet gemäß § 463 BGB unter Umständen auch für einfache Beschaffenheitsangaben auf Plakaten oder im Vertrag, insbesondere für technische Daten und die daraus zu ziehenden Folgerungen[76].

Außer diesem Sonderfall im Gebrauchtwagenhandel kommt eine Zusicherung von beworbenen Eigenschaften in Betracht, wenn in besonderer Art geworben wird. Dabei kann die Werbung auch von dritten Personen ausgehen. Dies hat der Bundesgerichtshof in seiner Trevira-Entscheidung[77] entschieden. Hier wurde vom Hersteller der Faser „Trevira" damit geworben, daß die Faser bestimmte Eigenschaften habe und diese Eigenschaften auch das aus Trevira hergestellte Endprodukt aufweise, wenn in der weiteren Produktionskette bis zur Fertigstellung des Kleidungsstücks nach Anleitung des Faserherstellers verfahren werde. Nur wenn die Verarbeiter die Faser entsprechend der Herstelleranweisung weiterbehandelten, war es ihnen erlaubt, ihre Produkte mit der Bezeichnung Trevira zu versehen[78]. Die Werbeangaben bezogen sich nicht nur auf die vom Hersteller an die weiterverarbeitenden Betriebe gelieferte Faser, sondern auch auf die Eigenschaften des Endprodukts[79]. Aufgrund der besonderen Art der Werbung nahm der Bundesgerichtshof eine Zusicherung des Verkäufers gegenüber seinem Abnehmer an. Ein Verkäufer, der eine Ware als Trevira liefert, sichere dem Käufer zu, das Produkt sei entsprechend der Verarbeitungsempfehlung des Faserherstellers hergestellt und habe daher die Trevira-gemäßen Eigenschaften[80]. Die Eigenschaft „Trevira" sei, wie es die Annahme einer Gewährübernahme durch Zusicherung

---

[70] *Walter, Gerhard*, § 5 II 3, S. 168; MünchKomm/*Westermann*, § 459 Rn 62 f.

[71] Z. B. „von Meisterhand geprüft" oder die Angabe der Fahrleistung.

[72] *Menke*, VuR 1994, 223, 227.

[73] Erman/*Grunewald*, § 459 Rn 55.

[74] MünchKomm/*Westermann*, § 459 Rn 60.

[75] *Walter, Gerhard*, § 5 II 3, S. 168.

[76] MünchKomm/*Westermann*, § 459 Rn 62. Vgl. auch die umfangreichen Rechtsprechungsnachweise an diesem Ort.

[77] BGHZ 48, 118 ff.

[78] BGHZ 48, 118, 123 f.

[79] *Menke*, VuR 1994, 223, 226.

[80] BGHZ 48, 118, 124.

erfordere, nach Inhalt und Umfang bestimmbar gewesen[81]. Dem Verkäufer wurde die Bezeichnung seiner Ware als Trevira als Zusicherung bestimmter Eigenschaften zugerechnet, was nach dem oben Gesagten ohne weiteres möglich ist. Obwohl die Werbung zentral vom Stoffhersteller ausgeht, handelt es sich hier nur sehr mittelbar um eine Haftung für Werbeaussagen Dritter[82]. Problematisch stellt sich jedoch die Zurechnung des aus der Werbung hervorgehenden Garantiewillens dar. Im Ergebnis bedeutet diese Garantieübernahme, daß der Verkäufer für fremdes Tun einstehen wollen muß, nämlich für die ordnungsgemäße Verarbeitung durch alle beteiligten verarbeitenden Betriebe[83]. Es stellt sich die Frage, ob für diese sehr weitgehende Haftungsübernahme mit großem Haftungsrisiko der Verkäufer seinem Garantiewillen nicht selbst Ausdruck geben sollte[84].

Zusammenfassend ist zu sagen, daß die Rechtsprechung zur Haftung für Werbeaussagen wenig konsequent ist und damit nicht zur Rechtssicherheit beiträgt[85].

Als weitere Haftungsgrundlage für Werbeaussagen kommt § 13 a UWG in Betracht. Der Tatbestand ist allerdings eng und nur in besonderen Fällen erfüllt, die selten vorliegen[86]. In der Rechtsfolge verschafft er dem Käufer nur ein Rücktrittsrecht, keinen Anspruch auf die versprochene Leistung. Er trägt deshalb wenig zur Ergänzung der Gewährleistungsansprüche des Käufers bei[87]. Eine weitere Haftungsmöglichkeit für die Aussagen Dritter bietet § 4 III PHG, der eine Haftung des Verkäufers begründet, wenn der Hersteller nicht festgestellt werden kann. Diese Anspruchsgrundlage ist allenfalls in Ansätzen vergleichbar mit der Haftung für Äußerungen Dritter, wie sie die Richtlinie vorsieht[88].

7.3. Haftung bei Arglist, §§ 463, 2, 480 II BGB

7.3.1. Arglistiges Verschweigen eines Fehlers

Der Verkäufer haftet gemäß § 463, 2 BGB auf Schadensersatz, wenn er einen Fehler arglistig verschweigt. Arglist setzt voraus, daß der Verkäufer einen Fehler

[81] BGHZ 48, 118, 122 f.

[82] *Menke*, VuR 1994, 223, 226 Fn 24 und 227.

[83] *Teichmann*, JuS 1968, 315, 320.

[84] *Teichmann*, JuS 1968, 315, 320; *Westermann*, in: Europäisches Kaufgewährleistungsrecht, S. 255.

[85] *Teichmann*, JuS 1968, 315, 320; *Westermann*, in: Europäisches Kaufgewährleistungsrecht, S. 255; *Wolf*, RIW 1997, 899, 900.

[86] Die Werbung muß nicht nur unwahr, sondern auch zur Irreführung geeignet sein. Außerdem muß sie für Vertragsabschlüsse durch das Zielpublikum wesentlich sein. Dies muß für den Verkäufer erkennbar sein, *Lehmann* und *Dürrschmidt*, GRUR 1997, 549.

[87] *Lehmann* und *Dürrschmidt*, GRUR 1997, 549, 555; *Medicus*, ZIP 1996, 1925, 1926.

[88] *Amtenbrink* und *Schneider*, VuR 1996, 367, 373.

im Sinne des § 459 I BGB kennt oder mindestens für möglich hält[89]. Dabei ist streitig, ob sich der Fehlerbegriff auch insoweit mit dem des § 459 I BGB deckt, als nur erhebliche Fehler relevant sind[90]. Gegen die Begrenzung auf erhebliche Fehler spricht der Zweck des § 463, 2 BGB. Der Verkäufer soll bei Arglist mindestens genauso streng haften wie bei Zusicherung. Bei Zusicherung kommt es nicht darauf an, ob die Eigenschaft auch einen Fehler im Sinne des § 459 I BGB darstellen könnte, also z. B. erheblich wäre[91].

Da mit dem Verschweigen Rechtsfolgen an eine Unterlassung geknüpft werden, muß den Verkäufer eine Aufklärungspflicht gemäß § 242 BGB treffen, damit ihm das Schweigen vorgeworfen werden kann[92]. Eine Aufklärungspflicht besteht nach der Rechtsprechung immer dann, wenn der Käufer erwarten durfte, über die ungünstige Eigenschaft informiert zu werden, und diese Kenntnis ihn wesentlich in seiner Kaufentscheidung beeinflußt hätte[93]. Wann der Käufer eine solche Aufklärung erwarten darf, hängt auch von der Qualifikation der Vertragsparteien ab[94]. Ein Verbraucher verfügt in der Regel über weniger Fachkenntnis als der gewerbliche Verkäufer und ist daher besonders schutzwürdig. Der Umfang der Offenbarungspflicht muß jeweils für den Einzelfall festgestellt werden.

Gegen die so festgestellte Aufklärungspflicht muß der Verkäufer vorwerfbar, das heißt vorsätzlich verstoßen haben[95]. Die Rechtsprechung stellt daher als weiteres Erfordernis auf, daß der Verkäufer wissen oder damit rechnen muß, daß der Vertragspartner bei Offenbarung den Vertrag nicht oder nicht so abgeschlossen hätte[96]. Auf die tatsächliche Kausalität der Arglist für den Vertragsschluß

---

[89] BGHZ 63, 382, 388; *Walter, Gerhard*, S. 174.

[90] Pro: RGZ 67, 146, 148; Soergel/*Huber*, § 463 Rn 22; MünchKomm/*Westermann*, § 463 Rn 5; Palandt/*Putzo*, § 463 Rn 11. Contra: Staudinger/*Honsell*, § 463 Rn 12, OLG Köln NJW-RR 86, 988.

[91] Beide Ansichten zeitigen ähnliche Ergebnisse, da bei Unerheblichkeit des Fehlers meist keine Aufklärungspflicht des Verkäufers besteht oder der Fehler auf die Kaufentscheidung keinen Einfluß hatte; Staudinger/*Honsell*, § 463 Rn 12.

[92] MünchKomm/*Westermann* § 463 Rn 5; *Walter, Gerhard*, S. 175; Esser/*Weyers*, § 5 II 2, S. 43; nach Soergel/*Huber* § 463 Rn 24 ist die Feststellung einer Offenbarungspflicht nicht erforderlich, da es sich bei § 463 anders als bei § 123 BGB um einen echten Unterlassungstatbestand handelt. Die Ergebnisse sind die gleichen.

[93] RG 111, 233; BGH NJW 1979, 2243; Esser/*Weyers*, § 5 II 2, S. 43; MünchKomm/*Westermann* § 463 Rn 6; *Walter, Gerhard*, S. 175.

[94] *Walter, Gerhard*, S. 175; Esser/*Weyers*, § 5 II 2, S. 43.

[95] MünchKomm/*Westermann* § 463 Rn 8.

[96] BGH NJW 1990, 42; *Reinicke* und *Tiedtke*, Rn 456. A. A. Soergel/*Huber* § 463 Rn 25: Für die Entscheidung unerhebliche Eigenschaften fielen ohnehin aus dem subjektiven Fehlerbegriff heraus. Das Gesetz unterstelle die Bedeutsamkeit aller Eigenschaften, die einen Fehler ausmachen können, für die Entscheidung des Käufers. Das zusätzliche Erfordernis sei damit überflüssig.

kommt es hingegen nicht an, das Gesetz begründet diesbezüglich eine Garantiehaftung[97]. Eine Schädigungsabsicht des Verkäufers ist für die Arglisthaftung nicht erforderlich. Es reicht deshalb auch bedingter Vorsatz bezüglich des Nichtbestehens der Eigenschaft und der Einwirkung auf die Willensbildung des Käufers aus[98]. Auch Angaben ins Blaue hinein sind tatbestandsmäßig, wenn der Verkäufer mit dem Fehler rechnen muß[99]. Fahrlässigkeit, auch grobe, führt dagegen nie zu einer Haftung aus § 463 BGB. Hier bleibt allenfalls eine Haftung aus pVV für Mangelfolgeschäden oder unter Umständen aus cic[100].

7.3.2. Arglistiges Vorspiegeln einer zusicherungsfähigen Eigenschaft

Gleichbehandelt mit dem arglistigen Verschweigen eines Fehlers wird analog §§ 463, 2, 480 II BGB das arglistige Vorspiegeln einer zusicherungsfähigen Eigenschaft. Es kann nicht darauf ankommen, ob der Verkäufer, indem er schweigt, lediglich einen schon bestehenden Irrtum ausnützt, oder ob er durch Reden aktiv die Fehlvorstellung auslöst[101]. Diese Analogie ist sachgerechter als den Käufer auf § 123 BGB und die Deliktshaftung zu verweisen, denn es ist nicht einzusehen, warum der Käufer auf den Ersatz des negativen Interesses oder der durch die Deliktshaftung geschützten Rechtsgüter begrenzt sein sollte[102]. Die vorgespiegelten Eigenschaften müssen weder zugesichert noch erheblich im Sinne des § 459 I BGB sein[103], allerdings gilt hier das von der Rechtsprechung auch für die Arglist aufgestellte Erfordernis, daß sich der Verkäufer der möglichen Bedeutsamkeit der Eigenschaftsangabe für die Kaufentscheidung bewußt gewesen sein muß. Denn nur so können irrelevante Eigenschaften ausgeschieden werden[104]. Ansonsten gibt es keine gewährleistungsrechtliche Haftung für nicht zusicherungsfähige Eigenschaften, zum Beispiel zukünftige. Sie bleibt der Deliktshaftung, u. U. cic und § 123 BGB vorbehalten[105].

---

[97] Staudinger/*Honsell*, § 463 Rn 13.

[98] BGH NJW 1995, 897; Esser/*Weyers*, § 5 II 2, S. 43; MünchKomm/*Westermann*, § 463 Rn 8.

[99] BGHZ 63, 382, 388; MünchKomm/*Westermann*, § 463 Rn 8; Soergel/*Huber*, § 476 Rn 25; Esser/*Weyers*, § 5 II 2, S. 43; *Reinicke* und *Tiedtke*, Rn 456.

[100] Soergel/*Huber*, § 463 Rn 21; zur cic 224 vor 459; MünchKomm/*Westermann*, § 463 Rn 5.

[101] So schon *Diederichsen*, AcP 165 (1965), 164, 161; Soergel/*Huber*, § 463 Rn 23.

[102] MünchKomm/*Westermann*, § 463 Rn 10; Soergel/*Huber*, § 463 Rn 26.

[103] MünchKomm/*Westermann*, § 463 Rn 10.

[104] Ausführlich Soergel/*Huber*, § 463 Rn 28.

[105] Soergel/*Huber*, § 463 Rn 29.

7.4. Rechtsfolge des § 463 BGB

Laut § 463 BGB schuldet der Verkäufer Schadensersatzanspruch wegen Nichterfüllung. Umstritten ist, welche Schadensposten von diesem Begriff umfaßt und wie sie systematisch einzuordnen sind[106]. Hier soll lediglich die geltende Rechtslage, wie sie sich aus der aktuellen Rechtsprechung ergibt, skizziert werden.

7.4.1. Naturalrestitution, § 249, 1 BGB

Gemäß § 249, 1 BGB muß der Verkäufer den Käufer so stellen, als sei der Vertrag ordnungsgemäß erfüllt worden, also so, als hätte die Sache bei Gefahrübergang die zugesicherte Eigenschaft gehabt, oder als wäre der arglistig verschwiegene Fehler nicht bzw. die vorgespiegelte Eigenschaft vorhanden gewesen[107]. Die Naturalherstellung durch Beseitigung des Fehlers oder Lieferung einer mangelfreien Sache ist allerdings ausgeschlossen, da dies auf eine Leistungspflicht zur mangelfreien Erfüllung hinausliefe, die es beim Stückkauf nicht gibt[108]. Der Käufer hat also Anspruch auf Geldersatz. Es wird die Vermögenslage des Käufers vor dem Vertragsabschluß verglichen mit der vom Käufer angestrebten hypothetischen nach ordnungsgemäßer Durchführung des Vertrages[109]. Der Verkäufer schuldet demnach nach herrschender Meinung den Ersatz des positiven bzw. des Erfüllungsinteresses[110]. Diese Auffassung entspricht auch den Materialien zum BGB[111] und dem allgemeinen Sprachgebrauch des Gesetzes, etwa bei §§ 325, 326 BGB[112].

7.4.2. Großer und kleiner Schadensersatz

Zur Berechnung des Schadens können zwei Methoden herangezogen werden: Der Käufer hat die Wahl zwischen dem großen Schadensersatz, bei dem er die Sache zurückgibt[113] und den vollen Nichterfüllungsschaden geltend macht, und dem kleinen, bei dem er die Sache behält und sich die Vermögensdifferenz ausgleichen

[106] Vgl. beispielsweise die Monographien von *Gillig*; *Rengier*; *Walter, Thomas*; außerdem *Todt*, BB 1971, 680 ff; *Derleder* und *Abramjuk*, AcP (190) 1990, 624 ff.

[107] BGHZ 50, 200, 204; BGH NJW 1993, 2103, 2104; Soergel/*Huber*, § 463 Rn 38; MünchKomm/*Westermann*, § 463 Rn 19; *Walter, Gerhard*, § 5 II 6, S. 211.

[108] Esser/*Weyers*, § 5 III 3, S. 48; MünchKomm/*Westermann*, § 463 Rn 9.

[109] *Derleder* und *Abramjuk*, AcP (190) 1990, 624, 627.

[110] BGHZ 50, 200, 204; Soergel/*Huber*, § 463 Rn 38; MünchKomm/*Westermann*, § 463 Rn 19; Staudinger/*Honsell*, § 463 Rn 53; *Walter, Gerhard*, § 5 II 6, S. 211; *Derleder* und *Abramjuk*, AcP (190) 1990, 624, 626 ff.

[111] Motive II, S. 228 f.; Protokolle I, S. 688.

[112] *Medicus*, FS Kern, S. 319.

[113] Die Rückgabe der Sache unterliegt den Regeln der §§ 467, 351 bis 353 BGB, MünchKomm/*Westermann*, § 463 Rn 25.

läßt[114]. Sind die Mängel ganz unerheblich, so entfällt ausnahmsweise aus dem Gesichtspunkt von Treu und Glauben, § 242 BGB, die Möglichkeit, den großen Schadensersatz zu verlangen[115]. Dazu muß allerdings auf Käuferseite die Grenze zur Schikane erreicht sein[116].

Großer Schadensersatz ermöglicht im Ergebnis Schadensersatz und Rücktritt nebeneinander, entgegen dem Wortlaut des § 463 BGB „statt Minderung oder Wandlung". Der kleine Schadensersatz ermöglicht Minderung und Schadensersatz.

7.4.3. Mangelschäden

Unstrittig aufgrund § 463 BGB ersetzbar sind die sogenannten Mangelschäden. Synonym gebraucht werden die Begriffe unmittelbarer Schaden oder Nichterfüllungsschaden. Das sind Schäden, die unmittelbar mit dem Sachmangel zusammenhängen[117], die das unmittelbare Interesse des Käufers an der ordnungsgemäßen Erfüllung des Vertrages ausmachen[118]. Der Mangelschaden ist der Schaden, der dem Käufer dadurch entsteht, daß er für seinen Kaufpreis eine minderwertige Sache erhält, und der unmittelbar daraus folgende Vermögensschaden[119]. Durch ihn wird also das Äquivalenzinteresse gestört[120].

Beim großen Schadensersatz ist als Mangelschaden mindestens der Kaufpreis zu ersetzen[121]. Gelingt es dem Käufer, einen Deckungskauf abzuschließen, so kann er die Differenz zum möglicherweise höheren Kaufpreis verlangen[122].

Verlangt der Käufer den kleinen Schadensersatz, hat er Anspruch auf die Wertdifferenz zwischen dem hypothetischen Vermögensstand, der gegeben wäre, wenn die Sache bei Gefahrübergang mangelfrei gewesen wäre, und dem Vermögensstand, wie er sich infolge des Mangels tatsächlich darstellt[123]. Der zu liquidierende Minderwert kann nach der Höhe der Kosten bemessen werden, die erforderlich sind, um die Kaufsache in einen mangelfreien Zustand zu versetzen[124]. Die Naturalrestitution, also die Herstellung des vertragsgemäßen Zustands der Kaufsache

---

[114]Soergel/*Huber*, § 463 Rn 239.
[115]BGHZ 27, 215, 220; BGH BB 1960, 152; MünchKomm/*Westermann*, § 463 Rn 20.
[116]BGH BB 1960, 152, 153.
[117]Esser/*Weyers*, § 6 II 1, S. 69.
[118]BGH NJW 1993, 2103, 2104; Palandt/*Putzo*, § 463 Rn 14.
[119]BGHZ 77, 215, 217; BGH NJW 1965, 532, 533; *Walter, Gerhard*, § 5 II 6, S. 214.
[120]Esser/*Weyers*, § 6 II 1, S. 69.
[121]Soergel/*Huber*, § 463 Rn 60; MünchKomm/*Westermann*, § 463 Rn 24.
[122]*Walter, Gerhard*, § 5 II 6, S. 211; *Derleder* und *Abramjuk*, AcP (190) 1990, 624, 627 f.
[123]BGH NJW 1993, 2103, 2104.
[124]BGH NJW 1983, 1424, 1425; BGH NJW 1965, 532, 533; MünchKomm/*Westermann*, § 463 Rn 22 f; MünchKomm/*Emmerich*, Vor § 275 Rn 232.

durch Reparatur, ist beim Stückkauf[125] allerdings ausgeschlossen. Denn das liefe auf eine Verpflichtung zur mangelfreien Leistung oder zur Fehlerbeseitigung hinaus, die es im deutschen Recht beim Stückkauf nicht gibt[126]. Der Käufer ist auf Geldersatz beschränkt[127]. Außerdem steht dem Käufer der Ausgleich eines nach einer nur teilweise erfolgreichen Reparatur noch vorhandenen Minderwerts zu[128]. Dabei muß nicht nur der technische Minderwert ersetzt werden, der nach der Reparatur verbleibt, sondern auch der nur merkantile Minderwert. Denn auch wenn der Mangel mehr oder weniger behoben ist, können Abnehmer sich eher für eine andere, von Anfang an mangelfreie Sache entscheiden, auch wenn der Verkaufspreis an die Tatsache, daß die Sache repariert werden mußte, angepaßt worden ist. Auch diese Herabsetzung des Marktwertes ist kausal zur Mangelhaftigkeit und deshalb zu ersetzen[129].

7.4.4. Mangelfolgeschäden

Die Ersatzfähigkeit von Mangelfolgeschäden, auch mittelbare Schäden genannt[130], wurde im Lauf der Zeit unterschiedlich beurteilt[131] und ist auch jetzt noch umstritten. Mangelfolgeschäden sind nach der gegenwärtigen Definition der Rechtsprechung[132], der sich die Literatur weitgehend anschließt[133], die Schäden, die der Käufer infolge der Mangelhaftigkeit der Kaufsache über das bloße Interesse an mangelfreier Lieferung hinaus an anderen Vermögenswerten als der Kaufsache oder an der eigenen körperlichen Unversehrtheit erleidet. Konkret hat man sich darunter Schäden an anderen Sachen des Käufers und Ersatzansprüche Dritter gegen den Käufer vorzustellen[134]. Sie sind bei Käufen von Waren durch Endverbraucher meist die einzigen gravierenden Schäden[135]. Ihre Behandlung verdient daher im Lichte der Verbrauchsgüterkaufrichtlinie besondere Beachtung.

Der BGH definierte den Begriff des Nichterfüllungsschadens zunächst so, daß er nur die Schäden umfaßte, die auch bei Nichterfüllung entstanden wären. Damit

[125] Beim Gattungskauf gilt § 480 I BGB.

[126] MünchKomm/*Westermann*, § 463 Rn 19; Esser/*Weyers*, § 5 III 3 a, S. 48.

[127] Esser/*Weyers*, § 5 III 3 a, S. 48; MünchKomm/*Westermann*, § 463 Rn 23; *Walter, Gerhard*, § 5 II 6, S. 211.

[128] BGHZ 50, 200, 202; MünchKomm/*Emmerich*, Vor § 275 Rn 232.

[129] BGHZ 9, 98 und 99 f.; MünchKomm/*Westermann*, § 463 Rn 22, 28.

[130] Esser/*Weyers*, § 6 II 1, S. 69.

[131] Dazu ausführlich *Walter, Thomas*, S. 50 ff; *Leiser*, FS Schnorr von Carolsfeld, S. 308 ff.

[132] BGHZ 50, 200, 201 f.; BGH NJW 1965, 532, 533.

[133] Staudinger/*Heinrich Honsell* § 463 Rn 48; *Diederichsen*, AcP 1965 (65), 150, 153; *Larenz*, § 41 II c, S. 61.

[134] Soergel/*Huber*, § 463 Rn 60.

[135] *Diederichsen*, AcP 165 (1965), 150, 153; BGHZ 50, 200, 205.

fielen alle Mangelfolgeschäden aus der Ersatzpflicht gemäß § 463 BGB heraus[136]. Dies wurde jedoch bald als unhaltbar aufgegeben, da der Gebrauch des Ausdrucks „Schadensersatz wegen Nichterfüllung" nur klären sollte, daß nicht nur das negative, sondern auch das positive Interesse geschuldet werde[137]. Man kam also auf den Grundsatz des § 249, 1 BGB zurück, nach dem strenggenommen jeder kausale Schaden vom Verkäufer über § 463 BGB zu ersetzen ist, also auch die sogenannten Mangelfolgeschäden[138]. Auch sie sind kausal auf die Lieferung der mangelhaften Sache zurückzuführen und wären dem Käufer bei von Anfang an vertragsgemäßer Leistung nicht entstanden[139].

Andererseits stellen diese Schäden eine Besonderheit im vom Gewährleistungsrecht geschützten Äquivalenzinteresse dar. Es stellt sich die Frage, ob diese Schäden tatsächlich sämtlich dem Verkäufer anzurechnen sind, auch wenn ihn kein Verschulden trifft, oder ob die Haftung für diese Schäden besser der Verschuldenshaftung aus pVV und cic vorbehalten bleibt. Hier wird die Konkurrenz zu diesen Rechtsinstituten relevant[140]. Da pVV und cic das Gesetz ergänzende richterrechtliche bzw. gewohnheitsrechtliche Rechtsinstitute sind, kommt es bei der Abgrenzung auf die Reichweite des § 463 BGB an[141]. Die Verschuldenshaftung stellt den Käufer einerseits schlechter, sofern eine Eigenschaft zugesichert worden ist, da der Verkäufer nicht garantiemäßig, sondern nur bei Verschulden haftet. Gegenüber § 463, 2 BGB stellt sie ihn besser, da Fahrlässigkeit genügt[142].

Demgemäß nimmt die Rechtsprechung bei der Ersatzfähigkeit von Mangelfolgeschäden bei Zusicherung eine Einschränkung vor. Bei der Zusicherung differenziert der BGH[143] danach, ob die Zusicherung den Zweck hatte, dem Käufer nicht nur zu einem ungestörten Genuß der Kaufsache zu verhelfen, sondern ihn darüber hinaus vor auftretenden Mangelfolgeschäden zu bewahren. Welche Interessen von der Zusicherung geschützt sein sollen, ist durch Auslegung zu ermitteln[144]. Die übrigen Mangelfolgeschäden sind nur über pVV oder cic ersetzbar. Für Mangelschäden kommt es dagegen auf die Reichweite der Zusicherung nicht an, denn die

---

[136]BGH LM Nr. 5 zu § 459; Staudinger/*Honsell*, § 463 Rn 53; *Walter, Thomas*, S. 54.

[137]Motive II, S. 229; *Honsell*, JR 1976, 361, 363.

[138]Vgl. BGHZ 50, 200, 204.

[139]*Medicus*, FS Kern, S. 319; vgl. auch *Heck*, S. 274; Soergel/*Huber*, § 463 Rn 61; *Walter, Thomas*, S. 50.

[140]Esser/*Weyers*, § 5 III 3 a, S. 48.

[141]*Diederichsen*, AcP 165 (1965), 150, 158.

[142]*Larenz*, § 41 II c, S. 62.

[143]In Anlehnung an *Diederichsen*, AcP 165 (1965), 150 ff., *Larenz*, § 41 II c, S. 62 (damals 8. Aufl., Bd. 2, § 37 II c 3, S. 51) und Soergel/*Ballerstedt*, 10. Aufl., § 463 Bem. 11.

[144]BGHZ 50, 200, 204; *Diederichsen*, AcP 165 (1965), 150, 159 f. Nach Soergel/*Huber* § 463 Rn 60 ist bei der Auslegung des Parteiwillens eine Einordnung nach Mangel- und Mangelfolgeschäden entbehrlich. Das Ergebnis der Vorgehensweisen ist dasselbe.

Haftung für diese Schäden folgt für unmittelbare Schäden aus dem Wesen der Zusicherung als Erklärung, für die betreffenden Mängel einstehen zu wollen[145].

Der Auffassung des BGH ist zu folgen. Gemäß § 249 BGB ist der Käufer so zu stellen, als ob richtig erfüllt worden wäre. Dann wären aber die Mangelfolgeschäden nicht eingetreten. Einschränkend muß der Verkäufer jedoch nicht für jeden Schaden haften, sondern es kommt auf den Inhalt der Zusicherung an. Der Verkäufer muß nur für solche Schäden haften, die die Zusicherung gerade vermeiden sollte. Diese Einschränkung ist vergleichbar mit dem Schutzzweck oder dem Rechtswidrigkeitszusammenhang bei anderen Haftungsnormen[146]. Aufgrund der Auslegung der Zusicherung ist sie nicht ohne weiteres eine Haftungsübernahme für alle kausalen Schäden.

Bei Arglisthaftung gemäß § 463, 2 BGB wird diese Einschränkung nicht vorgenommen, alle Mangelfolgeschäden sind als adäquat kausale Schäden zu ersetzen[147]. Die Eigenschaft, auf die sich die Arglist bezieht, und der Folgeschaden müssen lediglich in einem inneren Zusammenhang stehen[148]. Auf die Vorhersehbarkeit für den Verkäufer kommt es bei Arglist nicht an[149]. Der Schutzzweck der widerrechtlichen Beeinflussung der Kaufentscheidung des Käufers umfaßt auch die aus der Täuschung resultierenden Mangelfolgeschäden[150]. Da der Verkäufer außerdem bereits bei Fahrlässigkeit aus pVV für alle Mangelfolgeschäden haftet, muß dies erst recht bei Arglist gelten[151].

7.4.5. Sonstige unmittelbare Schäden

Eine klare Trennung zwischen unmittelbaren und mittelbaren Schäden ist schwierig[152]. Die folgenden Schadensposten befinden sich im Grenzbereich zwischen Mangelschäden und mittelbaren Schäden. Die Einordnung und Ersetzbarkeit der folgenden Schadenspositionen ist deshalb streitig[153].

---

[145] BGH NJW 1993, 2103, 2104; *Larenz*, § 41 II c, S. 58 f.

[146] *Diederichsen*, AcP 165 (1965), 150, 161.

[147] H. M., Soergel/*Huber*, § 463 Rn 62; MünchKomm/*Westermann*, § 463 Rn 31; *Walter, Thomas*, S. 59; *Larenz*, § 41 II c, S. 62.

[148] MünchKomm/*Westermann*, § 463 Rn 31.

[149] *Larenz*, § 41 II c, S. 62.

[150] Vgl. MünchKomm/*Westermann*, § 463 Rn 31.

[151] Staudinger/*Honsell*, § 463 Rn 55; vgl. auch *Walter, Gerhard*, § 5 II 6, S. 213.

[152] *Walter, Gerhard*, § 5 II 6, S. 213; *Walter, Thomas*, S. 56.

[153] Vgl. v. a. *Grunewald*, in: Europäisches Kaufgewährleistungsrecht, S. 14; Erman/*Grunewald*, Vor § 459 Rn 34.

7.4.5.1. Entgangener Gewinn und Nutzungsausfall

Zum Ersatz des positiven Interesses gehört auch die Behebung des unmittelbaren Ausfalls der Sache bei ihrer bestimmungsmäßigen Verwendung[154]. Der Käufer kann den Gewinn verlangen, der ihm entgangen ist, weil der beabsichtigte Weiterverkauf aufgrund des Mangels vereitelt oder rückabgewickelt wurde[155]. Auch die Ausfälle bei der Nutzung oder dem Ertrag eines mangelhaften Gegenstandes sind ersatzfähig[156].

7.4.5.2. Frustrierte Aufwendungen

Nach der Rechtsprechung kann der Käufer als unmittelbaren Schaden auch solche Aufwendungen ersetzt verlangen, die er für den Erwerb oder die Nutzung der Sache gemacht hat, also auch bei korrekter Erfüllung angefallen wären, die jedoch aufgrund der Mangelhaftigkeit der Kaufsache frustriert worden sind[157]. Dazu zählen die Gebühren und Kosten für das Zustandekommen des Vertrages inklusive der Finanzierungskosten für den Kaufpreis, Kosten von Untersuchung und Sachverständigengutachten, Kosten des Umbaus für die Eingliederung der Kaufsache, Erschließungskosten oder Versicherungsprämien und ähnliches[158]. Diese Posten werden teilweise nicht als positives, sondern als negatives Interesse eingestuft. Ihre Ersatzfähigkeit wird jedoch einmütig bejaht, sofern das negative Interesse in der Höhe vom positiven begrenzt wird[159].

Nach der Differenzmethode sind frustrierte Aufwendungen nur dann ersatzfähig, wenn ihnen bei Mangelfreiheit ein Vermögenswert gegenübergestanden hätte[160]. Die Rechtsprechung hilft hier mit einer Rentabilitätsvermutung, nach der anzunehmen ist, daß der Käufer die Aufwendungen durch die Vorteile wieder erwirtschaftet hätte, die ihm die mangelfreie Kaufsache eingebracht hätte[161].

---

154 BGH NJW 1965, 532, 533.

155 *Larenz*, § 41 II c, S. 61; *Walter, Gerhard*, § 5 II 6, S. 211; MünchKomm/*Westermann*, § 463 Rn 24; MünchKomm/*Emmerich*, Vor § 275 Rn 232; Soergel/*Huber*, § 463 Rn 60 zieht schon hier den Zweck der Zusicherung wie bei Mangelfolgeschäden heran. Es komme auf jeden Fall darauf an, ob der Verkäufer beispielsweise von dem beabsichtigten Weiterverkauf wußte. Für Verbraucherkäufe spielt dies keine Rolle. A. A., das heißt Mangelfolgeschaden: Erman/*Grunewald*, Vor § 459 Rn 34.

156 BGHZ 77, 215, 218; MünchKomm/*Westermann*, § 463 Rn 27 f.; MünchKomm/*Emmerich*, Vor § 275 Rn 232; *Derleder* und *Abramjuk*, AcP (190) 1990, 624, 628; A. A. Erman/*Grunewald*, Vor § 459 Rn 34.

157 BGHZ 114, 193, 196.

158 MünchKomm/*Westermann*, § 463 Rn 27 f.; *Reinicke* und *Tiedtke*, Rn 451; *Derleder* und *Abramjuk*, AcP (190) 1990, 624, 628 f.; *Gillig*, S. 377; *Rengier*, S. 86 f.

159 *Rengier*, S. 86 f.; *Derleder* und *Abramjuk*, AcP (190) 1990, 624, 629, 635.

160 BGHZ 114, 193, 196; Esser/*Weyers*, § 5 III a, S. 50; *Reinicke* und *Tiedtke*, Rn 451; MünchKomm/*Westermann*, § 463 Rn 27 f.

161 BGHZ 114, 193, 202; *Reinicke* und *Tiedtke*, Rn 451.

Zu beachten ist, daß sich die Geltendmachung mancher Schadensposten gegenseitig ausschließt[162]. Das versteht sich schon deshalb, weil die zu ersetzenden Aufwendungen nur dann tatsächlich frustriert und somit als Schaden zu bewerten sind, wenn sie auch nach Ersatz bestimmter Schadensersatzposten noch sinnlos und nicht zur Erlangung des erstrebten und durch den Schadensersatz mittelbar erlangten Zustandes erforderlich sind. Die Geltendmachung des entgangenen Gewinns schließt die frustrierter Aufwendungen aus und umgekehrt[163].

[162]Nach den Autoren, die hier das negative Interesse einbeziehen, schließen sich die Geltendmachung des negativen und des positiven Interesses aus, der Käufer hat nur ein Wahlrecht: *Rengier*, S. 86 f; *Derleder* und *Abramjuk*, AcP (190) 1990, 624, 634.

[163]Soergel/*Huber*, § 463 Rn 50; *Derleder* und *Abramjuk*, AcP (190) 1990, 624, 634.

8. Richtlinienhaftung und §§ 463, 480 II BGB

8.1. Richtlinie und Zusicherung

8.1.1. Vertragsmäßigkeit und Garantiewille

Die Haftung nach der Richtlinie knüpft gemäß Art. 3 I, 2 I RL an die Vertragswidrigkeit an: Der Verkäufer ist verpflichtet, dem Verbraucher Güter zu liefern, die der vertraglich vereinbarten Sollbeschaffenheit entsprechen. Besonderen Nachdruck wie bei der Zusicherung im Sinne einer Erklärung, für die Folgen einstehen zu wollen, erfordert die Richtlinie nach dem Wortlaut des Art. 2 I RL für die Einbeziehung der Eigenschaften in den Vertragsmäßigkeitsmaßstab nicht[1].

Bestätigt und verschärft wird die Haftung unabhängig von einem Garantiewillen durch die Vermutungsregeln des Art. 2 II RL. Als Vermutungsregeln für die Sollbeschaffenheit greifen sie dann ein, wenn nichts ausdrücklich vereinbart ist. Die Eigenschaften des Art. 2 II RL müssen wegen des Vermutungscharakters noch nicht einmal unbedingt Vertragsinhalt[2], also erst recht nicht zugesichert worden sein. Die Vermutungsregeln selbst knüpfen an Äußerungen über Eigenschaften an, ohne daß es auf einen irgendwie zum Ausdruck kommenden Garantiewillen ankäme:

Bei der Haftung aufgrund Beschreibung gemäß Art. 2 II a RL geht die Richtlinie über die Haftung nach § 459 BGB hinaus[3]. Nach deutschem Recht handelt es sich bei Beschreibungen gemäß Art. 2 II a Var. 1 RL meist um bloße Wissenserklärungen. Der Verkäufer haftet nur, wenn er die beschriebenen Eigenschaften im Vertrag zugesichert hat[4]. Art. 2 II a Var. 2 und 3 RL entspricht § 494 BGB, der beim Kauf nach Probe eine Zusicherung der der Probe anhaftenden Eigenschaften

[1] *Georges*, S. 237, 238.
[2] *Georges*, S. 238.
[3] *Amtenbrink* und *Schneider*, VuR 1996, 367, 372; *Georges*, S. 238.
[4] *Amtenbrink* und *Schneider*, VuR 1996, 367, 372.

anordnet. Nach der Richtlinie haftet der Verkäufer, ohne daß es auf die Anordnung einer Zusicherung ankäme, also ohne Bezug auf einen wenn auch gesetzlich festgelegten Garantiewillen[5].

Art. 2 II d RL enthält im Zusammenhang mit der Zusicherung zwei wesentliche Aussagen: Der Verkäufer haftet für Werbeaussagen, auch ohne daß er im Vertrag auf sie Bezug nimmt oder sie gar zusichert. Ebenso haftet er für Äußerungen Dritter, ohne sich diese zu eigen gemacht zu haben.

Die Unterscheidung zwischen einfacher Vertragswidrigkeit und dem Fehlen zugesicherter Eigenschaften ist in der Richtlinie auch nicht erforderlich[6]. Anders als das deutsche Gewährleistungsrecht knüpft sie an diese Tatbestände keine anderen Rechtsfolgen[7]. Schadensersatzansprüche, die es ohne Verschulden im deutschen Recht nur ausnahmsweise dann gibt, wenn der Verkäufer im Wege der Zusicherung besondere Verantwortung für das Vorliegen der Eigenschaft übernommen hat, sind in der Richtlinie gar nicht vorgesehen. Dasselbe gilt im CISG, das nicht zwischen einfachem Fehler im Sinne des § 459 BGB und solchen Eigenschaften unterscheidet, die eine Haftung des Verkäufers nur bei besonderer Zusicherung auslösen können[8]. Der Verkäufer haftet für jede einfache Vertragswidrigkeit auf alle Rechtsbehelfe, inklusive des in der Richtlinie nicht geregelten Schadensersatzes[9]. Die Unterscheidung in zugesicherte Eigenschaften und einfache Fehler ist auch im CISG nicht erforderlich, da die Rechtsfolgen stets die gleichen sind[10].

8.1.2. Zusicherbare Eigenschaften als Bestandteil des Vertragsmäßigkeitsmaßstabs

Bestimmt jede Zusicherung auch die Vertragsmäßigkeit der Kaufsache im Sinne der Art. 2 I, 3 I RL, so haftet der Verkäufer ohne weiteres gemäß den Richtlinienrechtsbehelfen, wenn die geleistete Ware nicht die zugesicherten Eigenschaften aufweist. Es ist daher zu untersuchen, ob jede zusicherungsfähige Eigenschaft Bestandteil des Vertragsmäßigkeitsmaßstabs werden kann. Im deutschen Recht können, wie oben gezeigt, nicht alle denkbaren Eigenschaften ohne besondere Zusicherung in den Sollbeschaffenheitsmaßstab einbezogen werden.

[5] Dies folgt daraus, daß die Richtlinie nur echte Gewährleistungsansprüche, Minderung und Vertragsauflösung regelt, und nicht wie § 494 BGB einen Schadensersatzanspruch begründet, *Amtenbrink* und *Schneider*, VuR 1996, 367, 372. Vgl. dazu sogleich

[6] *Kircher*, Warenkauf, S. 273.

[7] Vgl. *Lehr* und *Wendel*, EWS 1999, 321, 322.

[8] Honsell/*Magnus*, Art. 35 Rn 7; Schlechtriem/*Schwenzer*, Art. 35 Rn 4; Soergel/*Lüderitz*, Art. 35 Rn 4; Staudinger/*Magnus*, Art. 35 Rn 16; *Enderlein et al.*, Art. 35, 1.; *Huber*, Haftung des Verkäufers, S. 11.

[9] Art. 45 I b CISG.

[10] *Heilmann*, S. 189 f.

8.1.2.1. Unerhebliche Abweichungen

Anders als bei § 459 I 2 BGB schließt die Richtlinie bei geringfügiger Abweichung von der Sollbeschaffenheit die Vertragswidrigkeit und damit die Haftung insgesamt nicht aus[11]. Der Wortlaut sieht eine solche Differenzierung nicht vor. Bestätigt wird die Einbeziehung auch geringer Abweichungen durch einen Umkehrschluß aus Art. 3 VI RL, nach dem eine nur geringfügige Vertragswidrigkeit keinen Anspruch auf Vertragsauflösung begründet. Einer der Rechtsbehelfe wird zwar somit bei geringfügiger Vertragswidrigkeit ausgeschlossen, es verbleibt jedoch der Anspruch auf die weniger einschneidenden Gewährleistungsrechte Nachbesserung, Ersatzlieferung und Minderung. Eine Differenzierung wird erst bei der Auswahl der Rechtsfolgen vorgenommen. Auch geringste Abweichungen sind damit als Vertragswidrigkeiten anzusehen[12]. Dies entspricht Art. 35 CISG, der ebenfalls nicht nach Art und Dauer der Herabsetzung des Wertes oder der Brauchbarkeit der Kaufsache differenziert, sondern dies Art. 49 i. V. m. 25 CISG auf der Rechtsfolgenseite überläßt[13].

8.1.2.2. Umweltbeziehungen

Problematisch stellt sich die Sachlage bei der auch im deutschen Recht umstrittenen Gruppe von Eigenschaften dar, die Umweltbeziehungen der Kaufsache sind und damit nur mittelbar mit ihrer Beschaffenheit zu tun haben.

Wenn man es mit dem subjektiven Fehlerbegriff ernst meint, muß es den Parteien überlassen werden, welchen Eigenschaften sie Bedeutung beimessen. Auch Umweltbeziehungen, die nicht in unmittelbarem Zusammenhang mit der Kaufsache stehen, müssen so gewichtet werden können, daß sie die Vertragsmäßigkeit mitbestimmen. Die Einschränkung des Fehlerbegriffs im deutschen Recht durch die Begrenzung auf Umweltbeziehungen, die von der Sache unmittelbar ausgehen, stellt ein Überbleibsel des objektiven Fehlerbegriffs dar[14].

Für Art. 35 CISG wird die Frage, welchen Zusammenhang die Eigenschaften, die die Vertragsmäßigkeit bestimmen können, mit der Kaufsache haben müssen, selten problematisiert. Ausgangspunkt für den Vertragsmäßigkeitsmaßstab ist auch hier der subjektive Fehlerbegriff: Die Sollbeschaffenheit bzw. Vertragsmäßigkeit gemäß Art. 35 I CISG bestimmt sich nach den vertraglichen Vereinbarungen[15]. Der Verkäufer muß für alle Eigenschaften einstehen, die der Käufer

---

[11] *Amtenbrink* und *Schneider*, VuR 1996, 367, 374; *Jud*, ÖJZ 1997, 441, 445.

[12] *Amtenbrink* und *Schneider*, VuR 1996, 367, 376.

[13] Schlechtriem/*Schwenzer*, Art. 35 Rn 9; Honsell/*Magnus*, Art. 35 Rn 11.

[14] *Reinicke* und *Tiedtke*, Rn 287 m. w. N.

[15] Honsell/*Magnus*, Art. 35 Rn 10; Schlechtriem/*Schwenzer*, Art. 35 Rn 9.

aufgrund der vertraglichen Vereinbarungen erwarten darf[16]. Grundsätzlich sind die Parteien darin frei, was sie als für die Vertragsmäßigkeit relevant vereinbaren. Teil III des CISG, in dem sich Art. 35 CISG befindet, wird vom Prinzip der Vertragsfreiheit beherrscht[17]. Welche nicht-physischen Eigenschaften noch zur Vertragsmäßigkeit der Kaufsache zählen können, kann auch den in Art. 35 I CISG aufgezählten Kategorien Menge, Qualität, Art und Verpackung nicht entnommen werden. Mengenabweichungen sind zwar rein physische Abweichungen. Alle anderen Kategorien weisen aber über die physische Beschaffenheit der Kaufsache selbst hinaus. Unter Qualität sollen nicht nur Vereinbarungen über die körperliche Beschaffenheit fallen, sondern auch alle rechtlichen und tatsächlichen Verhältnisse der Kaufsache zur Umwelt[18]. Die „Art" scheint sich in erster Linie auf die physischen Eigenschaften der Ware im Sinne ihrer Gattungszugehörigkeit zu beziehen[19]. Allerdings lautet der Begriff im Englischen *„description"*, was übersetzt eher „Beschreibung" bedeutet[20]. So verstanden ist der Begriff wieder offen, was seinen Bezug zur physischen Beschaffenheit der Kaufsache betrifft. Denn welche Elemente zur Beschreibung der Kaufsache herangezogen werden, hängt wiederum vom Inhalt der vertraglichen Vereinbarungen ab[21]. Die Kategorie Verpackung geht über die physische Eigenschaft der Sache selbst hinaus. Sie beschränkt sich nicht einmal auf die körperliche Beschaffenheit der Verpackung. Denn diese kann auch andere Aufgaben haben, als die Unversehrtheit der Kaufsache zu garantieren. Wenn der Käufer die Ware so wie vom Verkäufer verpackt weiterverkaufen soll, kommt es beispielsweise auch darauf an, daß die Verpackung die für den Weiterverkauf erforderliche Etikettierung aufweist[22]. Diese Aufgabe hat keinen Bezug zur physischen Beschaffenheit der abgepackten Ware selbst. Dieser weiten Bedeutung der in Art. 35 I CISG aufgezählten Kategorien entspricht es, daß die Aufzählung nicht als abschließend betrachtet wird. Es sollen auch andere Eigenschaften vereinbart werden können, nicht nur solche, die sich auf Qualität, Quantität, Art und Verpackung beziehen[23]. Neben der Bestimmung der physischen Beschaffenheiten der Ware können auch Vereinbarungen über alle tatsächlichen und rechtlichen Umweltverhältnisse der Kaufsache getroffen werden[24]. Auch der

---

[16]Staudinger/*Magnus*, Art. 35 Rn 16.

[17]Honsell/*Karollus*, Art. 6 CISG, Vorbem Art. 25 Rn 3.

[18]Schlechtriem/*Schwenzer*, Art. 35 Rn 9.

[19]Soergel/*Lüderitz*, Art. 35 Rn 5; Schlechtriem/*Schwenzer*, Art. 35 Rn 10.

[20]*Enderlein et al.*, Art. 35, 5.

[21]*Enderlein et al.*, Art. 35, 5.

[22]Vgl. dazu auch Art. 35 II d CISG, der zwischen den dem Schutzzweck dienenden Eigenschaften der Verpackung und ihren anderen üblichen Eigenschaften differenziert.

[23]Honsell/*Magnus*, Art. 35 Rn 10 und Staudinger/*Magnus*, Art. 35 Rn 16.

[24]Schlechtriem/*Schwenzer*, Art. 35 Rn 9; *Schlechtriem*, Int. UN-Kaufrecht Rn 133. Bei-

hilfsweise zur Auslegung des Parteiwillens heranzuziehende regelbeispielhafte Art. 35 II CISG hilft nicht weiter. Zwar werden dort Eigenschaften genannt, die nicht weit von der physischen Beschaffenheit der Ware liegen. Am weitesten entfernt davon ist die Zweckeignung aus Art. 35 II a und b und wiederum die Verpackung in II d CISG. Das liegt daran, daß Umweltbeziehungen nicht dazu geeignet sind, als Regelfall der Vertragsmäßigkeit herangezogen zu werden. Gerade weil sie von der physischen Beschaffenheit der Ware so weit entfernt sind, müssen sie, wenn sie die Vertragsmäßigkeit bestimmen sollen, auch im Vertrag vereinbart worden sein. Anders ist es kaum möglich, die von den Parteien gemeinten Umweltbeziehungen herzuleiten[25].

Wenn Art. 35 CISG keine Begrenzung auf bestimmte Eigenschaften entnommen werden kann, so gilt das erst recht für Art. 2 RL, der keine Aufzählung bestimmter Eigenschaftskategorien wie Art. 35 CISG enthält. Art. 2 II RL ist noch weiter gefaßt als Art. 35 II CISG, da jegliche Beschreibung und konkrete Werbeaussage mit einbezogen ist[26]. Außerdem verfolgt er eine andere Regelungstechnik als Art. 35 II CISG. Während dieser seinen Vertragsmäßigkeitsmaßstab zwingend anwendet, wenn die Parteien nicht ausdrücklich etwas anderes vereinbart haben, stellt Art. 2 RL nur widerlegbare Vermutungen auf, die die Vertragsfreiheit gemäß Erwägungsgrund 8, S. 2 nicht einschränken sollen. Sie dienen also in erster Linie nur als Beweiserleichterung für den Verkäufer und nur mittelbar zur Bestimmung des Vertragsmäßigkeitsbegriffs[27]. Damit ist für Art. 2 II RL noch klarer als für Art. 35 II CISG, daß die genannten Konkretisierungen nicht abschließend sein sollen. Für die Richtlinie gibt es keine Unterscheidung zwischen Beschaffenheit und zusicherbarer Eigenschaft. Die Vertragsmäßigkeit kann auch Elemente umfassen, die keinen Bezug auf die körperliche Beschaffenheit der Kaufsache aufweisen[28].

---

spielsweise muß der Verkäufer auch für die Einhaltung vereinbarter DIN-Normen einstehen, Honsell/*Magnus*, Art. 35 Rn 10, oder bei entsprechender Vereinbarung für das Alter und den Kilometerstand eines Gebrauchtwagens, Staudinger/*Magnus*, Art. 35 Rn 16.

[25]Vgl. hierzu die Erwägungen von MünchKomm/ *Westermann*, § 459 Rn 59 zu den zusicherbaren Eigenschaften, deren Fehlen nicht gleichzeitig einen Fehler darstellt: Die Abweichung vom subjektiven Fehlerbegriff habe vor allem einen praktischen Grund: Eigenschaften, die so weit außerhalb der Sache liegen, daß sie nicht einmal mehr mit dem Verwendungszweck – der in § 459 I BGB berücksichtigt wird – etwas zu tun haben, können nur bei deutlicher Hervorhebung im Vertrag überhaupt als Teil der Beschaffenheitsvereinbarung erkannt werden. Eine so deutliche Hervorhebung führt dann dazu, daß das besondere Interesse des Käufers an der Eigenschaft für den Verkäufer erkennbar ist und mit dem Abschluß eines so formulierten Vertrages der Garantiewille des Verkäufers entweder klar hervortritt oder mindestens konkludent abgeleitet werden kann. Es liegt dann gleichzeitig eine Zusicherung vor. Somit können diese Eigenschaften zwar nur bei Zusicherung, auf diese Weise aber unproblematisch, eine Haftung des Verkäufers begründen.

[26]Vgl. *Lehmann*, JZ 2000, 280, 282.

[27]Siehe oben 3.3.

[28]*Lehmann*, JZ 2000, 280, 282.

Eine Grenze dessen, was subjektiv als Vertragsmäßigkeitsstandard vereinbart werden kann, gibt es dennoch. Was so außerhalb der Sache liegt, daß es gar nicht mehr als Eigenschaft der Kaufsache begriffen werden kann, kann nicht zum Maßstab der Vertragsmäßigkeit gehören. Dies gilt im deutschen Recht beispielsweise für die steuerliche Absetzbarkeit, soweit diese ihren Grund beim Käufer hat. Sie kann nur selbständig garantiert, nicht zugesichert werden. Entsprechend handelt es sich im CISG nicht mehr um eine Beschaffenheitsvereinbarung im Sinne des Art. 35 CISG, wenn etwas vereinbart wird, was vollkommen außerhalb der Kaufsache liegt. Dann ist vielmehr von einer selbständigen Garantie im Sinne des Art. 36 CISG auszugehen.

8.1.3. Bedeutung für den Fehlerbegriff im deutschen Recht

Die Richtlinie macht keinen Unterschied zwischen zugesicherter Eigenschaft und einfachem Fehler[29]. Sie macht die Haftung des Verkäufers allein von der Vertragswidrigkeit abhängig, ohne einen besonderen Einstandswillen zu verlangen. Der Vertragsmäßigkeitsmaßstab kann alle Eigenschaften beinhalten, die Gegenstand einer Zusicherung werden können, auch Eigenschaften, deren Fehlen nach deutschem Recht keinen Fehler gemäß § 459 I BGB darstellt, weil sie den Wert oder die Tauglichkeit der Kaufsache nicht oder nur unerheblich beeinträchtigten. Die Einschränkung des § 459 I 2 BGB ist damit nicht mit der Richtlinie vereinbar und muß gestrichen werden.

Da die Richtlinie ein Einstehenmüssen für jede Abweichung vom vertraglich Vorgesehenen vorsieht, bedarf es des zusätzlichen § 459 II BGB nicht mehr. Die Unterscheidung zwischen Fehler und zugesicherten Eigenschaften wird relativiert[30]: Die Zusicherung dient in Zukunft nur noch als Voraussetzung für den von der Richtlinie nicht geregelten Schadensersatzanspruch, nicht zur Bestimmung der Mangelhaftigkeit. § 459 II BGB kann gestrichen werden.

8.2. Auswirkungen auf die Haftung für Werbeaussagen

Gemäß Art. 2 II d RL wird vermutet, daß Werbeaussagen des Verkäufers oder Dritter Bestandteil der Beschaffenheitsangabe werden.

[29] *Schlechtriem*, JZ 1997, 441, 444; *Kircher*, ZRP 1997, 290, 291; *Lehr* und *Wendel*, EWS 1999, 321, 322; *Wolf*, RIW 1997, 899, 900.

[30] *Reich*, NJW 1999, 2397, 2399.

8.2.1. Art. 2 II d RL und die Zusicherungshaftung der Gebrauchtwagenhändler

Art. 2 II d RL bezieht Werbeaussagen in den Vertragsmäßigkeitsbegriff ein. Der Verkäufer haftet daher für Werbeaussagen auf Nachbesserung, Rücktritt und Minderung. Der Ausschluß dieser Haftung ist gemäß Art. 7 I 1 RL nicht möglich. Dies gilt auch bei Gebrauchtwaren. Der Gebrauchtwarenhändler kann lediglich die Haftungsdauer gemäß Art. 7 I 1 RL auf ein Jahr herabsetzen. Anders als im deutschen Recht, wo der Haftungsausschluß über AGB beim Gebrauchtwarenkauf zulässig ist, stellt sich nicht das Problem, daß der Käufer bei Mangelhaftigkeit auf den Schadensersatz als einzigen Rechtsbehelf zurückgeworfen ist. Die Rechtsprechungspraxis, nach der vor allem im Gebrauchtwagenverkauf eher eine Zusicherung angenommen wird, ist damit der Boden entzogen[31]. Der Käufer kann die Richtlinienrechtsbehelfe geltend machen, auch ohne daß es auf eine Zusicherung ankäme, da die Gefahr des Haftungsausschlusses nicht besteht. Die Haftungsdauer bei Gebrauchtwaren von mindestens einem Jahr liegt über der sechsmonatigen Verjährungsfrist für die Zusicherungshaftung. Die Anforderungen an das Vorliegen einer Zusicherung aus Gerechtigkeitserwägungen herabzusetzen, ist nicht mehr erforderlich. Für die Schadensersatzhaftung kann man sich in Zukunft auch beim Gebrauchtwagenkauf wieder allein an dem Normzweck des § 463 BGB orientieren. Die Zusicherungshaftung kann wieder auf die Fälle beschränkt werden, in denen der Verkäufer tatsächlich garantiemäßig für eine Eigenschaft einstehen will. Es besteht somit die Chance, die Zusicherungshaftung wieder zu vereinheitlichen. Diese Möglichkeit, Rechtssicherheit zu schaffen, sollte wahrgenommen werden.

8.2.2. Art. 2 II d RL und die Trevira-Rechtsprechung

Art. 2 II d RL ordnet auch Äußerungen Dritter in den Vertragsmäßigkeitsmaßstab ein. Dadurch wird eine Haftung des Verkäufers gemäß den Richtlinienrechtsbehelfen Nachbesserung, Rücktritt und Minderung begründet. Die Einbeziehung der Werbung Dritter stellt in Zukunft kein Problem mehr dar. Der Verkäufer muß sie sich nicht mehr, wie bisher im deutschen Recht, zu eigen gemacht haben. Die Richtlinienhaftung geht also weiter als die deutsche Rechtsprechung zur Verantwortlichkeit für Werbung[32].

Wie oben gezeigt, bleibt die Trevira-Rechtsprechung aber nicht dabei stehen, fremde Werbeaussagen in die Sollbeschaffenheitsvereinbarung einzubeziehen.

---

[31] *Wolf*, RIW 1997, 899, 900; *Westermann*, in: Die Schuldrechtsreform vor dem Hintergrund des Gemeinschaftsrechts, S. 119.

[32] *Schwartze*, in: Auf dem Wege zu einem Europäischen Zivilgesetzbuch, S. 38, Fn 28.

Dem Verkäufer wird außerdem der für die Annahme einer Zusicherung erforderliche besondere Einstandswille unterstellt. Ob sich Art. 2 II d RL auch auf die Bewertung einer Werbeaussage als Zusicherung auswirkt und damit die Voraussetzung für einen Schadensersatzanspruch auswirkt, ist fraglich. Die Frage des besonderen Garantiewillens des Verkäufers beschäftigt die Richtlinie nicht[33]. Die Einbeziehung von Werbeaussagen kann daher nicht ohne weiteres auf die Voraussetzungen eines Schadensersatzanspruches erstreckt werden.

Zu überlegen ist immerhin, ob ausgehend von der Einbeziehung von Werbeaussagen Dritter in den Vertragsmäßigkeitsbegriff die Trevira-Rechtsprechung leichter begründbar wird. Man könnte sagen, daß in Zukunft öffentliche Aussagen eines Herstellers grundsätzlich dem Verkäufer leichter zugerechnet werden sollen. Dies ist jedoch nicht gerechtfertigt. Erstens ist zu beachten, daß sogar die Vermutung des Art. 2 II d RL, die sich nur auf die Beschaffenheitsvereinbarung bezieht, widerlegbar ist. Eine grundsätzliche, unbedingte Haftung sieht die Richtlinie also nicht vor. Außerdem ist das Haftungsrisiko, daß den Verkäufer bei Zusicherung trifft, viel größer als bei den Richtlinienrechtsbehelfen. Die Schadensersatzansprüche können große Summen erreichen. Und ein Regreß wie in Art. 4 RL ist für Schadensersatzansprüche, die dem nationalen Recht vorbehalten sind, nicht vorgesehen.

8.3. Richtlinie und Arglisthaftung

8.3.1. Vertragsmäßigkeit und Eigenschaften, auf die sich die Arglist bezieht

Zu prüfen ist, in welchen Fällen, in denen der Verkäufer gemäß § 463, 2 BGB haftet, parallel eine Haftung aus der Richtlinie gegeben ist. Voraussetzung für die Haftung nach den Richtlinienrechstbehelfen ist, daß die vom Verkäufer fälschlich vermittelten Eigenschaften Bestandteil des Vertragsmäßigkeitsmaßstabes sind: Hat der Verkäufer einen Fehler arglistig verschwiegen, und ist nach den vertraglichen Vereinbarungen oder den Vermutungsregeln des Art. 2 II RL die Freiheit von diesem Fehler Vertragsinhalt, haftet der Verkäufer nach der Richtlinie. Beim arglistigen Vorspiegeln einer nichtvorhandenen Eigenschaft kommt es darauf an, ob die Eigenschaft Bestandteil der Sollbeschaffenheitsvereinbarung geworden ist. Ob die Eigenschaft auch zusicherungsfähig ist, spielt bei der Richtlinie, wie eben gezeigt, keine Rolle.

[33] Vgl. *Westermann*, in: Europäisches Kaufgewährleistungsrecht, S. 255 f.: Im hier untersuchten Zusammenhang kommt es nur auf die Beschaffenheitsvereinbarung an, nicht auf erhöhte Anforderungen hinsichtlich der Bewußtheit des Verkäufers und der Erkennbarkeit beim Käufer.

Fragt der Käufer ausdrücklich, ob die Kaufsache einen bestimmten Fehler aufweist, und verneint der Verkäufer dies[34], so ist als Sollbeschaffenheit gemäß Art. 2 I RL vereinbart, daß die Sache diesen Fehler nicht aufweist. Dasselbe gilt, wenn der Käufer fragt, ob die Sache eine bestimmte, von ihm gewünschte Eigenschaft aufweise, und der Verkäufer dies fälschlich bejaht[35].

Wird bei den Vertragsverhandlungen die betreffende Eigenschaft nicht ausdrücklich erwähnt, kommt es auf die Vermutungsregeln des Art. 2 II RL an. Es sind dies die Fälle, in denen sich der Käufer gar nicht oder nur unspezifisch nach der Fehlerfreiheit der Kaufsache erkundigt[36]. Je nach Einzelfall kann hier die Vertragswidrigkeit der Kaufsache bereits deshalb feststehen, weil diese nicht zu dem von den Parteien vereinbarten Zweck gemäß Art. 2 II b RL oder zu den gewöhnlichen Zwecken gemäß Art. 2 II c RL geeignet ist. Oder die Kaufsache hat nicht die Eigenschaften, die sie nach der Beschreibung des Verkäufers gemäß Art. 2 II a RL aufweisen muß. Wenn den Verkäufer bezüglich bestimmter Eigenschaften eine Aufklärungspflicht trifft, so kann der Verbraucher vernünftigerweise erwarten, daß der Fehler normalerweise nicht auftritt[37]; sonst müßte er nicht darüber aufgeklärt werden. Ob der Verkäufer die Erwartung des Käufers richtig eingeschätzt hat und ob er sich der Bedeutsamkeit der Eigenschaft für die Kaufentscheidung bewußt gewesen ist, ist für die Richtlinienhaftung irrelevant. Entscheidend ist allein, was der vernünftige Käufer erwarten durfte.

Auf eine Aufklärungspflichtverletzung des Verkäufers, die im deutschen Recht als Grundlage für die Arglistigkeit des Handelns erforderlich ist, kommt es nach der Richtlinie, die für die Haftung keinen Verschuldensvorwurf braucht, nicht an. Der Verkäufer haftet nach der Richtlinie ohne Rücksicht darauf, ob er die negative Eigenschaft hätte erkennen können oder müssen. Genausowenig spielt es eine Rolle, ob der Fehler im Sinne des § 459 I 2 BGB erheblich war. Es erledigt sich also insoweit der Streit in der deutschen Rechtslehre, ob auch bei Arglist bezüglich unerheblicher Fehler gehaftet werden muß[38]. Eine Unerheblichkeit könnte sich lediglich im Rahmen des Art. 3 VI RL darin auswirken, daß der Käufer auf

---

[34]Arglistiges Verschweigen eines Fehlers im Sinne des § 459 I BGB gemäß § 463, 2 BGB direkt.

[35]Arglistiges Vorspiegeln einer Eigenschaft gemäß § 463, 2 BGB analog.

[36]Diese Fälle werden beim Verbraucherkauf relativ häufig sein. Der Verkäufer hat regelmäßig größere Sachkenntnis als der Verbraucher, der nicht die nötige Sachkenntnis hat, um nach bestimmten Fehlern fragen zu können. Gerade als Folge des Schweigens des Verkäufers zu einer Eigenschaft wird damit dem Vertrag unmittelbar nicht zu entnehmen sein, ob dieser Fehler ausgeschlossen sein soll oder nicht. Hier hilft Art. 2 II RL weiter, der Vermutungsregeln für solche Zweifelsfälle aufstellt, in denen der Vertrag nichts über den Parteiwillen aussagt.

[37]Vgl. *Brox* und *Walker*, Rn 83.

[38]Siehe oben unter 7.3.1.

Minderung beschränkt ist[39]. Damit greift die Richtlinienhaftung bei allen Fällen der Arglisthaftung aus §§ 463, 480 II BGB.

8.3.2. Keine Regelung zur Arglist des Verkäufers in der Richtlinie

Die Richtlinie enthält keine Vorschriften über die Haftung des arglistigen Verkäufers, der eine mangelhafte Sache liefert, obwohl er den Mangel kennt. Art. 2 III RL beschäftigt sich lediglich mit der Kenntnis des Käufers vom Mangel, betrifft also nicht einen Wissensvorsprung des Verkäufers. Allerdings wäre es angebracht, die aus Art. 40 und 7 I CISG abgeleitete Regel auch bei der Richtlinienumsetzung einzuführen, nach der dem Käufer seine Kenntnis nicht zum Nachteil gereicht, wenn der Verkäufer arglistig handelt. Denn der bloß grob fahrlässig unwissende Käufer ist schutzwürdiger als der arglistige Verkäufer[40]. Eine besondere Regelung für die Haftung des Verkäufers bei Arglist ist im Rahmen der Richtlinie auch nicht erforderlich. Der Verkäufer haftet nach der Richtlinie bei Vertragswidrigkeit ohne weiteres, also ohne Verschulden, auf Abhilfe, Rücktritt oder Minderung. Eine über die Richtlinienrechtsbehelfe hinausgehende Schadensersatzhaftung, die Arglist zur Haftungsvoraussetzung haben könnte, begründet die Richtlinie nicht.

8.4. Rechtsfolgen nach der Richtlinie neben § 463 BGB

8.4.1. Besonderheiten der Richtlinienansprüche bei Zusicherung oder Arglist

Wenn die Voraussetzungen einer Zusicherungs- oder Arglisthaftung im deutschen Recht vorliegen, ergeben sich Besonderheiten bei der Zumutbarkeit der Rechtsbehelfe. Dem Verkäufer, der eine Eigenschaft zusichert oder der arglistig handelt, kann die Abhilfe auch unter schärferen Bedingungen zugemutet werden. Der Verbraucher muß sich die Abhilfe durch den vertragsbrüchigen Verkäufer, in den er meist kein Vertrauen mehr hat, nicht gefallen lassen.

---

[39] Siehe dazu unten 8.4.1.2.

[40] *Karollus*, S. 119; Schlechtriem/*Schwenzer*, Art. 35 Rn 37.

8.4.1.1. Verhältnismäßigkeit der Abhilfe

Bei der Bewertung, was dem Verkäufer bei der Abhilfe zuzumuten sei, ist gemäß Art. 3 III 2, 2. Spiegelstrich RL auch die Bedeutung der Vertragswidrigkeit zu berücksichtigen. Diese Bedeutung ist gemäß Erwägungsgrund 11 RL objektiv zu bestimmen. Es kommt also grundsätzlich nicht darauf an, wie schwer der Fehler speziell für den Verbraucher wiegt, sondern auf eine objektive Betrachtungsweise[41]. Das heißt aber nicht, daß die Zusicherung einer Eigenschaft nicht bei der Bedeutung der Vertragswidrigkeit berücksichtigt werden dürfte. Bei Zusicherung ist dem Vertrag zu entnehmen, daß der Fehler besonderes Gewicht haben soll. Der Vertrag ist insoweit ein objektiver Maßstab, der Verkäufer weiß von Anfang an, daß die Eigenschaft besondere Bedeutung haben soll und kann sich darauf einstellen. Es geht also nicht um eine rein subjektive Einstellung des Käufers, von der der Verkäufer überrascht wäre und die sich deshalb nicht zu seinem Nachteil auswirken dürfte. Dem zusichernden Verkäufer ist aus diesen Gründen die Abhilfe bezüglich einer zugesicherten Eigenschaft auch wirtschaftlich eher zuzumuten als die bezüglich eines einfachen Fehlers. Dasselbe gilt erst recht, wenn der Verkäufer arglistig handelt. Er weiß von der Vertragswidrigkeit und muß von vornherein damit rechnen, ihr abhelfen zu müssen. Auch hier bemißt sich die Zumutbarkeit nach einem objektiven, dem Vertrag zu entnehmenden Maßstab. Dem Verkäufer ist in den Fällen des § 463 BGB also mehr zuzumuten.

8.4.1.2. Erhebliche Unannehmlichkeit bei Arglist

Bei Arglist des Verkäufers kann gemäß Art. 3 V, 3. Spiegelstrich i. V. m. III 3 RL das Nachbesserungsrecht des Verkäufers wegfallen. Wenn sein Vertrauen in den Verkäufer aufgrund der Arglist zerstört ist, ist es ihm unter Umständen nicht zuzumuten, daß der Verkäufer bei der Abhilfe mit seinen Rechtsgütern in Berühr rung kommt, wenn etwa der Verkäufer zur Reparatur oder zum Aus- und Einbau bei Ersatzlieferung ins Haus kommen muß. Das gilt auch bei Beauftragung eines Dritten mit der Abhilfe, denn dieser ist ja vom Verkäufer ausgesucht. Unter bestimmten Umständen ist daher eine Abhilfe durch den arglistigen Verkäufer für den Verbraucher mit erheblichen Unannehmlichkeiten verbunden. Das Recht des Verkäufers auf Nachbesserung, das die Richtlinie ihm grundsätzlich einräumt, büßt er daher in vielen Fällen der Arglist gemäß Art. 3 V, 3. Spiegelstrich i. V. m. III 3 RL ein. Der Verbraucher hat dann das freie Wahlrecht zwischen den Rechtsbehelfen. Er kann selbst entscheiden, ob er durch Abhilfe auf Vertragserfüllung besteht, oder mit dem Verkäufer nichts mehr zu tun haben will und Minderung oder Vertragsauflösung verlangt.

---

[41]Siehe oben unter 5.1.2.3.

8.4.2. Verhältnis zum deutschen Schadensersatzanspruch

Im folgenden ist zu zeigen, daß sich die Richtlinienansprüche nicht nur dem Tatbestand nach, sondern auch bei den Rechtsfolgen mit dem Schadensersatzanspruch aus § 463 BGB überschneiden, weil die Rechtsbehelfe teilweise dieselben Interessen abdecken. Nach der Richtlinie hat der Verbraucher bei Abweichung von dem Geschuldeten die Gewährleistungsrechtsbehelfe Nachlieferung, Minderung oder Vertragsauflösung. Die Richtlinie enthält keine Normen zur Ausgestaltung ihrer Rechtsbehelfe, sondern überläßt sie dem nationalen Recht. Die Richtlinienansprüche können daher bei der Umsetzung inhaltlich an die bereits im deutschen Recht bestehenden Rechtsbehelfe angelehnt werden. Das Verhältnis der Richtlinienrechtsbehelfe zum Schadensersatzanspruch des deutschen Rechts ergibt sich dann aus dem der deutschen Gewährleistungsrechtsbehelfe zum Schadensersatzanspruch.

Es liegt im Interesse der Verbraucher, die Rechtsbehelfe europaweit möglichst einheitlich auszugestalten. Die Anspruchsausgestaltung kann dazu mit der des CISG abgeglichen werden. Für den zweiten Schritt, das Verhältnis der Rechtsbehelfe zum Schadensersatzanspruch zu klären, hilft der Vergleich mit dem CISG nicht weiter, sofern man an dem bestehenden Schadensersatzsystem des deutschen Rechts festhalten will. Die Abgrenzung zwischen den Rechtsbehelfen Abhilfe, Minderung und Vertragsauflösung einerseits und Schadensersatz andererseits hat im CISG einen ganz anderen, unbedeutenderen Stellenwert als im deutschen Recht. Gemäß Art. 45 II CISG kann der Käufer neben Abhilfe, Rücktritt und Minderung aus Art. 45 I a i. V. m. 46–52 CISG ergänzend einen Schadensersatzanspruch gemäß Art. 45 I b CISG geltend machen. Alle Ansprüche haben, anders als im deutschen Recht, dieselbe Haftungsgrundlage, nämlich die Garantiehaftung des Verkäufers. Der Umfang des Schadensersatzanspruches variiert daher je nachdem, welchen Rechtsbehelf der Käufer daneben wählt[42]: Der Schadensersatzanspruch fängt unproblematisch alle die Schäden auf, die von dem anderen, daneben vom Käufer gewählten Rechtsbehelf nicht abgedeckt werden. Eine genaue Abgrenzung, welche Schäden bereits über die Rechtsbehelfe Abhilfe, Minderung und Vertragsauflösung abgedeckt werden können, und welche dem Schadensersatz vorbehalten bleiben, ist im CISG nicht erforderlich.

[42]Staudinger/*Magnus*, Art. 45 Rn 21; Honsell/*Schnyder/Straub*, Art. 45 Rn 79; Schlechtriem/*Huber*, Art. 45 Rn 39.

8.4.3. Abhilfeanspruch

Der Abhilfeanspruch findet sich im deutschen Recht in Gestalt der Nachlieferung bei § 480 I BGB, in Gestalt der Nachbesserung in § 476a und 633 II BGB. Die Abhilfeansprüche müssen jeweils von den Schadensersatzansprüchen abgegrenzt werden, § 480 I und § 476a von §§ 463, 480 II BGB und § 633 II von § 635 BGB. Im Ergebnis differieren die Abhilfearten Nachlieferung und Nachbesserung nicht voneinander. Beide Rechtsbehelfe verfolgen dasselbe Ziel mit unterschiedlichen Mitteln, nämlich den Gläubiger so zu stellen, als sei vertragsgemäß erfüllt worden. Dies wird auch anhand der Rechtsprechung zum werkvertraglichen Nachbesserungsrecht deutlich, nach der entgegen dem Wortlaut des § 633 II BGB auch die Neuherstellung des Werkes in Betracht kommt, wenn es zur vollständigen Mangelbeseitigung erforderlich ist[43]. Ihr Verhältnis zum Schadensersatz ist damit dasselbe. Die Abhilfeansprüche befriedigen das Interesse des Käufers, eine mangelfreie Leistung zu erhalten. Beim reinen Nachlieferungsanspruch, bei dem im Vertrag nicht auch eine Montage vorgesehen ist, wird das Erfüllungsinteresse bereits durch Anlieferung einer mangelfreien Sache befriedigt[44]. Zur Nachbesserung gehören alle Maßnahmen, die notwendig sind, um insgesamt den vertragsmäßigen Zustand herzustellen[45]. Da der Nachbesserungsanspruch auf eine Naturalleistung abstellt, ist sein Ergebnis mit dem aus § 249, 1 BGB verwandt[46]. Zur Nachbesserung gehört die Wiederherstellung des ursprünglichen Zustands, das heißt neben der eigentlichen Beseitigung des Mangels die Beseitigung von Schäden, die zwingend auf Grund der Nachbesserung entstehen[47], und die deshalb zwangsläufig durch die Nachbesserung mitausgeglichen werden[48]. Dazu zählen beispielsweise Schäden, die durch den Aus- und Wiedereinbau der mangelhaften Kaufsache entstehen, inklusive der Begleitarbeiten wie Aufräumen und Putzen[49]. Es werden damit auch Schäden am sonstigen Eigentum des Käufers abgedeckt[50]. Ebenfalls

---

[43]BGHZ 96, 111, 117 f.; Staudinger/*Peters*, § 633 Rn 160; Palandt/*Sprau*, Vorbem v § 633 Rn 3.

[44]§ 480 I BGB ist ein modifizierter Erfüllungsanspruch.

[45]Vgl. zum Nachbesserungsanspruch aus dem Werkvertragsrecht: BGHZ 96, 111, 119; BGH NJW 1963, 805

[46]Zum werkvertraglichen Nachbesserungsanspruch: Staudinger/*Peters*, § 633 Rn 167.

[47]Im deutschen Recht für den werkvertraglichen Nachbesserungsanspruch: BGHZ 96, 221; BGHZ 72, 31, 33; Soergel/*Teichmann*, § 633 Rn 4. Für den vertraglich bedungenen Nachbesserungsanspruch gemäß § 476 a BGB: Palandt/*Putzo*, § 476a Rn 7; MünchKomm/*Westermann*, § 476a Rn 4; *Reinicke* und *Tiedtke*, Rn 498; Soergel/*Huber*, § 476a Rn 14.

[48]Soergel/*Teichmann*, § 635 Rn 5.

[49]Für den vertraglich bedungenen Nachbesserungsanspruch gemäß § 476a BGB: BGH NJW 1963, 805 f.; MünchKomm/*Westermann*, § 476a Rn 4. Für den Werkvertrag BGHZ 96, 221, 225; Staudinger/*Peters*, § 633 Rn 173; MünchKomm/*Soergel*, § 633 Rn 99.

[50]BGH NJW 1963, 805; Soergel/*Teichmann*, § 633 Rn 4.

umfaßt sind die Kosten, die nötig waren, um die Schadensursache aufzudecken und den Mangel anzuzeigen[51], da sie zur Nachbesserung erforderlich sind[52]. Insoweit handelt es sich um Erfüllung des Nachbesserungsanspruches, nicht um Schadensersatz[53].

Andere Schäden am Vermögen des Gläubigers, die nicht untrennbar mit der Mangelbehebung verbunden sind, sondern auf dem Mangel beruhen[54], werden dagegen nicht von der Nachbesserungspflicht erfaßt, sondern sind nur über einen Schadensersatzanspruch zu ersetzen[55]. Ebenso bleiben Verzögerungsschäden wie der entgangene Gewinn wegen Nutzungsausfalls[56]. Ein nach der Mangelbeseitigung eventuell verbleibender Minderwert muß über die Minderung oder als Schadensersatz liquidiert werden[57]. Aufwendungen, die im Hinblick auf die ursprünglich gelieferte Sache vergeblich gemacht werden und ihren Zweck nicht auch gegenüber der neuen bzw. reparierten Sache erfüllen können, sind ebenfalls nicht ersatzfähig.

Auch im CISG kann der Käufer über Art. 46 CISG die unmittelbaren Nichterfüllungsschäden ersetzt bekommen[58]. Es bleiben für den Schadensersatzanspruch die Schäden, die nicht durch die Erfüllung behoben werden können[59]. Dazu zählen die Verzögerungsschäden und die Begleit- und Folgeschäden, die aufgrund der Mangelhaftigkeit der ersten Lieferung entstanden sind[60]. Zu den Verzögerungsschäden gehört z. B. der entgangene Gewinn aufgrund inzwischen gefallenen Warenpreises[61,62], außerdem ein nach nicht vollständig geglückter Abhilfe weiterbestehender Minderwert der Sache[63] und der Ersatz der Mehrkosten, die bei sofortiger mangelfreier Lieferung dem Käufer nicht entstanden wären[64].

---

[51] BGH NJW-RR 1999, 813; BGHZ 113, 251; MünchKomm/*Westermann*, § 476a Rn 4; Palandt/*Putzo*, § 476a Rn 7; *Reinicke* und *Tiedtke*, Rn 499 (streitig).

[52] Soergel/*Huber*, § 476a Rn 18; Palandt/*Sprau*, § 633 Rn 5c.

[53] Für den werkvertraglichen Nachbesserungsanspruch: BGH NJW-RR 1999, 813.

[54] Also auch die Mangelfolgeschäden.

[55] Für den werkvertraglichen Nachbesserungsanspruch: BGH NJW-RR 1999, 813; BGHZ 96, 221, 225.

[56] Für den werkvertraglichen Nachbesserungsanspruch: BGHZ 72, 31, 33; für den vertraglich bedungenen Nachbesserungsanspruch gemäß § 476a BGB: Soergel/*Huber*, § 476a Rn 17; *Reinicke* und *Tiedtke*, Rn 499.

[57] Für den werkvertraglichen Nachbesserungsanspruch: Staudinger/*Peters*, § 633 Rn 173.

[58] Honsell/*Schnyder/Straub*, Art. 46 Rn 43.

[59] Staudinger/*Magnus*, Art. 45 Rn 21.

[60] BGH RIW 1999, 617; CISG Online 224; Honsell/*Schnyder/Straub*, Art. 46 Rn 43; Schlechtriem/*Huber*, Art. 45 Rn 40; Staudinger/*Magnus*, Art. 45 Rn 21.

[61] Staudinger/*Magnus*, Art. 45 Rn 21.

[62] Bestätigt wird diese Einordnung des entgangenen Gewinns als nur gemäß Art. 45 I b CISG ersetzbar von Art. 74 CISG, der bei der Ausgestaltung des Schadensersatzanspruches den entgangenen Gewinn ausdrücklich nennt.

[63] Schlechtriem/*Huber*, Art. 45 Rn 40.

[64] LG Oldenburg NJW-RR 1995, 438; Schlechtriem/*Huber*, Art. 45 Rn 40.

Die erfolgreiche Abhilfe kann folgende dem Käufer entstehende Nachteile beseitigen: Den Minderwert der Sache, da der Verkäufer Mangelfreiheit herstellen muß, sei es durch Neulieferung oder Nachbesserung, ebenso die Reparaturkosten. Wird die Leistungsverpflichtung durch Nachbesserung oder Nachlieferung erfüllt, so ist der Schadensersatz, der auf das direkte Erfüllungsinteresse gerichtet ist, ausgeschlossen[65]. Soweit übernimmt die Abhilfe die Funktion des Schadensersatzes[66]. Eine erfolgreiche Abhilfe kann nicht alle Schäden beseitigen. Es verbleiben die Mangelfolgeschäden, soweit sie nicht aus praktischen Gründen notwendig mit der Reparatur oder dem Austausch der Kaufsache beseitigt werden, und alle Schäden, die allein durch Zeitablauf entstehen, wie der entgangene Gewinn oder entgangene Gebrauchsvorteile, die sogenannten uneigentlichen Mangelschäden. Die Abhilfe bringt dem Käufer den Ersatz des ursprünglichen Erfüllungsinteresses, der eigentlichen Mangelschäden. Für den Ersatz anderer Vermögenseinbußen ist ein Schadensersatzanspruch erforderlich. Der Schadensersatzanspruch hat eigenständige Bedeutung, wenn der Mangel gar nicht behoben werden kann oder bei solchen Mängeln, die nicht durch Nachbesserung zu beseitigen sind[67].

Was die Rechtsfolgen betrifft, kann der Abhilfeanspruch die Haftung aus § 463 BGB nicht vollständig ersetzen. Manche Schäden kann der Käufer nach wie vor nur im Rahmen eines Schadensersatzanspruches geltend machen. Insoweit behalten die besondere Zusicherungs- und Arglisthaftung ihre Eigenständigkeit und Berechtigung.

8.4.4. Minderung und Vertragsauflösung

Ist die Abhilfe versperrt, so stehen dem Käufer gemäß Art. 3 V RL die Minderung und die Vertragsauflösung zur Verfügung. Auch die Minderung kann eine schadensersatzähnliche Funktion übernehmen. Die Richtlinie enthält, wie oben dargestellt, keine Vorschriften zur Berechnung des Minderungsbetrages. Sowohl über Art. 50 CISG als auch über § 472 BGB erlangt man eine dem ursprünglichen Äquivalenzverhältnis entsprechende Herabsetzung des Kaufpreises[68]. Der Minderungsbetrag muß daher nicht unbedingt dem tatsächlichen Minderwert entsprechen. Bei einem besonders ungünstigen Geschäft kann es dazu kommen, daß der Minderungsbetrag hinter den Reparaturkosten zurückbleibt. In der Regel ist

[65] Honsell/*Schnyder/Straub*, Art. 45 Rn 80.

[66] Das wird auch deutlich, wenn man den Anspruch auf Kostenvorschuß betrachtet, den die Rechtsprechung dem Besteller aus Billigkeitsgründen gemäß § 633 III BGB einräumt. Dieser Kostenvorschuß erfüllt in vielen Fällen die gleiche Funktion wie der Schadensersatzanspruch aus § 635 BGB. Er ist allerdings zweckgebunden. Staudinger/*Peters*, § 635 Rn 1.

[67] Für den werkvertraglichen Nachbesserungsanspruch: Staudinger/*Peters*, § 635 Rn 1.

[68] Schlechtriem/*Huber*, Art. 50 Rn 2.

der über die Minderung auszugleichende Minderwert der Kaufsache mindestens vergleichbar mit den Reparaturkosten, die als Mangelschaden beim kleinen Schadensersatz zu ersetzen wären[69]. Der Schadensersatzanspruch kann den Käufer jedoch auch deutlich besser stellen[70]. Auf jeden Fall gleicht auch die Minderung stets nur das eigentliche Äquivalenzinteresse des Käufers aus[71]. Mit ihr können damit keinesfalls mehr Schadensersatzpositionen ersetzt werden, als es durch die Abhilfe geschehen könnte. Die Vertragsauflösung trägt nichts zum Ausgleich etwaiger Schäden bei.

8.4.5. Zwischenergebnis

Die Rechtsbehelfe sind in der Richtlinie inhaltlich nicht ausgestaltet. Sie werden daher, wenn sich die Umsetzung an den vergleichbaren deutschen Rechtsbehelfen orientiert, im gleichen Umfang wie diese Schäden ausgleichen können. Die verbleibenden Schäden kann der Käufer nur über einen zusätzlichen Schadensersatzanspruch geltend machen. § 463 BGB bleibt damit trotz des Bedeutungsverlusts der Zusicherung beim Fehlerbegriff eine eigenständige Anspruchsgrundlage.

8.5. Konsequenzen für die Umsetzung

Bei Einführung des Begriffs der Vertragsmäßigkeit aus der Richtlinie wird der Begriff der Zusicherung zur Charakterisierung der Sollbeschaffenheit entbehrlich. Alle Sollbeschaffenheitsabreden können unabhängig von einem besonderen Einstandswillen zum Vertragsmäßigkeitsmaßstab gezählt werden. Die Richtlinienrechtsbehelfe befriedigen das von der Schadensersatzhaftung bei Zusicherung geschützte Interesse des Käufers teilweise: Eigentliche Mangelschäden werden durch die Nachbesserung beseitigt. Andere Mangelschäden und Mangelfolgeschäden sind nicht abgedeckt. Außerdem muß der Schadensersatzanspruch bei Fehlschlagen der Nachbesserung eingreifen.

8.5.1. Konsequenzen für die Schadensersatzhaftung

Die Zusicherung behält ihre Bedeutung als Grundlage für die Schadensersatzhaftung des Verkäufers. Allerdings werden beim Verbraucherkauf wesentliche Interessen des Käufers bereits durch die Richtlinienrechtsbehelfe verwirklicht. Denn die vom Käufer erlittenen Schäden gehen beim Verbraucherkauf oft nicht über

[69] Vgl. MünchKomm/*Westermann*, § 472 Rn 3.
[70] Schlechtriem/*Huber*, Art. 50 Rn 2.
[71] Siehe oben unter 5.2.2.2.

das hinaus, was ohnedies durch die Nachbesserung ausgeglichen werden kann[72]. Der Schadensersatzanspruch verliert daher daneben an Bedeutung, zumal für die Richtlinienhaftung das Bestehen eines besonderen Garantiewillens vom Käufer nicht nachgewiesen werden muß. Wird die Haftung aus § 463 BGB beibehalten, muß man bei der Umsetzung der Richtlinie folgende Punkte beachten.

8.5.1.1. Nachbesserungsrecht des Verkäufers?

Wenn man die gewährleistungsrechtliche Schadensersatzhaftung neben die von der Richtlinie geforderten Rechtsbehelfe stellt, wird das von der Richtlinie aufgestellte Prinzip beeinträchtigt, die Vertragsdurchführung der Vertragsauflösung vorzuziehen. Dem Verkäufer wird beim Stückkauf die Möglichkeit genommen, die Kaufsache zunächst nachzubessern. Daher ist zu überlegen, ob der Schadensersatzanspruch zurückgestellt werden soll, bis die Abhilfe erfolglos verlaufen ist. Der Schadensersatz stünde dann wie Minderung und Vertragsauflösung auf der zweiten Stufe der Rechtsbehelfe. Allerdings wäre nur die Zurückstellung des Ersatzes solcher Schäden gerechtfertigt, die über die Abhilfe beseitigt werden können. Man müßte also zwischen den verschiedenen Schäden differenzieren[73]. Dabei bliebe es nicht bei der bisherigen Unterscheidung zwischen Mangel- und Mangelfolgeschäden, hinzu käme die Kategorie der uneigentlichen Mangelschäden. Diese Komplizierung ist nicht wünschenswert.

Die Richtlinie erfordert die Zurückstellung des Schadensersatzes nicht. Art. 8 RL erlaubt Regelungen, die den Verbraucher besser stellen. Die Richtlinie schreibt deshalb nicht zwingend vor, dem Verkäufer ein Nachbesserungsrecht einzuräumen. Der Verkäufer würde auch nicht schlechter behandelt als bisher, wenn man den Schadensersatz nicht hinter den Nachbesserungsanspruch zurückstellte. Der Käufer hatte schon bisher beim Stückkauf gemäß § 463 BGB und auch beim Gattungskauf gemäß § 480 II BGB von vornherein die Möglichkeit, sofort Schadensersatz geltend zu machen. Das hängt mit seiner besonderen Verantwortlichkeit bei Zusicherung und Arglist zusammen. Würde man die Schadensersatzhaftung auch bei Fahrlässigkeit greifen lassen, wäre eine Zurückstellung hinter die Abhilfe dagegen gerechtfertigt[74].

---

[72] *Flessner*, in: Europäisches Schuldvertragsrecht, S. 243.

[73] Vgl. *Westermann*, in: Europäisches Schuldvertragsrecht, S. 268.

[74] Vgl. den Umsetzungsentwurf der Bundesregierung, Teil III dieser Arbeit.

8.5.1.2. Alternativität von Minderung, Vertragsauflösung und Schadensersatz

§ 463 BGB bestimmt bisher, daß sich Schadensersatz und Minderung bzw. Wandlung ausschließen[75]. Der Ausschluß der Richtlinienrechtsbehelfe bei Wahl des Schadensersatzes könnte richtlinienwidrig sein. Der Käufer ist allerdings nicht sofort gebunden, wenn er einen der Rechtbehelfe geltend macht. Das Wahlrecht erlischt erst, wenn sich der Verkäufer mit dem gewählten Rechtsbehelf einverstanden erklärt[76]. Dies ist allerdings eine vertragliche Vereinbarung nach Unterrichtung des Verkäufers über die Vertragswidrigkeit im Sinne des Art. 7 I 1 RL. Solche Vereinbarungen sind zulässig, auch wenn sie die Rechte des Käufers reduzieren. Die Aufhebung der Alternativität von Schadensersatz und den eigentlichen Gewährleistungsrechtsbehelfen ist daher nicht erforderlich. Ob sie angesichts der bisherigen Praxis sinnvoll ist, nach der über den großen Schadensersatz Rücktritt und Schadensersatz, über den kleinen Minderung und Schadensersatz erreicht werden kann, ist allerdings fraglich.

8.5.1.3. Überentschädigung

Wenn man Schadensersatz und Richtlinienrechtsbehelfe nebeneinanderstellt, muß eine Überentschädigung vermieden werden. Hier kann auf die Praxis zum CISG zurückgegriffen werden. Macht der Käufer beide Ansprüche geltend, so darf der Schadensersatz nur den Nachteil ausgleichen, der nach Ausübung des anderen Rechtsbehelfs noch verbleibt[77]. Wird die Leistungsverpflichtung durch Nachbesserung oder Nachlieferung erfüllt, so ist der Schadensersatz, der auf das direkte Erfüllungsinteresse gerichtet ist, ausgeschlossen[78].

8.5.1.4. Verspätung der Abhilfe

Besonderheiten ergeben sich für den Schadensersatz, wenn sich der Verkäufer mit der Abhilfe verspätet[79]. Als Anspruchsgrundlage könnte man als erstes an § 326 BGB denken, der auch für den Verzug mit dem Nachlieferungsanspruch

[75] „statt der Wandlung oder der Minderung".

[76] Palandt/*Putzo*, § 463 Rn 4; oder mit Rechtskraft eines entsprechenden Urteils, BGHZ 29, 148, 151.

[77] Vgl. dazu zum selben Problem im CISG Staudinger/*Magnus*, Art. 45 Rn 21; Honsell/*Schnyder/Straub*, Art. 45 Rn 79.

[78] Honsell/*Schnyder/Straub*, Art. 45 Rn 80.

[79] Die Richtlinie enthält zwar in Art. 3 V, 2. Spiegelstrich eine eigene Regelung, welche Rechtsbehelfe in diesem Fall eingreifen. Eine Schadensersatzfolge regelt sie jedoch nicht, sie bleibt dem nationalen Recht vorbehalten.

aus § 480 I BGB gilt[80]: Der Käufer könnte den Verkäufer in Verzug setzen und nach § 326 BGB vorgehen, das heißt unter Umständen auch zurücktreten. Der Abhilfeanspruch ist jedoch nach der Konstruktion der Richtlinie kein modifizierter Erfüllungsanspruch, sondern ein echter Gewährleistungsanspruch. Dieser ist eine einseitige Verpflichtung. Bei Verzug mit dem Abhilfeanspruch ist also nur § 286 BGB anwendbar, nicht § 326 BGB[81]. Der Käufer hat kein Rücktrittsrecht mehr außer dem, das ihm über die Richtlinie zugebilligt wird.

8.5.2. Ansatzpunkte für eine umfassende Reform

Es bietet sich an, den Bedeutungsverlust der Zusicherung durch die Vereinheitlichung des Fehlerbegriffs und die Festlegung der Verkäuferpflicht zur Lieferung einer mangelfreien Sache zu einer umfassenden Reform des gewährleistungsrechtlichen Schadensersatzes auszunutzen. Dafür kommt die allgemeine Haftung wegen Verletzung der Pflicht zur mangelfreien Leistung in Frage[82]. Diesen Weg geht der deutsche Gesetzgeber. Auf den Umsetzungsentwurf wird im letzten Kapitel eingegangen.

[80] Palandt/*Putzo*, § 480 Rn 2; Soergel/*Huber*, § 480 Rn 30 f.
[81] *Amtenbrink* und *Schneider*, VuR 1996, 367, 375.
[82] *Rieger*, VuR 1999, 287, 288.

9. Schadensersatz aus §§ 325, 326 BGB

Der Verkäufer haftet bei Nichterfüllung seiner sich nach den §§ 433 ff. BGB bestimmenden Leistungspflicht gemäß den §§ 320 ff., 440 I BGB. Ob auch die Lieferung einer Sache, die nicht dem Vertrag entspricht, eine Nichterfüllung im deutschen Recht darstellen und die Haftung aus den §§ 320 ff. BGB auslösen kann, wird im folgenden kurz dargestellt[1]. Die Nichterfüllung ist zwar grundsätzlich kein Thema der Richtlinie. Die Richtlinienhaftung greift nur ein, wenn tatsächlich geliefert wurde. Es gibt jedoch, wie später noch ausführlich dargelegt wird, Fälle der vertragswidrigen Lieferung im Sinne der Richtlinie, die im deutschen Recht nicht unter das Gewährleistungsrecht, sondern unter das allgemeine Leistungsstörungsrecht fallen.

9.1. Konkurrenz von Gewährleistungsrecht und Nichterfüllungshaftung

9.1.1. Mangelhafte Lieferung als Nichterfüllung?

Liefert der Verkäufer eine Sache, die nicht dem Vertrag entspricht, ist denkbar, daß die Leistungsverpflichtung des Verkäufers aus § 433 I BGB noch ganz oder teilweise offen steht. Die nichtvertragsgemäße Leistung wäre dann als Leistungsstörung im Sinne der §§ 320 ff. BGB zu behandeln, wenn es zur Leistungsverpflichtung des Verkäufers gehört, mangelfrei zu liefern. Der Käufer könnte dann wegen (teilweiser) Nichterfüllung Schadensersatzansprüche aus § 325 BGB bei Unmöglichkeit oder aus § 326 BGB bei Verzug haben. Zur Überprüfung dieser Ansprüche muß geklärt werden, ob bei mangelhafter Lieferung überhaupt eine

[1] Die Rechtsmängelhaftung, die sich gemäß §§ 440 I, 434 BGB auch nach den §§ 320 ff. BGB richtet, wird hier nicht behandelt, da Rechtsmängel die Richtlinienhaftung nicht auslösen.

vertragliche Hauptpflicht verletzt wird, ob es also ein Teil der Leistungsverpflichtung des Verkäufers aus § 433 I BGB ist, mangelfrei zu liefern. Dabei ist zwischen der Stückschuld, dem gesetzlichen Leitbild, und der Gattungsschuld, für die Sonderregeln gelten, zu unterscheiden.

9.1.1.1. Verpflichtung zur mangelfreien Leistung bei Stückschuld

Die Ansichten dazu, ob der Käufer beim Stückkauf einen Anspruch auf mangelfreie Leistung hat, gehen auseinander. Hier kommen die beiden Theorien zur Rechtsnatur der Gewährleistungsansprüche ins Spiel, die Erfüllungs- und die Gewährleistungstheorie. Sie bestimmen die Rechtsnatur der Gewährleistungsansprüche danach, ob auch ihnen der innere Haftungsgrund Nichterfüllung zugrunde liegt oder nicht.

9.1.1.1.1. Erfüllungstheorie Nach der Erfüllungstheorie[2] muß der Verkäufer die Kaufsache auch bei Stückschuld fehlerfrei übereignen. Dafür spreche der Wortlaut der §§ 463, 480 II BGB[3]. Gegenstand des Kaufvertrages sei eine nach der Vorstellung der Parteien fehlerfreie Sache, nur für eine solche wolle der Käufer den vereinbarten Kaufpreis zahlen, da er mit einer mangelhaften Sache nichts oder mindestens weniger anfängt. Die Verpflichtungserklärung im Kaufvertrag führe daher zur Verpflichtung von Gesetzes wegen, die Sache auch mangelfrei zu liefern. Dies gelte für Gattungs- und Stückkauf, die wegen ihrer engen Verflechtung gleich behandelt werden müßten[4]. Damit könne der Verkäufer seine Leistungspflicht mit Lieferung einer mangelhaften Sache nicht erfüllen. Er garantiere für die Fehlerfreiheit im Grunde ebenso wie für die Verschaffung des vollen Rechts an der Sache. Rechts- und Sachmängel werden also gleichbehandelt. Das Gesetz knüpfe allerdings zur Entlastung des Verkäufers an die Mangelhaftigkeit andere, weniger strenge Rechtsfolgen als bei den sonstigen Nichterfüllungsfällen. Der Verpflichtung stehe letztlich keine angemessene Sanktion gegenüber. Das ändere aber nichts an dem Charakter der Sachmängelhaftung als Haftung wegen Nichterfüllung[5].

---

[2]Vertreter: Soergel/*Huber*, Vor § 459 Rn 151 ff, 169; *Herberger*, S. 32 ff., 87 m. w. N., *Brox* und *Walker*, § 5 I Rn 58; *Emmerich*, S. 204.

[3]*Walter, Gerhard*, S. 134 f.

[4]Bei der Gattungschuld sei ein Mangel und damit eine Gewährleistung erst nach Konkretisierung denkbar, vorher liege Nichterfüllung vor. Im Augenblick der Konkretisierung gemäß § 243 II BGB wandele sich aber die Gattungsschuld in eine Stückschuld um. Zum Zeitpunkt des Eintritts der Gewährleistungshaftung liegt damit immer eine Stückschuld vor. Deshalb müsse der Rechtsgrund für die Gewährleistung bei Stückschuld und anfänglicher Gattungsschuld derselbe sein, *Herberger*, S. 35 f. Vgl. dazu auch *Walter, Gerhard*, S. 135.

[5]*Reinicke* und *Tiedtke*, Rn 259.

Flume[6] vertritt eine Variation dieser Ansicht, nach der sich der Verkäufer zwar zu mangelfreier Lieferung verpflichten soll. Diese Verpflichtung werde rechtlich jedoch nicht wirksam, da das Gesetz ihn nicht entsprechend seiner Erklärung haften lasse, sondern, ihn privilegierend, andere Rechtsfolgen an die fehlerhafte Lieferung knüpfe. Da das Gesetz also keine entsprechende Sanktion vorsieht, bleibe die Erklärung des Verkäufers letztendlich ohne Verpflichtungswirkung. Diese Ansicht will die sinnlose Konstruktion einer rechtlich wirksamen Verpflichtung von Gesetzes wegen ohne entsprechende Sanktion vermeiden. Reinicke und Tiedtke[7] bemerken jedoch zu recht, daß auch eine Verpflichtungserklärung ohne Verpflichtungswirkung nicht einleuchtender ist.

Nach dieser Meinung ist Schlechtlieferung nichts anderes als teilweise Nichterfüllung, die §§ 459 ff. BGB sind dann leges speciales zu §§ 320 ff. BGB[8].

9.1.1.1.2. Gewährleistungstheorie Herrschende Meinung heute[9] und Position der Rechtsprechung ist die Gewährleistungstheorie. Sie geht davon aus, daß der Verkäufer beim Stückkauf nicht für die Fehlerfreiheit der Ware einstehen muß. Er erfüllt seine Leistungspflicht auch durch Lieferung einer mangelhaften Sache, solange es nur die geschuldete ist. Denn er schuldet Lieferung in dem Zustand, in dem die Sache ist – richtigerweise im Zeitpunkt der Lieferung, nicht des Vertragsschlusses[10]. Dies wird daraus abgeleitet, daß das Gesetz nur für Rechtsmängel in § 434 BGB eine Pflicht zur rechtsmängelfreien Sachverschaffung vorsieht und nur beim Gattungskauf gemäß § 480 II, 243, 1 BGB bei Abweichung des Gelieferten von mittlerer Art und Güte den Erfüllungsanspruch aufrechterhält. Für den Stückkauf enthält das Gesetz keine eindeutige Regelung[11]. Eine Nachbesserungspflicht des Verkäufers, die einen Erfüllungsanspruch weiterführen würde, gibt es beim Stückkauf nicht[12]. Daraus wird der – freilich nicht zwingende – Gegenschluß gezogen, der Verkäufer schulde beim Stückkauf die Mangelfreiheit nicht. Außerdem müsse der Kaufvertrag, wenn die Stücksache von vornherein mit einem beim Kauf nicht erkannten Mangel behaftet sei, gemäß § 306 BGB nichtig sein. Das wäre nicht interessengerecht[13].

Der Verkäufer haftet demnach bei Schlechterfüllung nicht wegen Nichterfüllung. Rechtsgrund ist stattdessen das subjektive Äquivalenzprinzip und der Gedanke

[6] *Flume*, Eigenschaftsirrtum, S. 35 ff., 41.

[7] *Reinicke* und *Tiedtke*, Rn 260.

[8] *Larenz*, § 41 II e, S. 66.

[9] Für viele *Larenz*, § 41 I, II e; Esser/*Weyers*, § 51 I 1 a; MünchKomm/*Westermann*, § 459 Rn 2; als erster *Süß*, S. 48 ff.

[10] *Larenz*, § 41 II e, Fn 106, S. 67; *Süß*, S. 225 f.

[11] *Larenz*, § 41 I, S. 37; *Reinicke* und *Tiedtke*, Rn 261.

[12] MünchKomm/*Westermann*, § 459 Rn 3.

[13] *Larenz*, § 41 II e, S. 67; *Süß*, S. 232 f.

der Vertragsgerechtigkeit[14]. Der Käufer durfte nach den Vertragsverhandlungen im Hinblick auf die Kaufsache Erwartungen hegen, die Sache weise bestimmte Merkmale auf. Diese berechtigten Erwartungen sind enttäuscht worden, was sanktioniert werden muß[15]. Das vom Käufer und redlichen Verkäufer erwartete Verhältnis von Leistung und Gegenleistung, die subjektive Äquivalenz, ist gestört. Hätte der Käufer von dem Fehler gewußt, hätte er den Vertrag nicht oder nicht so abgeschlossen. Als Rechtsfolge ist daher auch nicht Nacherfüllung, sondern die Anpassung der Vertragsbedingungen an die Äquivalenzstörung, Minderung, oder das Loskommen vom Vertrag, Wandlung, vorgesehen[16]. Die Gewährleistung dient folglich nicht der Erfüllung der vertraglichen Hauptpflicht, sondern ist eine eigenständige im Vertrag begründete Verpflichtung neben der Vertragserfüllungspflicht und anderen Verhaltenspflichten[17]. Der Verkäufer garantiert also lediglich für volle Eigentumsverschaffung. Eine Garantiehaftung für Mangelfreiheit gibt es anders als bei der Rechtsmängelhaftung dagegen nicht[18].

9.1.1.1.3. Zwischenergebnis Nach der Gewährleistungstheorie sind die §§ 320 ff. BGB im Zusammenhang mit der Lieferung einer mangelhaften Sache schon deshalb nicht anwendbar, weil ihr Tatbestand nicht gegeben ist[19]. Da der Verkäufer bei Stückschuld keine mangelfreie Sache schuldet, sondern nur die Übergabe in dem Zustand, in dem sie bei Gefahrübergang ist, wird durch die Lieferung der mangelhaften Sache die Leistungspflicht erfüllt. Ein Schadensersatzanspruch wegen Nichterfüllung kommt nicht mehr in Betracht. Es gibt ihn dann nur unter den Voraussetzungen des § 463, nicht über § 325 BGB. Solange es keine Nachbesserungspflicht gibt, mit der der Verkäufer, der eine mangelhafte Sache geliefert hat, in Verzug kommen könnte, ist der Tatbestand des § 326 BGB nicht erfüllt[20].

9.1.1.2. Verpflichtung zur mangelfreien Lieferung bei Gattungsschuld

Beim Gattungskauf schuldet der Verkäufer gemäß § 243 I BGB die Lieferung einer Sache mittlerer Art und Güte. Genügt sie diesen Anforderungen nicht, ist sie mangelhaft[21]. Der Verkäufer kann seine Leistungspflicht mit der Lieferung einer mangelhaften Sache nicht erfüllen[22]. Die Lieferung einer mangelhaften Gat-

[14] *Larenz*, § 41 II e, S. 68; *Walter*, § 5 I, S. 134.
[15] *Walter, Gerhard*, § 5 II 3 a S. 153.
[16] *Larenz*, § 41 II e, S. 68; *Reinicke* und *Tiedtke*, Rn 261; ebenso schon *Süß*, S. 238 f.
[17] *Larenz*, § 41 II e, S. 67.
[18] *Reinicke* und *Tiedtke*, Rn 258.
[19] Palandt/*Heinrichs*, Einf v § 320 Rn 19.
[20] *Larenz*, § 41 II e, S. 69; vgl. auch Soergel/*Huber*, Vor § 459 Rn 245.
[21] *Larenz*, § 41 III, S. 77; *Reinicke* und *Tiedtke*, Rn 515.
[22] Hier stimmen Erfüllungs- und Gewährleistungstheorie überein.

tungssache ist also stets Nichterfüllung, gleichzeitig im Regelfall[23] jedoch auch mangelhaft im Sinne des Gewährleistungsrechts.

9.1.1.3. Zwischenergebnis

Nur beim Gattungskauf besteht eine Verpflichtung zur mangelfreien Lieferung, so daß Nichterfüllung bei mangelhafter Lieferung grundsätzlich nur beim Gattungskauf denkbar ist. Diese Nichterfüllungsfälle werden durch § 480 II BGB im Gewährleistungsrecht besonders geregelt.

9.1.2. Verdrängung der §§ 320 ff. BGB durch das Gewährleistungsrecht

Beide Theorien, die Erfüllungs- und die Gewährleistungstheorie, gehen davon aus, daß das Gewährleistungsrecht dem allgemeinen Leistungsstörungsrecht als Sonderregelung vorgehe[24]. Falls tatbestandsmäßig bei mangelhafter Lieferung überhaupt eine Nichterfüllung angenommen werden kann[25], sind die Gewährleistungsregeln vorrangig anwendbar. Sie sind eigenständige Pflichten des Verkäufers neben der Verpflichtung, die Sache so zu leisten, wie sie im Zeitpunkt des Gefahrübergangs ist[26]. Sie regeln jedoch den Fall der mangelhaften Leistung speziell und verdrängen, obwohl sie auf unterschiedlichen Haftungsgründen beruhen, die Nichterfüllungshaftung. Damit diese Sonderregeln wirksam werden können, müssen die allgemeinen Vorschriften dahinter zurücktreten[27]. Darin ist man sich zumindest für die Haftung des Verkäufers nach Gefahrübergang einig. Für die Haftung vor Gefahrübergang werden aus der Charakterisierung als Sonderregelung dagegen unterschiedliche Konsequenzen gezogen[28]. Die Haftung vor Gefahrübergang ist aber im Zusammenhang mit der Richtlinie nicht relevant, da diese erst bei Gefahrübergang eingreift.

---

[23] Außer bei krassen Abweichungen, vgl. dazu BGH NJW 1997, 1914, 1915; *Walter, Gerhard*, § 5 IV 1, S. 255. Siehe auch sogleich zur aliud-Lieferung.

[24] BGH NJW 1965, 532; MünchKomm/ *Westermann*, § 459 Rn 3 m. w. N.

[25] Nach der Gewährleistungstheorie also nur beim Gattungskauf, nach der Erfüllungstheorie auch beim Stückkauf.

[26] *Larenz*, § 41 II e, S. 66.

[27] *Reinicke* und *Tiedtke*, Rn 633.

[28] MünchKomm/ *Westermann*, § 459 Rn 3; vgl. BGHZ 114, 32; OLG Hamm NJW RR 1993, 1366; Palandt/*Heinrichs*, Einf v § 320 Rn 18; *Reinicke* und *Tiedtke*, Rn 634 f.; Soergel/*Huber*, Vor § 459 Rn 184.

9.1.3. Rechtsbehelfe des Käufers bei Gattungsschuld

Eine uneingeschränkte Anwendung des nicht abgewandelten Leistungsstörungsrechts auf die Schlechtleistung beim Gattungskauf hätte Folgen, die mit dem Normzweck des Gewährleistungsrechts, insbesondere dem des § 477 BGB nicht zu vereinbaren wären. Zur Auflösung dieses Widerspruchs regelt § 480 I 1 BGB diesen Fall deshalb besonders; der Käufer kann den Verkäufer nicht ohne weiteres wegen Nichterfüllung nach dem allgemeinen Leistungsstörungsrecht in Anspruch nehmen. Der Käufer hat gemäß § 480 I BGB bei Lieferung einer im Sinne der §§ 459, 243 II BGB mangelhaften Gattungssache – also einer Ware, die nur mangelhaft und noch kein aliud ist – zwei Möglichkeiten: Entweder er läßt die gelieferte Ware unter Vorbehalt gemäß § 464 BGB als den geschuldeten Gegenstand gelten. Er führt dadurch die Konkretisierung gemäß § 243 II BGB herbei, die gelieferte Ware an sich ist dann mangelhaft. Der für die Mangelhaftigkeit der Sache maßgebende Zeitpunkt ist der, in dem die Gefahr bei Mangelfreiheit der gelieferten Sache übergehen würde[29]. Der Käufer kann dann wie bei der Gewährleistung beim Stückkauf Wandlung oder Minderung verlangen, bzw. unter den besonderen Voraussetzungen der §§ 480 II und 463 BGB Schadensersatz[30]. § 480 II geht dann § 326 II BGB vor, so daß sich der Käufer nicht sofort nach der mangelhaften Lieferung auf Interessenfortfall berufen und so vom Vertrag loskommen kann[31].

Die zweite Möglichkeit ergibt sich daraus, daß der Verkäufer sich nicht durch Lieferung einer mangelhaften Sache von seiner Leistungspflicht befreien können soll[32]. Der Käufer kann deshalb auch die Annahme als Erfüllung ablehnen und gemäß § 480 I 1 BGB Nacherfüllung verlangen. Eine Konkretisierung der Ware gemäß § 243 II BGB tritt nicht ein. Der Anspruch ist der ursprüngliche Erfüllungsanspruch[33], allerdings modifiziert[34]. Er unterliegt jetzt den besonderen Gewährleistungsregeln aus § 480 I 2 BGB. Er ist insbesondere durch die kurze Verjährung gemäß § 480 I 1, 477 BGB modifiziert[35]. Auf den modifizierten Erfüllungsanspruch sind wiederum die Regeln der §§ 320 ff. BGB anwendbar. Der Käufer kann den Verkäufer mit diesem modifizierten Anspruch, der nichts anderes ist als der ursprüngliche Erfüllungsanspruch, in Verzug setzen und Schadensersatz

---

[29] *Larenz*, § 41 III, S. 79.

[30] BGH NJW 1967, 33; *Herberger*, S. 98 ff; *Reinicke* und *Tiedtke*, Rn 516.

[31] Soergel/*Huber*, Vor § 459 Rn 247.

[32] *Reinicke* und *Tiedtke*, Rn 519.

[33] BGH NJW 1999, 2884, 2885.

[34] *Larenz*, § 41 III, S. 78.

[35] Außerdem scheidet der Nachlieferungsanspruch aus, wenn die Rückgabe der zuerst gelieferten Sache unmöglich ist und der Käufer dies zu vertreten hat, §§ 480 I 2, 467, 346, 348 BGB.

wegen Nichterfüllung aus § 326 BGB geltend machen[36], allerdings verjährt auch dieser Anspruch nach § 477 BGB[37]. Er besteht grundsätzlich Zug um Zug mit dem des Verkäufers auf Rückgabe der zuerst gelieferten Ware, §§ 480 I i. V. m. 467, 1 BGB[38]. Es gelten aber §§ 480 I, 467, 350 BGB, wenn die Sache nicht mehr zurückgegeben werden kann. Wenn die Sache also gerade aufgrund ihrer Mangelhaftigkeit untergegangen ist, so kann der Käufer seinen Nachlieferungsanspruch dennoch durchsetzen[39].

9.2. Fallgruppen der Nichterfüllung bei nichtvertragsgemäßer Lieferung

Für die Haftung des schlechtleistenden Verkäufers entscheidend ist neben der Frage nach der Konkurrenz des allgemeinen Leistungsstörungsrechts zum Gewährleistungsrecht die Einordnung der Arten der Schlechterfüllung als fehlerhafte Leistung im Sinne des § 459 BGB oder als bloße Nichterfüllung. Es gibt Fälle der Schlechterfüllung, die unter das Leistungsstörungrecht fallen, nicht aber unter das Gewährleistungsrecht.

9.2.1. Lieferung einer quantitativ nichtvertragsgemäßen Sache

Liefert der Verkäufer zuwenig, fehlen etwa einige der gekauften Stücke, besteht der Erfüllungsanspruch des Käufers bezüglich der noch nicht gelieferten Teile weiter. Diese Zuwenig-Lieferung ist ein Fall der teilweisen Nichtlieferung[40] und nach den §§ 320 ff. BGB zu behandeln[41].

Kann das Manko nicht durch Nachlieferung wettgemacht werden, etwa wenn der Verkäufer zwei statt der gewünschten drei Meter Stoff vom Ballen abgeschnitten hat, so liegt eine mangelhafte Lieferung vor, auf die Gewährleistungsrecht anwendbar ist[42].

Liefert der Verkäufer mehr als abgemacht, muß der Käufer beim privaten Kauf weder abnehmen noch bezahlen, aber muß die überzähligen Waren zurückgeben[43].

---

[36]BGH NJW 1999, 2884, 2885; MünchKomm/*Westermann*, § 480 Rn 6; *Reinicke* und *Tiedtke*, Rn 523, 649; Palandt/*Putzo*, § 480 Rn 2; Soergel/*Huber*, Vor § 459 Rn 247.

[37]BGH NJW 1999, 2884, 2885.

[38]Staudinger/*Honsell*, § 480 Rn 17.

[39]Staudinger/*Honsell*, § 480 Rn 9.

[40]Palandt/*Putzo*, § 459 Rn 2.

[41] *Walter, Gerhard*, § 5 IV 3, S. 260.

[42] *Walter, Gerhard*, § 5 IV 3, S. 260 f; Palandt/*Putzo*, § 459 Rn 2.

[43]MünchKomm/*Westermann*, § 459 Rn 25.

Hier liegt kein Fall der §§ 320 ff. oder 459 ff. BGB vor[44]. Anders die Fälle, in denen es nicht möglich ist, das zuviel Gelieferte ohne weiteres zu trennen und zurückzugeben. Hier stellt die Zuviellieferung einen Qualitätsmangel dar. Das Gewährleistungsrecht ist anwendbar[45].

Für den Verbraucher ist Mehr- oder Minderlieferung nicht von so großer Bedeutung wie für den Kaufmann. Dieser muß wegen § 378 HGB mit einer Anwendung des Gewährleistungsrechts rechnen. Bei einem rein bürgerlich-rechtlichen Kauf gilt für behebbare Quantitätsmängel das Gewährleistungsrecht nicht[46].

9.2.2. Lieferung eines aliud

Liefert der Verkäufer eine ganz andere als die geschuldete Sache, etwa weil er sie vertauscht, so liegt in dieser Lieferung beim Stückkauf unstreitig nach allen Theorien keine Erfüllung des Kaufvertrages. Komplizierter ist die Rechtslage beim Gattungskauf.

9.2.2.1. Behandlung der aliud-Lieferung beim Gattungskauf

Probleme bei der Abgrenzung zu den Sonderregeln des Gewährleistungsrechts gibt es, wenn die gelieferte Leistung so von der geschuldeten abweicht, daß sie möglicherweise nicht mehr als mangelhafte Lieferung aus der geschuldeten Gattung, sondern als aliud-Lieferung einzuordnen ist. Nach der BGH-Rechtsprechung sind die §§ 459 ff. BGB nur auf fehlerhafte Sachen anzuwenden, nicht aber, wenn aus einer anderen Gattung geliefert wird[47]. Der Verkäufer soll beim privaten Warenkauf nicht darauf hoffen können, mit einer anderen als der geschuldeten Sache seine Leistungspflicht erfüllen zu können[48]. Die Schwierigkeiten bei der Abgrenzung von mangelhafter Sache und aliud-Lieferung im Einzelfall nimmt der BGH in Kauf.

Der BGH lehnt es auch ab, das Gewährleistungsrecht bei aliud-Lieferung beim privaten Kauf wie beim beiderseitigen Handelskauf wenigstens dann anzuwenden, wenn die Ware im Sinne der §§ 377, 378 HGB genehmigungsfähig ist[49]. Der Verkäufer hat in diesen Fällen nur dann nicht erfüllt, wenn die Lieferung derart kraß

---

[44] *Walter, Gerhard*, § 5 IV 3, S. 261; MünchKomm/*Westermann*, § 459 Rn 25; Erman/*Grunewald*, Vor § 459 Rn 60.

[45] *Walter, Gerhard*, § 5 IV 3, S. 261; MünchKomm/*Westermann*, § 459 Rn 25; Staudinger/*Honsell*, § 459 Rn 42 f.

[46] MünchKomm/*Westermann*, § 480 Rn 2 und § 459 Rn 25.

[47] Zuletzt BGHZ 115, 286, 293 entgegen *von Caemmerer*, Festschrift für Martin Wolff, S. 3, 13 f.

[48] BGHZ 115, 286, 296.

[49] Nachweise bei *Reinicke* und *Tiedtke*, Rn 535; RGZ 86, 90, 92 f; BGHZ 115, 286, 294 f.

von der geschuldeten Leistung abweicht, daß eine Genehmigung vernünftigerweise als schlechterdings ausgeschlossen erscheinen muß[50]. Beim privaten Kauf soll der Verkäufer jedoch nicht die Wirkungen der §§ 377, 378 HGB genießen können, die nur den Handelsverkehr vereinfachen sollen. Der Käufer ist eben nicht Kaufmann, sondern als Privatmann schutzbedürftig.

Handelt es sich also um eine mangelhafte Sache, so ist nach dem BGH § 480 I, eventuell auch II BGB anwendbar. Bei aliud-Lieferung dagegen kann der Käufer weiter Erfüllung verlangen und auf die Rechtsbehelfe der §§ 320 ff. BGB zurückgreifen[51]. Er ist dabei nicht durch § 480 I 2 BGB eingeschränkt, vor allem nicht durch die kurze Verjährungsfrist des § 477 BGB.

9.2.2.2. Abgrenzung des BGH

Die Abgrenzung, ob die Lieferung mangelhaft oder eine Falschlieferung ist, nimmt der BGH in zwei Schritten vor. Er stellt zunächst durch Auslegung fest, welche im Vertrag genannten Beschaffenheitsmerkmale Bestandteil der Gattungsbeschreibung sein sollen[52]. Maßstab dafür ist der vereinbarte oder dem Verkäufer bekannte Vertragszweck. Müssen Eigenschaften einer Sache anhaften, damit mit ihrer Lieferung der Vertragszweck erreicht werden kann, so deutet dies auf eine gattungsbeschreibende Eigenschaft hin[53]. In einem zweiten Schritt greift der BGH auf die Verkehrsauffassung zurück. Fehlen im Vertrag ausdrückliche Vereinbarungen, bestimmt die Verkehrsauffassung, welche Abweichungen unzumutbar sind und wann die Toleranzgrenze innerhalb der Gattung überschritten ist. Merkmale, die nach der Verkehrsauffassung nicht der Beschreibung einer Gattung dienen, sind dann nur Eigenschaftsvereinbarungen, die allenfalls die Mangelhaftigkeit der Sache begründen können. In einer neueren Entscheidung hält der BGH allerdings fest, daß die Parteien auch eng begrenzte Warengattungen festlegen können, der Parteiwille hat also Vorrang[54]. Nach der neuen Rechtsprechung setzt damit die Verkehrsauffassung der Ausdifferenzierung der Gattungsbeschreibung durch die Parteien keine Grenze mehr[55]. Dies wurde dem BGH bisher als nicht zu vertretende und inkonsistente Abweichung vom subjektiven Fehlerbegriff vorgeworfen[56]. Denn es müsse den Parteien überlassen bleiben, welche Beschaffenheit sie für so

[50] BGHZ 115, 286, 296.

[51] BGH NJW 1997, 1914, 1916: nicht etwa den Kaufpreis (anteilig) gemäß § 812 I 1 BGB zurückverlangen, denn Rechtsgrund auch für die Falschlieferung ist der Kaufvertrag.

[52] BGH NJW 1969, 787; *Reinicke* und *Tiedtke*, Rn 531.

[53] BGH NJW 1997, 1914, 1915.

[54] BGH NJW 1997, 1914, 1915; *Walter, Gerhard*, § 5 IV 2, S. 257.

[55] So aber noch BGH NJW 1975, 2011.

[56] *Reinicke* und *Tiedtke*, Rn 531.

wesentlich halten, daß sie zur Beschreibung einer Gattung beitragen kann. Die Kritik ist nach Umsetzung der Richtlinie hinfällig.

Solange die aliud- und die Schlechtlieferung unterschiedlich behandelt werden, bleibt dennoch das Abgrenzungsproblem. Deshalb wird dafür plädiert, auf beide Fälle gleichermaßen das Sachmängelrecht anzuwenden[57]. Dies wird jedoch vom BGH, wie oben gezeigt, abgelehnt.

9.2.3. Zwischenergebnis

Der Tatbestand der Nichterfüllung ist bei vertragswidriger Lieferung sowohl bei behebbarer teilweiser Nichterfüllung als auch bei aliud-Lieferung beim Stück- und beim Gattungskauf gegeben. Die Abgrenzung zwischen aliud und nur mangelhafter Lieferung beim Gattungskauf kann kaum befriedigend vorgenommen werden.

9.3. Schadensersatzansprüche des Käufers bei Nichterfüllung

Erfüllt der Verkäufer seine Leistungspflicht beim Stückkauf im oben beschriebenen Rahmen nicht, hat der Käufer einen Anspruch auf Lieferung der noch geschuldeten Sache direkt aus § 433 I BGB, ohne die Einschränkung des § 480 I 2 BGB und ohne die Vorbehaltspflicht aus § 464 BGB. Der Anspruch verjährt gemäß § 195 BGB in dreißig Jahren. Er kann wegen Verzuges mit dieser Pflicht den Verzugsschaden aus § 286 BGB geltend machen. Außerdem kann er Schadensersatz wegen Nichterfüllung unter den Voraussetzungen des § 325 bei Unmöglichkeit oder des § 326 BGB bei Verzug geltend machen. Es wird also nach der Ursache der Nichterfüllung unterschieden.

Bei bloßer Nochnichtleistung haftet der Verkäufer gemäß § 326 BGB. Voraussetzung für die Schadensersatzhaftung ist der Verzug des Verkäufers gemäß § 284 BGB. Der Käufer muß dem Verkäufer eine Frist zur Leistung gesetzt haben, verbunden mit einer Ablehnungsandrohung. Diese Frist muß fruchtlos abgelaufen sein. Nur wenn die Leistung für den Käufer gerade infolge des Verzuges nicht mehr von Interesse ist, kann auf diese Fristsetzung gemäß § 326 II BGB verzichtet werden[58]. Inhalt des Anspruchs aus § 326 BGB ist Schadensersatz wegen Nichterfüllung oder Rücktritt vom Vertrag. Der Schadensersatzanspruch umfaßt auch den eigentlichen Verzögerungsschaden, der deshalb sowohl aus §§ 284 ff. BGB wie auch aus § 326 BGB zu ersetzen ist[59].

---

[57] Nachweise bei *Reinicke* und *Tiedtke*, Rn 535.

[58] Ausführlich *Larenz*, § 40 II a, S. 28.

[59] Esser/*Weyers*, § 4 III 2, S. 18.

Liegt der Sonderfall der Unmöglichkeit der Leistung vor, wird nochmals differenziert nach anfänglicher und nachträglicher Unmöglichkeit, bei anfänglicher Unmöglichkeit noch nach subjektivem Unvermögen und objektiver Unmöglichkeit[60]. Leistet der Schuldner wegen nachträglicher Unmöglichkeit nicht, so sind die Rechtsfolgen gemäß § 275 II BGB bei objektiver und subjektiver Unmöglichkeit dieselben. Er haftet, wenn er die Unmöglichkeit zu vertreten hat. Das bemißt sich nach den §§ 276–279 BGB[61]. Beim Gattungskauf hat der Verkäufer gemäß § 279 BGB typische Beschaffungshindernisse stets zu vertreten. Der Käufer hat dann ein vierfaches Wahlrecht: Er kann die Rechte aus § 325 I 1 BGB geltend machen, nämlich Schadensersatz wegen Nichterfüllung oder Rücktritt. Er kann auch nur darauf hinweisen, daß er von seiner Gegenleistungspflicht gemäß §§ 325 I 3, 323 I BGB befreit ist. Oder er kann gemäß §§ 325 I 3, 323 II, 281 BGB das stellvertretende commodum verlangen[62].

Bei anfänglicher objektiver Unmöglichkeit ist der Vertrag gemäß § 306 BGB nichtig. Der Käufer hat einen Schadensersatzanspruch auf das negative Interesse aus § 307 BGB, wenn (nur) der Verkäufer die Unmöglichkeit der Leistung kannte oder kennen mußte. Bei anfänglichem Unvermögen geht die Rechtsprechung davon aus, daß der Verkäufer bei Vertragsschluß konkludent garantiert hat, er könne die Ware liefern. Deshalb soll der Käufer im Wege einer Garantiehaftung analog § 440 I BGB die Rechte aus § 325 BGB auch ohne Vertretenmüssen geltend machen können.

Im Sonderfall des § 283 i. V. m. § 325 II BGB kann der Käufer auch Schadensersatz wegen Nichterfüllung erlangen, ohne daß er die Voraussetzungen für Unmöglichkeit oder Verzug nachweisen muß. Bei dieser Regelung handelt es sich um eine Beweiserleichterung für den Käufer, der in der Regel keine Einsicht haben kann, ob der Verkäufer schlicht nicht leistet oder ob ein Fall der Unmöglichkeit vorliegt.

---

[60] Esser/*Weyers*, § 4 III 2, S. 18.

[61] Palandt/*Heinrichs*, § 325 Rn 4; Esser/*Weyers*, § 4 III 2, S. 19.

[62] Esser/*Weyers*, § 4 III 2, S. 19.

10. Richtlinienhaftung und §§ 325, 326 BGB

10.1. Nichterfüllung als Vertragswidrigkeit?

Liefert der Verkäufer die geschuldete Ware nicht oder nicht rechtzeitig, so könnte auch das unter den Begriff der Vertragswidrigkeit nach Art. 2 RL fallen. Mit der Nichtlieferung verstößt der Verkäufer gegen seine vertragliche Pflicht, die Sache (rechtzeitig) zu liefern und dem Käufer Eigentum an ihr zu verschaffen. Die Leistung entspricht daher nicht dem, was aufgrund des Vertrages geschuldet ist. Der Regelungsbereich der Richtlinie ginge dann über das Gewährleistungsrecht hinaus in das allgemeine Leistungsstörungsrecht. Abwegig wäre ein so weiter Regelungsbereich der Richtlinie nicht. Der Richtliniengeber hatte die in Art. 1 I RL und Erwägungsgrund 1–5 festgehaltene Absicht, ein einheitliches, hohes Verbraucherschutz-Mindestniveau zu gewährleisten. Wenn er dem Käufer sogar das Recht einräumt, eine vertragsgemäße Sache zu verlangen, könnte man annehmen, daß er ihm erst recht die Mittel an die Hand geben will, die Lieferung überhaupt zu erzwingen, wenn sie ganz ausgefallen ist.

10.1.1. Regelungsintention des Richtliniengebers

Die Regelungsintention des Richtliniengebers bezog sich von vornherein nicht auf eine Harmonisierung sämtlicher mit dem Kauf verbundener Rechtsbereiche[1]. Schon das Grünbuch beschränkte sich auf sogenannte gesetzliche und kommerzielle Garantien[2]. Eine gesetzliche Garantie soll nach dem Grünbuch „üblicherweise

[1] Grünbuch S. 106 ff.; Begründung zum ursprünglichen Richtlinienentwurf 1996, Dok. KOM (95) 520 endg., S. 7. Siehe oben unter 2.2.

[2] Bei der gesetzlichen Garantie soll sich die Rechtsfolge kraft Gesetzes ergeben, bei der kommerziellen muß eine Willensbekundung des Garantiegebers (Verkäufer oder Hersteller) vorliegen, freiwillig Haftung für Mängel übernehmen zu wollen, Grünbuch S. 17; Begründung zum ursprünglichen RL-Vorschlag 1996, Dok. KOM (95) 520 endg., S. 5.

bedeute[n]..., daß der Verkäufer gewährleistet, daß sich die verkaufte Sache in einem ordnungsgemäßen Zustand befindet und so beschaffen ist, wie ausdrücklich vereinbart wurde"[3]. Gegenstand der gesetzlichen Garantie sind solche Mängel, die auf der Nichtübereinstimmung der Ware mit den berechtigten Erwartungen des Käufers beruhen[4]. Diese Nichtübereinstimmung mit den berechtigten Erwartungen soll inhaltlich dasselbe bedeuten wie die subjektiven und objektiven Kriterien zur Feststellung von Mängeln im deutschen Recht[5]. Die gesetzliche Garantie meint also nichts anderes als das Recht der Sachmängelgewährleistung, welches dem Käufer durch Gesetz oder Rechtsprechung zukommt[6], also den deutschen Regelungskomplex der Gewährleistungshaftung, §§ 459 bis 493 BGB[7]. Der Begriff der gesetzlichen Garantie wird in den Richtlinienentwürfen zur Vermeidung von Mißverständnissen in Mitgliedstaaten wie Deutschland, die diesen Begriff nicht kennen, vermieden. Die Art. 1 bis 4 RL sollen aber nichts anderes als die gesetzliche Garantie regeln[8].

Die Begründung zum ursprünglichen Richtlinienentwurf beschränkt den Regelungsbereich der Richtlinie ausdrücklich. Geregelt werden sollen nur verbraucherschutzbezogene Aspekte im Zusammenhang mit dem Erwerb einer mangelhaften, weil nicht vertragsgemäßen Sache[9]. Unberührt bleiben „Aspekte im Zusammenhang mit der Erfüllung oder Nichterfüllung von Verträgen oder anderer Arten der unzulänglichen Vertragserfüllung, die über die Vertragswidrigkeit des Erzeugnisses hinausgehen"[10]. Wenn der Begriff der allgemeinen Harmonisierung verwendet wird, so meint dies nur die Ausweitung des persönlichen und sachlichen Anwendungsbereiches über den Verbraucherschutz hinaus, nicht die Ausweitung auf das Leistungsstörungsrecht[11].

In die Nähe des allgemeinen Leistungsstörungsrechts kam das Richtliniengebungsverfahren nur in einem nicht veröffentlichten Vorentwurf[12]. Dieser sah in dem Artikel über die Konformität eine Regelung über die Fälligkeit der Leistung

---

[3]Grünbuch, S. 18.

[4]Grünbuch, S. 109. Das „Prinzip der berechtigten Erwartungen" wurde nach massiver Kritik des Handels schon im ursprünglichen Richtlinienentwurf zugunsten des Vertragswidrigkeitsprinzips aufgegeben.

[5]Grünbuch, S. 110.

[6]*Schnyder* und *Straub*, ZEuP 1996, 9, 10.

[7]*Junker*, DZWiR 1997, 271, 273; *Reich*, Bürgerrechte, S. 336.

[8]Begründung zum ursprünglichen Richtlinienentwurf 1996, Dok. KOM (95) 520 endg., S. 7.

[9]Begründung zum ursprünglichen Richtlinienentwurf 1996, Dok. KOM (95) 520 endg., S. 5, 7.

[10]Begründung zum ursprünglichen Richtlinienentwurf 1996, Dok. KOM (95) 520 endg., S. 7.

[11]Grünbuch S. 106 f.; Entschließung des EP zum Grünbuch, ABl. C 205 vom 25. 7. 1994, S. 563 F, S. 564 Nr. 1 und 2; *Schnyder* und *Straub*, ZEuP 1996, 9, 14 f. und 29.

[12]*Micklitz*, EuZW 1997, 229, 230.

vor: „*The seller shall deliver the goods within the deadline which is established in the contract. In the absence of such deadline, the seller shall deliver the goods within 30 days after the conclusion of the contract.*" Wäre diese Regelung Bestandteil der Richtlinie geworden, so wäre die Verzögerung der Leistung womöglich eine die Richtlinienhaftung auslösende Vertragswidrigkeit. Die Regelung fand aber keinen Eingang in die Richtlinie[13]. Jetzt überläßt die Richtlinie nicht nur den Zeitpunkt der Lieferung den Einzelstaaten, sondern sogar den des Gefahrübergangs[14].

10.1.2. Parallele zum CISG

Die enge Auslegung des Vertragswidrigkeitsprinzips auf Mängel entspricht der Auslegung der entsprechenden Vorschrift im CISG, an das sich die Richtlinie erklärtermaßen anlehnt und mit dem die Richtlinie möglichst weitgehend gleichlaufen soll. In Art. 35 CISG sind Fälle bloßer Nichterfüllung nicht erfaßt. Dies folgt aus Art. 45 I CISG, der dem Käufer die einschlägigen Rechtsbehelfe dann zur Verfügung stellt, wenn der Verkäufer seine Pflichten aus dem Vertrag nicht erfüllt. Damit verweist dieser Artikel nicht nur auf Art. 35, sondern auch auf Art. 30 und 31 CISG, die die Verpflichtung des Verkäufers, überhaupt zu liefern, festlegen[15]. Die Einrichtung dieser Verpflichtung bleibt also nicht Art. 35 CISG überlassen, dem Art. 2 RL nachgebildet wurde, sondern den Art. 30 und 31 CISG, die in der Richtlinie keine Entsprechung finden.

10.1.3. Wortlaut der Richtlinie

Gegen die Einbeziehung der Nichtlieferung spricht der Wortlaut des Art. 3 I RL. Die Haftung nach der Richtlinie greift nämlich nur bei solchen Vertragswidrigkeiten, die zum Zeitpunkt der Lieferung, d. h. des Gefahrübergangs, bestehen. Ist die Gefahr noch nicht übergegangen und liegt Verzug oder Nichterfüllung vor, so fällt dies nach dem Wortlaut gar nicht unter den Haftungstatbestand der Richtlinie[16]. Dem entsprechen auch die Formulierungen in Erwägungsgrund 6, Satz 1, und 7, Satz 1. Dort ist nur von der Vertragswidrigkeit von Waren die Rede; der Bezug auf die Ware, nicht auf die Leistung des Verkäufers an sich, deutet darauf hin, daß nur Eigenschaften der bereits gelieferten, konkretisierten Ware gemeint sind. Auch beziehen sich die Vermutungen zur Vertragsmäßigkeit aus Art. 2 II RL nur

[13] Nach *Hondius*, ZEuP 1997, 132, 135 wurde sie aufgegeben, weil dem Richtliniengeber angeblich nur eine begrenzte Zahl von Paragraphen zur Verfügung stand.

[14] Erwägungsgrund 14 RL.

[15] Schlechtriem/*Huber*, Art. 45 Rn 3.

[16] *Kircher*, ZRP 1997, 290, 291

auf Eigenschaften einer tatsächlich gelieferten, schon konkretisierten Sache. Es geht nicht um die Modalitäten der Lieferung - gar nicht oder zu spät - sondern nur um die Beschaffenheit der gelieferten Sache.

10.1.4. Zwischenergebnis

Das allgemeine Leistungsstörungsrecht, sofern es Nichterfüllung oder Verzug betrifft, wird grundsätzlich von der Richtlinie nicht berührt. Der Vertragsmäßigkeitsbegriff beschreibt nur die Beschaffenheit einer Ware, die existiert und die - wenn auch verspätet - geliefert worden ist[17]. Es geht nur um Gewährleistungsrechte, die die Güter selbst betreffen und auf Vertragswidrigkeit zurückzuführen sind[18]. Unmöglichkeit und Verzug sind von der Richtlinie nicht erfaßt[19].

10.2. Grenzfälle zwischen Nicht- und Schlechtlieferung

Wenn der Wille des Richtliniengebers nicht dahinging, das allgemeine Leistungsstörungsrecht zu regeln, so beantwortet das noch nicht die Frage, ob tatsächlich alle Sachverhalte, die im deutschen Recht nach allgemeinem Leistungsstörungsrecht behandelt werden, von der Richtlinie unberührt bleiben. Fraglich ist das für die Fälle, die, wie oben unter 9.2 dargestellt, auch im deutschen Recht in der Schnittmenge von Gewährleistungs- und Leistungsstörungsrecht liegen.

10.2.1. Lieferung eines aliud

10.2.1.1. Gattungskauf

Ob die Richtlinie die Lieferung eines aliud behandelt, das heißt der Vertragswidrigkeitsbegriff die aliud-Lieferung umfaßt, ist nicht eindeutig[20]. Die aliud-Lieferung kann unter den Begriff der vertragswidrigen Leistung im Sinne der Richtlinie subsumiert werden[21]. Wird etwas anderes geliefert als abgemacht, ist

[17] *Westermann*, in: Europäisches Kaufgewährleistungsrecht, S. 254; *Kircher*, ZRP 1997, 290, 291.

[18] *Ring*, BuW 1997, 263.

[19] *Kircher*, ZRP 1997, 290, 291; *Micklitz*, EuZW 1997, 229, 230; *Medicus*, ZIP 1996, 1925; *Tenreiro*, REDC 1996, 187, 193 f.

[20] *Schäfer* und *Pfeiffer*, ZIP 1999, 1829, 1832; *Ehmann* und *Rust*, JZ 1999, 853, 856

[21] *Amtenbrink* und *Schneider*, VuR 1999, 293, 296; *Brüggemeier*, JZ 2000, 529, 531; *Lehr* und *Wendel*, EWS 1999, 321, 323; *Reich*, NJW 1999, 2397, 2400; *Schlechtriem*, in: GS Lüderitz, S. 685; *Georges*, S. 237; *Ehmann* und *Rust*, JZ 1999, 853, 856 f; *Anders*, ZRP 2000, 293, 294.

die Leistung nicht vertragsgemäß. Allerdings stellt die Richtlinie – im Gegensatz beispielsweise zu § 435 II KE – in Art. 2 RL das aliud nicht ausdrücklich dem Sachmangel gleich[22], so daß man argumentieren könnte, die geschuldete Ware sei eben noch gar nicht geliefert worden und die Anwendung der Richtlinie noch nicht eröffnet.

Zu beachten ist aber, daß der Richtliniengeber mit der Wahl des Kriteriums Vertragswidrigkeit und der Leistungspflicht zur vertragsgemäßen Erfüllung auf eine Unterscheidung zwischen ursprünglicher Lieferpflicht und Gewährleistungshaftung verzichtet hat[23]. Dies geschah wegen der großen theoretischen und praktischen Probleme in manchen Mitgliedstaaten[24]. Die Differenzierung bei der aliud-Lieferung im deutschen Recht fußt gerade auf der Trennung des Haftungsgrundes bei Gewährleistung und Nichterfüllungshaftung. Sie ist damit im Rahmen der Richtlinie überflüssig[25], zumal die Interessenlage bei Zugrundelegung des subjektiven Fehlerbegriffs dieselbe ist, ob aus einer anderen Gattung oder nur mindere Qualität geliefert wird[26].

Diese Auffassung entspricht auch der zum CISG. Für das CISG hat die Rechtsprechung in Übereinstimmung mit der herrschenden Ansicht in der Literatur entschieden, daß auch die aliud-Lieferung eine vertragswidrige Leistung ist[27]. Die aliud-Lieferung stellt als Artabweichung schon dem Wortlaut des Art. 35 I CISG nach eine Vertragswidrigkeit dar[28]. Der Vorläufer des CISG, das EKG, nannte die Falschlieferung in Art. 33 I b EKG noch ausdrücklich. Das CISG erwähnt die Falschlieferung nicht mehr, eine Änderung der Rechtslage durch Herausnahme des Tatbestandes war dabei aber nicht beabsichtigt[29]. Der Sache nach ist die Gleichbehandlung von Nicht- und Schlechterfüllung gerechtfertigt[30]. Eine differenzierte Behandlung führt zu den aus dem deutschen Recht bekannten Abgrenzungsschwierigkeiten zwischen Nicht- und Schlechterfüllung. Die Fallgruppenbeispiele liegen der Sache nach so nahe beieinander, daß eine einleuchtende Begründung

---

[22] Vgl. *Ehmann* und *Rust*, JZ 1999, 853, 856 f.

[23] *Georges*, S. 237; *Amtenbrink* und *Schneider*, VuR 1999, 293, 296; *Coester-Waltjen*, Jura 1997, 637, 641; *Schlechtriem*, JZ 1997, 441, 444; *Anders*, ZRP 00, 293, 295.

[24] Begründung zum ursprünglichen RL-Vorschlag 1996, S. 12.

[25] *Amtenbrink* und *Schneider*, VuR 1996, 367, 372.

[26] *Ehmann* und *Rust*, JZ 1999, 853, 856.

[27] BGH EuZW 1996, 444, 445; Schlechtriem/*Huber*, Art. 35 Rn 10; Staudinger/*Magnus*, Art. 35 Rn 9; Honsell/*Magnus*, Art. 35 Rn 6; Soergel/*Lüderitz*, Art. 35 Rn 5; *Lehr* und *Wendel*, EWS 1999, 321, 323; *Coester-Waltjen*, Jura 1997, 637, 638. A. A. ohne Begründung OLG Düsseldorf NJW-RR 1994, 506.

[28] Staudinger/*Magnus*, Art. 35 Rn 9; Soergel/*Lüderitz*, Art. 35 Rn 5.

[29] Schlechtriem/*Schwenzer*, CISG Art. 35 Rn 10, mit Nachweisen in Fn 29; *Schlechtriem*, Int. UN-Kaufrecht, Rn 134; *Enderlein et al.*, Art. 35, 5.

[30] Schlechtriem/*Schwenzer*, Art. 35 Rn 10; *Karollus*, S. 105.

der Differenzierung in der Haftung nicht möglich ist[31]. Dieses Manko des deutschen Rechts darf nicht ohne zwingenden Grund ins CISG übertragen werden[32]. Konsequenterweise gilt das auch dann, wenn die gelieferte von der geschuldeten Sache kraß abweicht[33]. Der Sekretariatskommentar qualifiziert zwar die Lieferung von Kartoffeln statt Mais als Nichterfüllung der Lieferpflicht aus Art. 30 CISG, weil die Ware nicht einmal mit der allgemeinen Beschreibung übereinstimme[34]. Diese Auslegung vernachlässigt allerdings die Entstehungsgeschichte des CISG[35]. Der Käufer wird durch die Einordnung als Vertragswidrigkeit zwar grundsätzlich verpflichtet, jede Artabweichung gemäß Art. 38, 39 CISG zu rügen. Er wird dadurch aber nicht unzumutbar belastet. Denn wenn die Abweichung offensichtlich ist, greift Art. 40 CISG: Weil der Verkäufer die Abweichung kennt oder kennen muß, muß er auch ohne Rüge des Käufers haften[36]. Diese Meinung wird vor allem im Hinblick auf die Rügeobliegenheit abgelehnt, bei deren Versäumen jede Abweichung geheilt wird, sofern nicht ein Fall des Art. 40 CISG vorliegt.

Diese Auffassung zur Behandlung der aliud-Lieferung im CISG sollte auf die dem CISG nachgebildete Richtlinienvorschrift angewendet werden[37]. Die Problematik ist die gleiche. Abzulehnen ist deshalb auch die Ansicht von Tenreiro, krasse Abweichungen seien vom Anwendungsbereich der Richtlinie auszuschließen[38]: Wenn ein vernünftiger Verkäufer nicht annehmen könne, daß der Käufer das aliud als die gelieferte Sache annehmen werde, so liege nicht einmal eine vertragswidrige Lieferung, sondern gar keine Lieferung des geschuldeten Gegenstandes vor. Diese Differenzierung ist wie beim CISG wegen der Schwierigkeit der Abgrenzung von Schlecht- und Falschlieferung abzulehnen.

---

[31] Vgl. *Huber*, RabelsZ 1979, 413, 484.

[32] *Schlechtriem*, Int. UN-Kaufrecht, Rn 134; *Karollus*, S. 105 f.; *Enderlein et al.*, Art. 35, 5; Staudinger/*Magnus*, Art. 35 Rn 9; außerdem die Autoren, die eine entsprechende Auslegung der Richtlinie befürworten, siehe Fn 21.

[33] Schlechtriem/*Schwenzer*, Art. 35 Rn 10, mit Nachweisen in Fn 29; Schlechtriem/*Huber*, Art. 46 Rn 24; *Schlechtriem*, Int. UN-Kaufrecht, Rn 134; Soergel/*Lüderitz*, Art. 35 Rn 5; Honsell/*Magnus*, Art. 35 Rn 6; *Heilmann*, S. 170 f.; *Lehr* und *Wendel*, EWS 1999, 321, 323; *Enderlein et al.*, Art. 35, 5; siehe außerdem Fußnote 21.

[34] O. R., S. 29, Art. 29, 3.

[35] Schlechtriem/*Schwenzer*, Art. 35 Rn 10.

[36] Soergel/*Lüderitz*, Art. 35 Rn 5; Schlechtriem/*Schwenzer*, Art. 35 Rn 10.

[37] *Lehr* und *Wendel*, EWS 1999, 321, 323; *Anders*, ZRP 2000, 293, 294; *Schlechtriem*, in: GS Lüderitz, S. 685; *Grundmann*, in: Europäisches Kaufgewährleistungsrecht, S. 300.

[38] *Tenreiro*, REDC 1996, 187, 197.

10.2.1.2. Stückkauf

Die Behandlung einer aliud-Lieferung als Vertragswidrigkeit gilt zunächst für den Gattungskauf, der das Leitbild der Richtlinie ist[39]. Eine andere Bewertung für den Stückkauf, das Leitbild des deutschen Schuldrechts, wäre ausgehend vom deutschen Recht denkbar. In diesen Fällen liefert der Verkäufer stets etwas anderes als das Geschuldete, es ist klar erkennbar, daß er nicht nur die geschuldete Stücksache im mangelhaften Zustand liefert. Die Abgrenzung zwischen Sache minderer Qualität (also einer mangelhaften Sache) oder anderer Art entfällt beim Stückkauf. Eine solche Sonderbehandlung des Stückkaufs ist im Rahmen der Richtlinie jedoch nicht erforderlich und daher abzulehnen. Die Richtlinie verankert die Verpflichtung des Verkäufers zur vertragsmäßigen Lieferung unabhängig davon, ob Stück- oder Gattungskauf vorliegt. Sie läßt deshalb die Unterscheidung beim Inhalt der Verpflichtung des Verkäufers entfallen. Die Interessenlage ist daher dieselbe, ob dem Käufer nun eine andere Sache bei Stückschuld geliefert wird oder eine krass abweichende Gattungssache.

10.2.2. Mengenmäßige Falschlieferung

Liefert der Verkäufer zuwenig Ware und kann dieses Manko nicht durch Nachlieferung ausgeglichen werden, handelt es sich wie auch im deutschen Recht nicht um teilweise Nichtlieferung, sondern um eine Vertragswidrigkeit. Der Käufer muß in diesem Fall die Möglichkeit haben, die Ware zurückzugeben und insgesamt von neuem Erfüllung zu verlangen. Die Richtlinienrechtsbehelfe wegen vertragswidriger Leistung sind anwendbar. Ebenso wird im CISG verfahren: Bei Unteilbarkeit der geschuldeten Leistung ist die mengenmäßige Falschlieferung eine Vertragswidrigkeit im Sinne des Art. 35 CISG, auf die die Artt. 46–50 CISG unmittelbar anzuwenden sind[40]. Dasselbe gilt für nichtbehebbare Zuviellieferungen. Anders ist die Sachlage bei noch behebbaren quantitativen Abweichungen.

Kann die Zuweniglieferung noch ergänzt werden, liefert der Verkäufer etwa eine zu kleine Stückzahl, so könnte dies als teilweise Nichtlieferung statt als vertragswidrige Leistung ausgelegt werden[41]. Im CISG ist die Zuweniglieferung dem Wortlaut des Art. 35 I CISG nach in den Vertragswidrigkeitsbegriff einbezogen: Die Ware muß auch in der Menge den Anforderungen des Vertrags entsprechen[42].

---

[39] *Brüggemeier*, JZ 2000, 529, 531.

[40] Schlechtriem/*Huber*, § 52 Rn 2; Honsell/*Schnyder/Straub*, Art. 51 Rn 17 f.

[41] So *Kircher*, ZRP 1997, 290, 291.

[42] *Schlechtriem*, Int. UN-Kaufrecht, Rn 134; Honsell/*Magnus*, Art. 35 Rn 5; Schlechtriem/*Huber*, Art. 46 Rn 25; Staudinger/*Magnus*, Art. 35 Rn 9; Honsell/*Schnyder/Straub*, Art. 51 Rn 26 f; *Coester-Waltjen*, Jura 1997, 637, 638; *Lehr* und

Die Zuwenig-Lieferung ist also nicht partielle Nichtlieferung und Teilverzug, sondern Vertragswidrigkeit[43,44]. Im Hinblick auf den Willen des Richtliniengebers, sich möglichst nahe am CISG zu orientieren, kann die Richtlinie CISG-konform dahin ausgelegt werden, daß auch Minderlieferungen vom Vertragswidrigkeitsbegriff erfaßt werden[45]. Dafür spricht auch derselbe Grund wie für die Einbeziehung der aliud-Lieferung: Die Richtlinie differenziert eben nicht zwischen Nicht- und Schlechtlieferung. Auch eine behebbare Zuviellieferung ist nach der herrschenden Ansicht eine Vertragswidrigkeit im Sinne des Art. 35 CISG[46]. Da ein Erfüllungsanspruch nach Art. 46 I, II CISG der Natur nach ausgeschlossen ist, regelt Art. 52 II CISG diesen Fall besonders[47]. Art. 52 II CISG erlaubt dem Käufer, bei Zuviellieferung entgegen der ansonsten bestehenden Abnahmepflicht aus Art. 53 CISG die überzählige Ware zurückzuweisen. Nimmt er sie dennoch ab, muß er sie gemäß Art. 52 II CISG auch bezahlen.

Die Richtlinie enthält diese Sonderregel für den Fall der Zuviellieferung nicht. Der Verbraucher wird dadurch jedoch nicht schlechter behandelt als der gewerbliche Käufer. Die Regelung des Art. 52 II 2 CISG ist für den Käufer negativ. Es wird zu seinen Lasten eine Vertragsänderung angenommen[48]. Das Fehlen einer solchen Vorschrift entspricht damit dem Verbraucherschutzgedanken der Richtlinie. Auch eine Regelung entsprechend Art. 52 I 1 CISG, die zugunsten des Käufers die Abnahmepflicht aufhebt, wird nicht benötigt. Denn die Richtlinie sieht gar keine Abnahmepflicht des Käufers vor, von der er bei Zuviellieferung befreit werden müßte.

Im Wege einer historisch rechtsvergleichenden Auslegung sind parallel zum CISG Mengenabweichungen in die Vertragwidrigkeit miteinzubeziehen[49].

Wendel, EWS 1999, 321, 323.

[43]Schlechtriem/*Schwenzer*, Art. 35 Rn 8; Soergel/*Lüderitz*, Art. 35 Rn 9; *Enderlein et al.*, Art. 35, 3.; Heilmann S. 172; LG Landshut, 5. 4. 1995, 54 O 644/94, CISG Online 193.

[44]Die Rechtsfolgen sind im CISG freilich für diesen Fall speziell in Art. 51 CISG geregelt, Schlechtriem/*Huber*, Art. 46 Rn 25; Staudinger/*Magnus*, Art. 35 Rn 13. Für den nicht gelieferten Teil der Leistung gelten deshalb im Ergebnis die Nichterfüllungsregeln, Honsell/*Schnyder/Straub*, Art. 51 Rn 33 m. w. N.

[45]*Schlechtriem*, in: GS Lüderitz, S. 685; *Lehr* und *Wendel*, EWS 1999, 321, 323.

[46]Schlechtriem/*Schwenzer*, Art. 35 Rn 8; *Enderlein et al.*, Art. 35, 3.; Staudinger/*Magnus*, Art. 35 Rn 9; *Schlechtriem*, Int. UN-Kaufrecht, Rn 134; Heilmann S. 172; *Witz* und *Wolter*, RIW 1995, 813 zu einer falschen Entscheidung des Cour de Cassation.

[47]Schlechtriem/*Huber*, Art. 46 Rn 26; *Karollus*, S. 77 f, 174.

[48]*Karollus*, S. 77.

[49]*Grundmann*, in: Europäisches Kaufgewährleistungsrecht, S. 300; vgl. auch *Coester-Waltjen*, Jura 1997, 637, 638; *Lehr* und *Wendel*, EWS 1999, 321, 323.

10.2.3. Zwischenergebnis

Auch aliud-Lieferungen bei Stück- und Gattungskauf sowie quantitative Abweichungen sind Vertragswidrigkeiten im Sinne der Richtlinie. Indem die Richtlinie auf eine ausdrückliche Unterscheidung zwischen Gewährleistung und Lieferpflicht verzichtet, wird die Diskussion über Schlecht- und Falschlieferung vermieden[50].

Ob man bei der Umsetzung diese Fälle, die bisher im deutschen Recht als Nichterfüllung behandelt werden, wie die Richtlinie als Schlechterfüllung in das Gewährleistungsrecht einbeziehen muß, hängt davon ab, ob der Käufer im Verhältnis zur Richtlinie benachteiligt würde, wenn es bei der geltenden Rechtslage bliebe. Im folgenden werden daher die Rechtsbehelfe des Käufers nach der Richtlinie mit denen wegen Nichterfüllung nach deutschem Recht verglichen.

10.3. Vergleich der Rechtsbehelfe

10.3.1. Besonderheiten bei den Richtlinienrechtsbehelfen bei aliud-Lieferung und Quantitätsabweichung

Bei Lieferung eines aliud hat der Käufer nach der Richtlinie zunächst gemäß Art. 3 II, III RL einen Abhilfeanspruch. Bei einer aliud-Lieferung wird die Nachbesserung der gelieferten, falschen Sache als Abhilfe in der Regel gemäß Art. 3 III 1 RL unmöglich sein. Der Käufer wird deshalb Nachlieferung verlangen. Das ist nicht nur beim Gattungskauf sinnvoll, sondern auch beim Stückkauf, da der Verkäufer zunächst die falsche Sache geliefert hat, die richtige demnach noch liefern kann. Scheitert der Nachlieferungsanspruch aus den Gründen des Art. 3 V RL, so kann der Käufer theoretisch Minderung geltend machen. Bei aliud-Lieferung wird er in den meisten Fällen jedoch kein Interesse daran haben, die gelieferte Sache zu behalten, da sie eine andere als die gewollte ist. Rechtsmittel der Wahl wird bei aliud-Lieferung unter den Voraussetzungen des Art. 3 V, v. a. 1. und 2. Spiegelstrich, deshalb in der Regel die Vertragsauflösung sein.

Liefert der Verkäufer zuwenig und ist dies behebbar, kann er im Rahmen der Abhilfe den fehlenden Teil ohne weiteres nachliefern. Für die nichtbehebbare Zuviel- oder Zuweniglieferung ergeben sich gegenüber einer sonstigen vertragswidrigen Leistung keine Besonderheiten. Liefert der Verkäufer zuviel und ist dies behebbar, kann im Einzelfall die Vertragsauflösung wegen Geringfügigkeit des Fehlers gemäß Art. 3 VI RL ausgeschlossen sein. Der Käufer hat ja schließlich das bekommen, was er wollte.

---

[50] *Georges*, S. 237.

10.3.2. Abhilfe und Erfüllungsanspruch

Bei den hier behandelten Nichterfüllungsfällen aliud-Lieferung und Zuweniglieferung behält der Käufer nach deutschem Recht noch seinen ursprünglichen (beim Gattungskauf unter Umständen gemäß § 480 I BGB modifizierten) Erfüllungsanspruch. Nach der Richtlinie hat der Käufer in den Fällen, in denen der Verkäufer überhaupt etwas geliefert hat, anstelle des ursprünglichen Erfüllungsanspruches einen Abhilfeanspruch. Dieser ist – in Gestalt der Nachlieferungs- oder auch der Nachbesserungspflicht – der Primärleistungspflicht sehr ähnlich. Er unterliegt jedoch den Beschränkungen, denen alle Richtlinienrechtsbehelfe unterworfen sind. Der Abhilfeanspruch besteht gemäß Art. 5 I RL zwei Jahre nach der Lieferung, demnach viel kürzer als der Erfüllungsanspruch bei Stückkauf oder krasser aliud-Lieferung beim Gattungskauf[51].

Nimmt der Gesetzgeber die Möglichkeit wahr, einen Rügevorbehalt entsprechend Art. 5 II RL einzurichten, muß die Vertragswidrigkeit zwei Monate nach Entdeckung gerügt worden sein. Diese Einschränkung kennt der Erfüllungsanspruch im deutschen Recht nicht. Der Käufer muß nur dann einen Vorbehalt gemäß § 464 BGB machen, wenn er den Mangel bei Lieferung kennt und den Nachlieferungsanspruch aus § 480 I BGB geltend machen will[52]. Beim Verbraucherkauf besteht, anders als im HGB, keinerlei Rügepflicht nach Entdeckung des Mangels. Insofern wird der Käufer durch das deutsche Recht besser gestellt. Der Erfüllungsanspruch könnte also bei der Umsetzung so erhalten bleiben. Der Nachteil wäre, daß die Trennung zwischen aliud- und Schlechtlieferung mit ihren Abgrenzungsschwierigkeiten erhalten bliebe.

Ist die Abhilfe erfolgreich, ist kein Platz mehr für einen Schadensersatzanspruch wegen Nichterfüllung. Das Erfüllungsinteresse wird bei erfolgreicher Abhilfe vollständig befriedigt, da sie den vertragsgemäßen Zustand herstellt. Dasselbe gilt für das Verhältnis zum Erfüllungsanspruch und §§ 325, 326 BGB.

10.3.3. Rechtsbehelfe zweiter Stufe und §§ 325, 326 BGB

10.3.3.1. Minderung und Schadensersatz

Zweck der Minderung ist es, das wegen der Mangelhaftigkeit der Ware gestörte Äquivalenzverhältnis durch Vertragsanpassung wiederherzustellen[53], nicht aber nutzlose Aufwendungen und ähnliches auszugleichen.

---

[51] Länger jedoch als der § 477 BGB unterworfene Nachlieferungsanspruch aus § 480 I BGB.

[52] BGH NJW 1999, 2884, 2885.

[53] So zu Art. 50 CISG, auf den sich der Richtliniengeber bezogen hat, Schlechtriem/*Huber*, Art. 50 Rn 1.

Der Schadensersatz wegen Nichterfüllung befriedigt dagegen nicht nur das Äquivalenzinteresse, sondern deckt auch andere Schäden ab. Hierfür kommen bei Nichterfüllung beim Verbraucherkauf frustrierte Aufwendungen und Vertragskosten in Betracht. Produktionsausfall oder entgangener Gewinn wegen gescheiterten Weiterverkaufs spielen dagegen vor allem bei kommerziellen Käufern eine Rolle. Der Schadensersatzanspruch aus § 326 BGB geht über den Minderungsanspruch der Richtlinie hinaus[54].

10.3.3.2. Vertragsauflösung

Die Vertragsauflösung der Richtlinie deckt sich mit dem Rücktritt aus §§ 325, 326 BGB. Auch hier gilt die Frist der Richtlinie, die länger als die Verjährungsfrist des § 477 BGB ist, der auch auf das Rücktrittsrecht aus §§ 326, 480 I BGB anwendbar ist[55].

10.3.4. Vorschaltung der Abhilfe

Eine Abweichung vom deutschen Recht ergibt sich daraus, daß das Abhilferecht den anderen Rechtsbehelfen Minderung und Vertragsaufhebung vorgeschaltet ist. Im deutschen Recht stehen dem Käufer die §§ 325 oder 326 BGB auch nur unter bestimmten Voraussetzungen offen, sodaß die deutsche Regelung im Ergebnis sachlich nicht weit von der Richtlinie abweicht:

Bei Verzug ist die Setzung einer angemessenen Frist mit Ablehnungsandrohung und der erfolglose Fristablauf oder Wegfall des Interesses an der Leistung gemäß § 326 II BGB erforderlich. § 326 BGB verlangt damit mehr als Art. 3 V, 2. Spiegelstrich, der den Übergang auf die Rechtsbehelfe zweiter Stufe erlaubt, wenn der Verkäufer seiner Abhilfeverpflichtung nicht innerhalb einer angemessenen Frist – die ihm nicht vom Käufer gesetzt werden muß, sondern von alleine läuft – nachgekommen ist. Die Richtlinie stellt den Käufer damit besser: Er kann auch ohne Fristsetzung und ohne Ablehnungsandrohung die Vertragsauflösung erklären und muß auch kein fehlendes Interesse aufgrund der Verzögerung nachweisen. Die Rücktrittsregelung aus § 326 BGB wird damit von der Richtlinie überholt und hat daneben keinen Platz mehr[56].

Art. 3 V, 1. Spiegelstrich RL berücksichtigt die Unmöglichkeit, die im deutschen Recht gemäß § 325 BGB sofort Ansprüche auslöst. Bei Unmöglichkeit der Nachlieferung besteht zunächst noch ein Anspruch auf Nachbesserung. Ist jegliche

[54] Vgl. *Ernst* und *Gsell*, ZIP 2000, 1410, 1411.
[55] BGH NJW 1999, 2884, 2886.
[56] *Amtenbrink* und *Schneider*, VuR 1996, 367, 375.

Abhilfe unmöglich, gibt es ohne weiteres einen Anspruch auf Minderung oder Vertragsauflösung. Die Richtlinie differenziert nicht wie das deutsche Recht bei der Anspruchsgrundlage nach den Gründen der Nichterfüllung, sondern nur auf der Ebene der Auswahl der durch die einheitliche Anspruchsgrundlage verliehenen Rechtsbehelfe. Damit stellt sie den Käufer insoweit schlechter, als die Unmöglichkeit der Nachlieferung nicht ausreicht, sondern die Unmöglichkeit – oder die Unzumutbarkeit – der Nachbesserung hinzutreten muß. Die Richtlinie verfolgt das Ziel, den Vertrag eher zu erhalten als aufzulösen. Damit soll dem Parteiwillen Rechnung getragen werden, der gerade beim Verbraucherkauf dahin gehen soll, den Vertrag möglichst durchzuführen. Andererseits kommt es bei Minderung und Vertragsauflösung nicht wie bei § 325 BGB auf ein Vertretenmüssen der Unmöglichkeit durch den Verkäufer an. Auch § 323 BGB, der kein Vertretenmüssen erfordert, reicht nicht an die Vorteile der Vertragsauflösung der Richtlinie heran. § 323 BGB erlaubt keinen Rücktritt, sondern nur die Rückabwicklung des Vertrages nach bereicherungsrechtlichen Gesichtpunkten. Diese Abwicklung ist wegen der Entreicherungsmöglichkeit nicht so günstig wie die Wandelung, bei dem der Kaufpreis zurückerstattet werden muß. Auch die Vertragsauflösung nach der Richtlinie wird vorteilhafter sein, wenn sie, wie zu erwarten, vom Gesetzgeber entsprechend der Wandlung ausgefüllt wird. Für den Käufer fällt bei den Richtlinienrechtsbehelfen zusätzlich die Schwierigkeit weg, daß er den Grund der Nichterfüllung kennen muß, um sich für die richtige Anspruchsgrundlage entscheiden zu können. Damit verliert § 283 BGB an Bedeutung.

Die Richtlinie verzichtet also auf alle dem deutschen Recht eigenen Voraussetzungen für die Vertragsauflösung, schaltet stattdessen als Ausgleich vertragserhaltend die Abhilfe vor. Der Käufer ist dadurch eingeschränkter in der Wahl seiner Rechtsbehelfe als bei §§ 325, 326 BGB. Die Abhilfe hat aber den Sinn, dem Vertrag doch noch zum Erfolg zu verhelfen, und ist daher auch im Interesse des Käufers, insbesondere da ihm auch beim Stückkauf ein Nachlieferungs- und zusätzlich ein Nachbesserungsrecht zugesprochen wird.

10.4. Auswirkungen der Richtlinie auf die Schadensersatzansprüche aus §§ 325, 326 BGB

Die Richtlinie zwingt nicht dazu, die Fälle der Schlechtlieferung, die bisher über die Nichterfüllungshaftung abgewickelt werden, in das Gewährleistungsrecht einzugliedern, da die deutsche Nichterfüllungshaftung strenger als die Haftung der

Richtlinie ist[57]. Man kann also die Umsetzung der Richtlinie auf die Fälle der aliud-Lieferung und der Quantitätsabweichung beschränken, die auch bisher schon als Fehler gelten. Bezüglich der anderen kann man es bei der Anwendung des allgemeinen Leistungsstörungsrechts belassen.

Die Einbeziehung von aliud- und Mengenabweichung ins Gewährleistungsrecht wäre dennoch zu empfehlen. Damit könnte man den beschriebenen Abgrenzungsproblemen ausweichen[58]. Die Richtlinie bietet willkommenen Anlaß für eine Vereinfachung, die für alle Käufe, nicht nur den Verbraucherkauf, wünschenswert wäre.

Gliedert man die Nichterfüllungsfälle in das Gewährleistungsrecht ein, so gilt für ihre Behandlung im Verhältnis zur Richtlinie dasselbe wie für die Fälle, die schon bisher über §§ 459 BGB abgewickelt werden[59].

Für den Schadensersatz bedeutet das entscheidende Veränderungen in den Voraussetzungen. Bei Unmöglichkeit der Leistung bleibt es bei § 325 BGB[60]. Die Rücktrittsmöglichkeit, die der Käufer bisher über § 326 BGB hatte, räumt ihm auch die Richtlinie ein, und zwar unter einfacheren Voraussetzungen. Bei bloßer Nochnichtleistung kann der Käufer nur bei Zusicherung oder bei Arglist Schadensersatz wegen Nichterfüllung geltend machen[61].

---

[57] *Roth*, in: Europäisches Kaufgewährleistungsrecht, S. 137; *Ernst* und *Gsell*, ZIP 2000, 1410, 1411; *Micklitz*, EuZW 1997, 229, 231.

[58] Vgl. *Grundmann*, in: Europäisches Kaufgewährleistungsrecht, S. 300; *Westermann*, in: Europäisches Kaufgewährleistungsrecht, S. 257.

[59] Vgl. dazu 8.

[60] Vgl. Soergel/*Huber*, Vor § 459 Rn 249.

[61] Für den Verzögerungsschaden gilt § 286 BGB, vgl. oben 8.5.1.2.

11. Schadensersatz aus positiver Vertragsverletzung

11.1. Die Anspruchsgrundlage pVV

Neben den gewährleistungsrechtlichen Schadensersatzansprüchen im eigentlichen Sinne kann der Käufer bei nichtvertragsgemäßer Leistung auch Schadensersatzansprüche aus positiver Vertragsverletzung[1] geltend machen. Gemäß dem mittlerweile gewohnheitsrechtlich anerkannten[2] Rechtsinstitut der pVV haftet der Schuldner für jede schuldhafte Verletzung einer vertraglichen Pflicht. Der Anspruch aus pVV ist stets subsidiär: Die Haftung aus pVV greift nicht ein, wenn es eine gesetzliche Regelung für den Sachverhalt gibt[3]. Der Tatbestand der Pflichtverletzung ist weit aufzufassen. Zum Leistungsprogramm des Schuldners gehören Haupt- und Nebenpflichten sowie Obhuts-, Aufklärungs- und Mitwirkungspflichten[4]. Der Verkäufer haftet, wenn ihm bezüglich der Pflichtverletzung ein Verschulden gemäß §§ 276 ff. BGB, Vorsatz oder Fahrlässigkeit, vorzuwerfen ist.

Der Käufer kann dann die sich aus §§ 325, 326 BGB ergebenden Rechte geltend machen[5]. Die Berechnung des Schadensersatzes ist dabei dieselbe wie bei §§ 463 oder 325 BGB. Es besteht Anspruch auf Naturalrestitution[6]. Aus der Konkurrenz zu § 463 BGB ergeben sich Beschränkungen bei der Ersatzfähigkeit von Schäden, die sogleich ausführlich dargestellt werden. Wenn aufgrund der Pflichtverletzung der Vertragszweck so gefährdet ist, daß dem Käufer das Festhalten am Vertrag nach Treu und Glauben nicht zumutbar ist, eröffnet ihm der Anspruch aus pVV den Rücktritt vom Vertrag[7]. Dies setzt einen schweren, die Vertrags-

---

[1] Im folgenden: pVV.
[2] Palandt/*Heinrichs*, § 276 Rn 105; *Larenz*, § 24 I a.
[3] BGHZ 11, 80, 83; Staudinger/*Löwisch*, Vorbem zu §§ 275 ff Rn 30 f.
[4] BGHZ 11, 80, 83; Soergel/*Wiedemann*, Vor § 275 Rn 409.
[5] BGHZ 11, 80, 84.
[6] OLG Düsseldorf NJW-RR 1999, 929.
[7] BGHZ 11, 80, 84; OLG Düsseldorf NJW-RR 1999, 929 f; Palandt/*Heinrichs*, § 276 Rn 124.

grundlage erschütternden Verstoß voraus[8]. Voraussetzung für das Rücktrittsrecht ist stets die eigene Vertragstreue des Käufers[9]. In rechtsähnlicher Anwendung des § 326 BGB muß zuvor eine dem Schuldner zur Beseitigung des Schadens gesetzte Nachfrist erfolglos abgelaufen sein[10]. Diese Nachfrist kann z. B. bei endgültiger Erfüllungsverweigerung entbehrlich sein[11].

11.2. Lieferung einer nichtvertragsgemäßen Sache als Pflichtverletzung

Liefert der Verkäufer eine gemäß § 459 I oder II BGB mangelhafte Sache, haftet er dafür zunächst gemäß den §§ 459 ff. BGB, unabhängig davon, ob man die mangelhafte Lieferung als Verletzung einer vertraglichen Hauptpflicht auffaßt und diesen Anspruch als Erfüllungsanspruch bewertet oder ihn als von der Leistungsverpflichtung unabhängige Gewährleistungspflicht betrachtet. Wenn die mangelhafte Leistung außerdem eine Pflichtverletzung darstellt, haftet der Verkäufer bei Verschulden zusätzlich nach pVV.

11.2.1. Pflichtverletzung beim Gattungskauf

Beim Gattungskauf schuldet der Verkäufer, wie oben geschildert, nach allen Meinungen die Übergabe einer mangelfreien, § 243 II BGB entsprechenden Gattungssache mittlerer Art und Güte. Entspricht die ausgewählte und gelieferte Sache nicht diesen Anforderungen, hat der Verkäufer diese Vertragspflicht verletzt[12].

11.2.2. Pflichtverletzung beim Stückkauf

Daß der Verkäufer bei Lieferung einer fehlerhaften Stücksache grundsätzlich auch nach pVV haften muß, ist im Ergebnis unstreitig[13]. Umstritten ist dagegen, worin die Pflichtverletzung des Verkäufers zu sehen ist[14]. Nach der Erfüllungstheorie

---

[8]Palandt/*Heinrichs*, § 276 Rn 124.

[9]Palandt/*Heinrichs*, § 276 Rn 124.

[10]OLG Düsseldorf NJW-RR 1999, 929, 930; vgl. auch BGHZ 11, 80, 84.

[11]OLG Düsseldorf NJW-RR 1999, 929, 930.

[12]BGH WM 1989, 575, 577; RGZ 56, 166, 168 f; MünchKomm/*Emmerich*, Vor § 275 Rn 228; Palandt/*Heinrichs*, § 276 Rn 110; Staudinger/*Löwisch*, Vorbem zu §§ 275 Rn 28; *Larenz*, § 41 II e, S. 70; *Grunewald*, in: Europäisches Kaufgewährleistungsrecht, S. 14; Soergel/*Huber*, Anh § 463 Rn 4.

[13]Vgl. *Walter, Gerhard*, § 5 II 6 cc, S. 202.

[14]MünchKomm/*Westermann*, § 463 Rn 35.

haftet der Verkäufer, wenn er beim Stückkauf eine mangelhafte Sache liefert, genauso wie beim Gattungskauf wegen Verletzung der Hauptleistungspflicht, eine mangelfreie Sache zu liefern[15]. Nach der Gewährleistungstheorie schuldet er dagegen nicht die Lieferung einer mangelfreien Sache, sondern die Lieferung in dem Zustand, in dem sich die Sache bei Vertragsschluß bzw. bei Lieferung befindet. Eine Pflichtverletzung ist ohne weiteres also nicht gegeben. Nach der Rechtsprechung und auch der überwiegenden Meinung bei den Vertretern der Gewährleistungstheorie[16] ist die sanktionierte Pflichtverletzung die mangelhafte Lieferung der Stücksache ohne Aufklärung über deren Mangelhaftigkeit[17]. Diese Aufklärungspflicht ist direkt im Gesetz für die Fälle festgehalten, in denen die Voraussetzungen der Haftung aus § 463, 2 BGB erfüllt sind, also z. B. wenn der Verkäufer von dem Fehler weiß und ihn arglistig verschweigt. Die Verletzung der Aufklärungspflicht löst auch eine Haftung aus positiver Vertragsverletzung aus[18]. Hat der Verkäufer nach Vertragsschluß vom Fehler erfahren, oder hätte er den Fehler nur kennen müssen, haftet er zwar nicht aus § 463 BGB, aber dennoch aus pVV, wenn er die Sache ohne entsprechenden Hinweis übergibt[19].

11.2.3. Verschulden

Haftet der Verkäufer wegen Arglist gemäß § 463, 2 BGB, so ist ein Verschulden bei Lieferung einer mangelhaften Stücksache stets gegeben[20]. Sonst ist ein Verschulden nur dann gegeben, wenn vom Verkäufer ein Hinweis erwartet werden kann. Dabei gibt es Unterschiede zwischen den Pflichten eines bloßen Zwischenhändlers und eines verkaufenden Herstellers[21]. Den Verkäufer, der gleichzeitig Hersteller ist, trifft die Verantwortung für die fehlerhafte Herstellung nach ständiger Rechtsprechung ohne weiteres, da die fehlerfreie Herstellung zu seinen Sorgfaltspflichten gehört[22]. Ist der Verkäufer nicht Hersteller, ist ihm bei verborgenen Mängeln die fehlende Aufklärung nur eingeschränkt vorzuwerfen. Die Haftung

---

[15] Soergel/*Huber*, Anh § 463 Rn 6.

[16] Vgl. *Walter, Gerhard*, § 5 II 6 cc, S. 202.

[17] *Honsell*, JR 76, 361; Staudinger/*Honsell*, Vor § 459 Rn 22; Palandt/*Heinrichs*, § 276 Rn 110; *Grunewald*, in: Europäisches Kaufgewährleistungsrecht, S. 14.

[18] *Walter, Gerhard*, § 5 II 6, S. 213. Allerdings ist die Haftung aus pVV im Anwendungsbereich des § 463, 2 BGB ausgeschlossen. Da der Käufer bei Arglist alle Schäden, auch Mangelfolgeschäden über § 463, 2 BGB ersetzt bekommt (siehe dazu unten), kommt die pVV in diesen Fällen nicht zum Zuge.

[19] *Reinicke* und *Tiedtke*, Rn 657.

[20] *Walter, Gerhard*, § 5 II 6, S. 213.

[21] BGH WM 1989, 575, 577; *Grunewald*, in: Europäisches Kaufgewährleistungsrecht, S. 14.

[22] Soergel/*Huber*, Anh § 463 Rn 8; *Reinicke* und *Tiedtke*, Rn 658.

aus pVV läßt aber fahrlässige Unkenntnis genügen[23]. Fahrlässigkeit bezüglich seiner Unkenntnis kann dem Verkäufer nur dann vorgeworfen werden, wenn ihm eine Untersuchungspflicht obliegt, der Mangel bei dieser Untersuchung hätte entdeckt werden können, er seine Untersuchungspflicht jedoch verletzt hat[24]. Nach ständiger Rechtsprechung trifft den Verkäufer im Regelfall keine Untersuchungspflicht[25]. Die im Zusammenhang mit der Richtlinie bedeutsamste Ausnahme[26] ist die Inanspruchnahme besonderer Sachkunde durch den Verkäufer, besonders beim Gebrauchtwagenverkauf[27]. Ohne eine Untersuchungspflicht trifft den Verkäufer dann die Haftung aus pVV, wenn er aufgrund seiner besonderen Fachkunde wissen muß, daß sich die Ware für den vertraglich vorausgesetzten Gebrauch nicht eignet[28].

11.2.4. Folgen der Konkurrenz zu § 463 BGB

11.2.4.1. Grundsatz: Beschränkung auf Mangelfolgeschäden

Die grundsätzlich dem Tatbestand nach gegebene Haftung aus pVV ist wegen des parallelen Anwendungsbereichs des Gewährleistungsrechts beschränkt. Die pVV greift als gewohnheitsrechtliches Rechtsinstitut nur, soweit das Gewährleistungsrecht Lücken enthält. Nach aktueller Rechtsprechung[29] kann der Käufer neben den gewährleistungsrechtlichen Schadensersatzansprüchen im eigentlichen Sinne auch einen Anspruch aus pVV geltend machen. Die gewährleistungsrechtlichen Schadensersatzansprüche wahren lediglich das Äquivalenzinteresse des Käufers, also sein Interesse, eine vertragsgemäße Leistung zu erlangen. Das darüberhinausgehende Interesse des Käufers am Schutz seiner übrigen Rechtsgüter vor Schädigungen durch die gelieferte (mangelhafte) Sache wird hingegen von den §§ 459 ff. BGB nicht geschützt[30]. Dafür steht die pVV als Anspruchsgrundlage des allgemeinen Leistungsstörungsrechts offen, diesbezüglich besteht keine spezialgesetzliche Regelung. Dies klingt bereits im Urteil BGH NJW 1965, 532, dem

[23] Soergel/*Huber*, Anh § 463 Rn 17.

[24] Soergel/*Huber*, Anh § 463 Rn 17.

[25] Grundlegend BGH NJW 1968, 2238; Soergel/*Huber*, Anh § 463 Rn 17; MünchKomm/*Westermann*, § 463 Rn 44; *Reinicke* und *Tiedtke*, Rn 658 m. w. N.

[26] Ohne Bedeutung sind beim Verbraucherkauf Handelsbrauch oder Verkehrsübung, die zu einer Untersuchungspflicht führen können, *Reinicke* und *Tiedtke*, Rn 658.

[27] *Reinicke* und *Tiedtke*, Rn 658.

[28] Soergel/*Huber*, Anh § 463 Rn 18; RGZ 56, 166, 168.

[29] Vgl. v. a. das Grundsatzurteil BGHZ 77, 215, in dem der BGH eine ausdrückliche Begründung für seine Entscheidung bezüglich der Konkurrenz zwischen pVV und den gewährleistungsrechtlichen Schadensersatzansprüchen im eigentlichen Sinne (§§ 459 ff. BGB) gibt.

[30] BGHZ 77, 215, 218.

Sielleitungsfall, an. Hier stellte der BGH fest, die Gewährleistungsregeln seien gegenüber den allgemeinen Vorschriften über die Nichterfüllung lex specialis, sie regelten den Schadensersatz wegen Nichterfüllung. Da dieser Schadensersatz eben schon von den Gewährleistungsregeln erfaßt sei, komme diesbezüglich auch ein Anspruch aus pVV nicht in Betracht. Die pVV wird also wie eine allgemeine Vorschrift über die Nichterfüllung behandelt, die im Regelungsbereich der Gewährleistungsvorschriften verdrängt wird[31]. Die pVV ist Grundtatbestand der Vertragsverletzung[32].

Aus dieser Argumentation erklärt sich die Begrenzung auf den Ersatz von bestimmten Schäden. Die Abgrenzung, in welchem Fall der Käufer einen Anspruch aus pVV oder aus den §§ 459 ff. BGB hat, findet demnach nicht auf der Tatbestandsebene statt, sondern von der Rechtsfolgenseite her[33]. Die Folgen der Pflichtverletzung dürfen, um über pVV ersetzt werden zu können, nicht von den gesetzlichen Gewährleistungsvorschriften erfaßt werden[34]. Im Kaufrecht ist die Gewährleistung abschließend geregelt bis auf den Ersatz mancher Mangelfolgeschäden.

Die Haftung aus pVV ist also nicht nur auf die Fälle beschränkt, in denen die Pflichtverletzung des Verkäufers mit der Beschaffenheit der Kaufsache nichts zu tun hat. Die Gewährleistungshaftung ist unabhängig von einem Verschulden, erfaßt daher den Verstoß gegen die vertragliche Nebenpflicht nicht[35]. Zweck des parallelen pVV-Anspruchs ist es damit, dem Gläubiger die Schäden zu ersetzen, die über das Gewährleistungsrecht nicht liquidiert werden können[36].

Besteht die Pflichtverletzung in der Lieferung einer mangelhaften Sache, so richtet sich die Verjährung des Anspruches aus pVV nach § 477 BGB[37]. Mit Zeitablauf wird die Feststellung von Sachmängeln immer schwieriger, die Beweislage aussichtsloser. Der Verkehr soll deshalb nicht mit schwierigen und langwierigen Auseinandersetzungen belastet werden. Zweck des § 477 BGB ist es deshalb, im Interesse der Verkehrs- und Rechtssicherheit eine schnelle endgültige Abwicklung der Rechtsverhältnisse zu gewährleisten[38]. Diese Befriedungsfunktion muß sich,

---

[31]BGH NJW 1965, 532, 533.

[32]Palandt/*Heinrichs*, § 276 Rn 107, Vorbem 4 vor § 275.

[33]Staudinger/*Honsell*, Vor § 459 Rn 39; *Katzenmeier*, S. 111.

[34]BGH NJW 1978, 260; Palandt/*Heinrichs*, § 276 Rn 107.

[35]*Larenz*, § 41 II e, S. 70.

[36]Staudinger/*Löwisch*, Vorbem zu §§ 275 ff Rn 23; MünchKomm/*Emmerich*, Vor § 275 Rn 227.

[37]RGZ 53, 200, 203 f.; RGZ 56, 166, 169. Für Folgeschäden aus Falschlieferungen, die nicht gleichzeitig einen Fehler darstellen, gilt § 195 BGB, Staudinger/*Honsell*, Vorbem zu §§ 459 ff Rn 86, m. w. N.

[38]RGZ 53, 200, 203; RGZ 56, 166, 169; Mot. II, S. 238; Soergel/*Huber*, § 477 Rn 8.

um Wirkung zu entfalten, auf alle Ansprüche wegen Mängeln der Sache beziehen, auch auf solche aus pVV[39].

11.2.4.2. Pflichtverletzung vor und Verschlechterung der Kaufsache nach Gefahrübergang

Grundsätzlich greift die Haftung aus den §§ 459 ff BGB nur, wenn die Sache bei Gefahrübergang mangelhaft ist[40]. Falls eine Nebenpflichtverletzung vor Gefahrübergang stattfindet, sich aber erst nach Gefahrübergang in einem Mangel auswirkt[41], ist deshalb grundsätzlich keine Haftung aus den §§ 459 ff. BGB gegeben und der Weg für eine Haftung aus pVV frei[42]. Die Haftung aus pVV für diese Pflichtverletzung ist auch dann noch gegeben, wenn ihre Folgen erst nach Gefahrübergang eintreten, der Gefahrübergang berührt diese Verschuldenshaftung nicht[43]. Da keine Konkurrenz zum Gewährleistungsrecht besteht, ist der Anspruch aus pVV nicht auf den Ersatz von Mangelfolgeschäden beschränkt[44] und die Verjährung richtet sich nach § 195 BGB[45].

Davon zu unterscheiden sind die bei Gefahrübergang latenten Mängel. Das sind Mängel, die erst nach Gefahrübergang zutage treten, aber die Folge einer schon bei Gefahrübergang bestehenden Beschaffenheit der Kaufsache sind. Die Anlage für den später in Erscheinung tretenden Mangel besteht bereits bei Gefahrübergang, so daß die Kaufsache bereits im relevanten Zeitpunkt zu ihrem Gebrauch nicht taugt. Für diesen Sachmangel haftet der Verkäufer nach den §§ 459 ff. BGB[46]. Die Verpackungsfälle stellen keinen latenten Mangel dar, soweit die Verpackung nur als Nebenpflicht geschuldet ist[47]. In diesem Fall geht der später eintretende Mangel nicht auf eine fehlerhafte Beschaffenheit der Kaufsache,

---

[39] RGZ 53, 200, 203 f.; RGZ 56, 166, 169.

[40] MünchKomm/*Westermann*, § 459 Rn 29; Soergel/*Huber*, § 459 Rn 80; Erman/*Grunewald*, § 459 Rn 29.

[41] Beispiel: Falsche Verpackung durch den Verkäufer; OLG Düsseldorf NJW-RR 1999, 929; BGHZ 87, 88, 91 f.

[42] Soergel/*Wiedemann* Vor § 275 Rn 414; Erman/*Grunewald*, Vor § 459 Rn 40 und § 459 Rn 29; Soergel/*Huber* Rn 88.

[43] BGHZ 87, 88, 92; MünchKomm/*Westermann*, § 459 Rn 29 und § 447 Rn 19, 21; Soergel/*Huber*, § 446 Rn 35 und § 447 Rn 78.

[44] BGHZ 87, 88, 93; Soergel/*Wiedemann* Vor § 275 Rn 414; *Walter, Gerhard*, § 5 II 6 cc, S. 206.

[45] BGHZ 87, 88, 93; *Walter, Gerhard*, § 5 II 6 c cc, S. 205 f.

[46] OLG Düsseldorf NJW-RR 1992, 87 und NJW-RR 1999, 929; Soergel/*Huber*, § 459 Rn 87; Palandt/*Putzo*, § 459 Rn 6.

[47] Gehörte die ordnungsgemäße Verpackung zur Hauptpflicht, handelte es sich auch nicht um einen latenten Mangel, denn die Verpackung als geschuldete Hauptsache ist schon von Anfang an insgesamt mangelhaft, was vielleicht nur erst später erkannt wird oder werden kann.

sondern nur auf die nicht ordnungsgemäße Verpackung zurück. Für den Ersatz der Mangelfolgeschäden daneben gilt § 477 BGB[48].

11.2.4.3. Pflichtverletzung und Verschlechterung nach Gefahrübergang

Tritt nicht nur der Mangelschaden nach Gefahrübergang ein, sondern findet auch die Pflichtverletzung erst danach statt, so ist weitgehend unstrittig, daß keine Gewährleistungsansprüche, sondern nur der Anspruch aus pVV in Betracht kommen[49]. Hierzu zählt auch die Beschädigung der Kaufsache durch mangelhafte Montage oder Montageanleitung, sofern sie nach Gefahrübergang geschieht[50]. Die Haftung für Pflichtverletzungen nach Gefahrübergang bezieht sich dem Umfang nach auch auf Mangelschäden, da keine Konkurrenz zum Gewährleistungsrecht besteht[51]. Die pVV findet aus demselben Grund und im selben Umfang Anwendung auf Schäden, die während der Nachbesserung entstehen[52]. Allerdings verjährt sogar in diesen Fällen der Anspruch aus pVV nach § 477 BGB, weil ein Bezug auf die Beschaffenheit der Kaufsache besteht[53].

11.2.5. Lieferung eines aliud

Wenn eine aliud-Lieferung mindestens auf Fahrlässigkeit beruht, haftet der Verkäufer nach pVV[54]. Für das Vorliegen einer pVV kommt es nicht darauf an, ob die Falschlieferung als Nichterfüllung oder als mangelhafte Lieferung anzusehen ist[55]. Unterschiede ergeben sich nur für die Verjährung, d. h. die Anwendbarkeit von § 477 BGB[56]. Wenn keine Konkurrenz zu §§ 459 ff. BGB besteht, ist die allgemeine Vorschrift § 195, nicht § 477 BGB anwendbar[57]. Den Verkäufer trifft bei aliud-Lieferung in der Regel ein Verschulden[58].

---

48 BGHZ 87, 88, 93; Erman/*Grunewald*, Vor § 459 Rn 40; Soergel/*Huber*, § 459 Rn 88.

49 OLG Düsseldorf NJW-RR 1999, 929; Palandt/*Heinrichs*, Einf v § 320 Rn 19; Erman/*Grunewald*, § 459 Rn 29; *Ehmann* und *Rust*, JZ 1999, 853, 856.; a. A. Soergel/*Huber*, § 459 Rn 88.

50 Vgl. *Ehmann* und *Rust*, JZ 1999, 853, 836; *Welser*, FS Hempel, S. 326.

51 OLG Düsseldorf NJW-RR 1999, 929.

52 BGH NJW 1997, 727, 728; Palandt/*Heinrichs*, § 276 Rn 110.

53 BGHZ 87, 88, 93; Erman/*Grunewald*, Vor § 459 Rn 40; Soergel/*Huber*, § 459 Rn 88.

54 MünchKomm/*Emmerich*, Vor § 275 Rn 228 m. w. N.; Soergel/*Huber*, Anh § 463 Rn 3.

55 BGH LM Nr. 6 zu § 377 HGB; Soergel/*Huber*, Anh § 463 Rn 14.

56 Soergel/*Huber*, Anh § 463 Rn 3, außerdem bzgl. der Rügepflicht aus §§ 377 f. HGB, was aber für den Verbraucherkauf nicht relevant ist.

57 *Walter*, *Thomas*, S. 136; Soergel/*Huber*, Anh § 463 Rn 41.

58 BGH NJW 1975, 2011; Soergel/*Huber*, Anh § 463 Rn 14.

11.3. Verletzung von Nebenpflichten in Bezug auf die Kaufsache

11.3.1. Nebenpflichten des Verkäufers

Hat der Verkäufer eine Verschlechterung der geschuldeten Stücksache nach Vertragsschluß zu vertreten, so haftet er wegen Verletzung einer Nebenpflicht aus pVV. Nebenpflichten können vertraglich vereinbart oder auch erst durch Auslegung aus dem Vertrag zu ermitteln sein: Der Verkäufer kann versäumt haben, die Kaufsache bis zum Gefahrübergang ordentlich verwahrt, etwa gegen Diebstahl oder Beschädigung gesichert zu haben[59], oder er hat sie unsachgemäß gelagert[60]. Den Verkäufer trifft die Pflicht, sowohl bei Schickschuld als auch, wenn es zum Abtransport durch den Käufer nötig ist, die Kaufsache angemessen zu verpacken[61,62]. Außerdem darf er keinen Fehler bei der Ablieferung machen, etwa die Kaufsache zur Unzeit abliefern[63].

11.3.2. Begrenzung des Haftungsumfangs durch §§ 463, 480 II BGB

Verschlechtert sich die (Stück-)Kaufsache nach dem Vertragsschluß und vor dem Gefahrübergang, greift die Haftung aus §§ 459 ff. BGB ein. Der Verkäufer liefert eine Kaufsache, die bei Gefahrübergang, dem für den Fehler relevanten Zeitpunkt, mangelhaft ist[64]. Diese Haftung ist unabhängig davon, ob der Mangel auf eine Pflichtverletzung des Verkäufers zurückgeht.

Geht der Mangel auf eine schuldhafte Nebenpflichtverletzung des Verkäufers zurück, so besteht daneben, wie eben dargestellt, unstreitig eine Haftung aus

[59] OLG Düsseldorf NJW-RR 1999, 929; Palandt/*Putzo*, § 433 Rn 19; *Reinicke* und *Tiedtke*, Rn 680.

[60] Erman/*Grunewald*, Vor § 459 Rn 40.

[61] BGHZ 87, 88, 91 f; Soergel/*Huber*, Anh I § 433 Rn 20; *Walter, Gerhard*, § 5 II 6, S. 206; *Reinicke* und *Tiedtke*, Rn 680; Staudinger/*Heinrich Honsell*, § 459 Rn 103; Staudinger/*Löwisch*, Vorbem zu §§ 275 ff, Rn 33.

[62] Im Einzelfall ist hier eine Abgrenzung zur Mangelhaftigkeit der Hauptsache vorzunehmen: Gehört die Verpackung nach dem Vertrag unbedingt zur Ware, ist sie etwa zwingend zu ihrer Erhaltung erforderlich oder um den Weiterverkauf zu ermöglichen, so sind Verpackungsmängel gleichzeitig Qualitätsmängel der Sache und über das Gewährleistungsrecht abzuwickeln; BGHZ 87, 88, 91, 92; Staudinger/*Honsell*, § 459 Rn 103.

[63] Erman/*Grunewald*, Vor § 459 Rn 40; Soergel/*Huber*, § 459 Rn 88.

[64] Für viele MünchKomm/*Westermann*, § 459 Rn 29; a. A. Soergel/*Wiedemann*, Vor § 275 Rn 414: § 463 BGB sei nicht anwendbar, da diese Vorschrift auf die Mangelhaftigkeit zur Zeit des Vertragsabschlusses abstelle, eine Verschlechterung nach Vertragsschluß also stets nur unter die pVV falle und deshalb auch jeder Schaden darüber zu ersetzen sei.

pVV. Diskutiert wird hingegen, ob abweichend vom grundsätzlichen Ausschluß hier auch die Mangelschäden über die pVV ersetzt werden sollen. Die Befürworter stellen darauf ab, daß das Verschulden des Verkäufers über die bloße Schlechtlieferung hinausgehe. Der Verkäufer wirke mindestens fahrlässig negativ auf die Kaufsache ein[65]. Seine Haftung aus pVV gründe nicht auf bloßer Lieferung einer von vorneherein mangelhaften Sache, sondern darauf, daß er den Mangel bei einer anfangs mangelfreien Sache schuldhaft herbeiführe[66]. Insofern sei die Privilegierung des Verkäufers durch das Gewährleistungsrecht nicht gerechtfertigt. Ihm wird insofern auch mehr vorgeworfen, als bei Lieferung einer von Anfang an mangelhaften Stücksache: Es gehe nicht nur um mangelnde Untersuchung und Aufklärung, sondern um verschuldete Verschlechterung. Die Haftung auch auf Mangelschäden sei selbst im Vergleich mit der Schadensersatzhaftung aus § 325 BGB gerechtfertigt. Diese würde eintreten, wenn die Sache aufgrund der Nebenpflichtverletzung ganz unterginge[67]. Bei bloßer Beschädigung der Kaufsache ohne deren Untergang sollte die pVV greifen, mit denselben Rechtsfolgen wie bei §§ 325, 326 BGB, da es keinen Unterschied machen kann, ob die Sache zerstört oder nur beschädigt wird[68].

Die Rechtsprechung schließt in diesem Fall die Haftung aus pVV auf Mangelschäden aus[69]. Der Käufer sei bezüglich des Mangelschadens auf den Schadensersatzanspruch aus § 463 BGB beschränkt, der andere, im Fall der Arglist strengere Haftungsvoraussetzungen hat[70]. Der Verkäufer solle für Mangelschäden eben nur im Falle des § 463 BGB haften. Dafür spricht, daß die Abgrenzung zwischen der Schlechterfüllung und den mit ihr verwandten Nebenpflichtverletzungen nicht leichtfällt, so daß eine einheitliche Behandlung der Fälle dieses Problem entschärft[71].

Verletzt der Verkäufer Nebenpflichten, die eng mit der Eigenschaft der Kaufsache verbunden sind, deren Verletzung aber über die bloße mangelhafte Lieferung hinausgeht, so wird auf die Haftung aus pVV ebenfalls § 477 BGB angewendet[72]. Grund dafür ist ebenfalls die Vereinfachung des Rechtsverkehrs. Außerdem soll

[65] *Reinicke* und *Tiedtke*, Rn 671, 680.

[66] MünchKomm/*Emmerich*, Vor § 275 Rn 227, 228.

[67] MünchKomm/*Emmerich*, Vor § 275 Rn 228; Soergel/*Huber*, Anh I § 433 Rn 16.

[68] Soergel/*Huber*, Anh I § 433 Rn 16; *Reinicke* und *Tiedtke*, Rn 680.

[69] Nachweise bei MünchKomm/*Westermann*, § 463 Rn 35; Staudinger/*Honsell*, Vorbem zu §§ 459 ff, Rn 79.

[70] *Larenz*, § 41 II e, S. 70; im Ergebnis auch Staudinger/*Honsell*, Vorbem zu §§ 459 ff, Rn 79.

[71] Staudinger/*Honsell*, Vorbem zu §§ 459 ff, Rn 79; vgl. BGHZ 66, 208; BGH NJW-RR 1994, 601.

[72] BGHZ 87, 88, 93; *Walter, Gerhard*, § 5 II 6 c cc, S. 203.

der Verkäufer nicht länger für einfache Fehler haften müssen als für Eigenschaften, die er sogar besonders zugesichert hat[73]. Wertungswidersprüche werden so vermieden[74]. Ausreichend ist für den Leistungsbezug, daß sich die Pflichtverletzung auf irgendwelche Eigenschaften der Kaufsache bezieht, sie müssen keinen Mangel darstellen oder zusicherbar sein[75]. Beispiele dafür sind etwa Verpackungsfehler[76]. Die Abgrenzung zu Nebenpflichtverletzungen ohne Bezug zur Beschaffenheit der Kaufsache ist schwierig. Die Rechtsprechung ist dementsprechend uneinheitlich[77].

11.4. Verletzung von Nebenpflichten ohne Bezug auf Eigenschaften der Kaufsache

Verletzt der Verkäufer eine Nebenpflicht, und hat diese keinen Bezug auf die Beschaffenheit der Sache, weder von ihrem Zweck noch von den Auswirkungen her, so besteht unstrittig keine Konkurrenz zu den §§ 459 ff. BGB[78]. Da überhaupt kein Mangel der Kaufsache eintritt, besteht keine wie immer geartete Beziehung zur Sachmängelgewährleistung. Die Differenzierung zwischen Mangel- und Mangelfolgeschäden ist unsinnig, da die Kaufsache nicht mangelhaft ist[79]. In diesem Fall verjährt der pVV-Anspruch auch nach der allgemeinen Vorschrift § 195 BGB[80]. Diese Fälle sind mit der cic weitgehend strukturgleich[81] und werden im folgenden nur kurz dargestellt.

11.4.1. Fehlerhafte Montageanleitung u. ä.

Den Verkäufer können kraft ausdrücklicher Vereinbarung oder auch im Einzelfall aus Treu und Glauben[82], zum Beispiel beim Computerkauf[83], Instruktionspflichten treffen. Schuldet der Verkäufer neben der Lieferung der Kaufsache die Versorgung des Käufers mit ergänzenden Anleitungen, zum Beispiel Montage-, Bedienungs- oder Wartungsanleitungen, so haftet er aus pVV, wenn diese fehler-

---

[73] RGZ 53, 200, 203.

[74] Soergel/*Huber*, § 477 Rn 8.

[75] *Walter, Gerhard*, § 5 II 6 c cc, S. 203.

[76] BGHZ 87, 88, 93.

[77] BGHZ 66, 208 ff. nimmt inkonsequenterweise § 195 BGB an, vgl. Staudinger/*Honsell*, § 459 Rn 104; *Walter, Gerhard*, § 5 II 6 c cc, S. 206.

[78] Erman/*Grunewald*, Vor § 459 Rn 40; Palandt/*Heinrichs*, § 276 Rn 118.

[79] Erman/*Grunewald*, Vor § 459 Rn 40.

[80] BGHZ 47, 312, 319; *Walter, Gerhard*, § 5 II 6 cc, S. 203.

[81] MünchKomm/*Westermann*, § 463 Rn 42; *Walter, Gerhard*, § 5 II 6 c cc, S. 207.

[82] BGHZ 47, 312, 315.

[83] OLG Stuttgart, NJW-RR 1986, 1254; Soergel/*Huber*, Anh § 433 Rn 24.

haft sind und deshalb ein Schaden eintritt[84]. Eine Haftung aus Gewährleistungsrecht ist nicht gegeben, da die zu liefernde Hauptsache an sich mangelfrei ist[85]. Die pVV wird in diesen Fällen nicht vom Gewährleistungsrecht verdrängt[86].

11.4.2. Fehlerhafte Montage

Muß der Verkäufer die Kaufsache montieren, wird von manchen ein reiner Kaufvertrag angenommen, wenn die Montage hinter der Lieferverpflichtung in der Bedeutung weit zurückbleibt[87]. Entstehen durch die fehlerhafte Montage Schäden, so haftet der Verkäufer dafür nach pVV. Das Verschulden bezieht sich dann auf die Verletzung einer Pflicht, die keinen Bezug auf die Eigenschaften der Kaufsa che hat[88]. Die Verschlechterung findet erst nach Gefahrübergang statt, so daß eine Haftung aus § 459 ff. BGB nicht in Frage kommt. Eine Begrenzung durch das Gewährleistungsrecht gibt es hier deshalb nicht. Der Verkäufer muß neben den Mangelfolgeschäden auch den Mangelschaden an der gelieferten Sache selbst ersetzen, der durch die Montage entstanden ist[89].

11.4.3. Allgemeine Schutzpflichtverletzung

Wenn der Schuldner im Zusammenhang mit der Durchführung des Schuldverhältnisses andere Rechtsgüter des Gläubigers schädigt, kommt eine Haftung aus pVV wegen allgemeiner Schutzpflichtverletzung in Betracht. Zweck der pVV-Haftung ist die Ergänzung der Deliktshaftung, falls der Schuldner nur fahrlässig gehandelt hat oder sich gemäß § 831 BGB exkulpieren kann[90]. Hier geht es um sorgfaltswidriges Verhalten im Zusammenhang mit, nicht durch die Leistung. Es kommt nicht darauf an, ob die Leistung selbst vertragsgemäß ist oder nicht[91]. Es werden Interessen des Käufers geschützt, die von dem an der Mangelhaftigkeit der Kaufsache orientierten Gewährleistungsrecht nicht berührt werden[92].

---

[84] BGHZ 47, 312, 315; OLG Stuttgart, NJW-RR 1986, 1254; Staudinger/*Löwisch*, Vorbem zu §§ 275 ff Rn 33; Soergel/*Huber*, Anh § 433 Rn 24; *Schurr*, ZfRV 1999, 222, 225.

[85] Vgl. *Walter, Gerhard*, § 5 II 6 c cc, S. 203.

[86] Palandt/*Heinrichs*, § 276 Rn 112; *Walter, Thomas*, S. 135.

[87] Siehe oben 2.6.2.3.

[88] *Walter, Gerhard*, § 5 II 6 c cc, S. 203.

[89] *Reinicke* und *Tiedtke*, Rn 671.

[90] MünchKomm/*Emmerich*, Vor § 275 Rn 294; Staudinger/*Löwisch*, Vorbem zu §§ 275 ff, Rn 23.

[91] Palandt/*Heinrichs*, § 276 Rn 117.

[92] Staudinger/*Wiedemann*, Vor § 275 Rn 411 f.

11.4.4. Verletzung von leistungsbegleitenden Pflichten ohne Mangelverursachung

Keinen Mangelbezug hat auch die Verletzung von Nebenpflichten, die sich bei der Erfüllung der Hauptleistungspflicht ergeben, aber nicht schon durch den Gesichtspunkt einer korrekten Erfüllung der Sachleistungspflicht begründet werden[93], und deren Verletzung zu keinem Sachmangel führt. Dazu zählt beispielsweise das Einfüllen von Normalbenzin in den für Super vorgesehenen Tank des Käufers[94]. Dabei entstehende Schäden im Vermögen des Käufers sind nicht mit einem Mangel verbunden, die Kaufsache an sich ist bei Vertragsschluß und bei Lieferung in Ordnung[95]. Diese Fälle sind damit anders gelagert als die Fälle der pVV bei vertragswidriger Beschaffenheit der Kaufsache. Haftungsgrund ist nicht der mangelhafte Zustand der Ware, sondern die Verletzung der Sorgfalt bei der Nebenpflicht Anlieferung. Es handelt sich um eine sonstige Pflichtverletzung[96]. Deshalb gilt auch hier pVV ohne die Begrenzungen des Gewährleistungsrechts, die Differenzierung zwischen Mangel- und Mangelfolgeschäden ist sinnlos. Insbesondere gilt auch § 195 BGB für die Verjährung[97]. Freilich hängt die Einordnung dieser Pflichtverletzung von der Gestaltung des Einzelfalls ab. Vertauscht der Verkäufer etwa nicht die zwei wie bestellt gelieferten Benzinsorten beim Einfüllen, sondern liefert er von vornherein das falsche Benzin, so liefert der Verkäufer ein aliud, auf das Einfüllen kommt es nicht an.

11.4.5. Vertragsuntreue

Ohne Bezug auf das Gewährleistungsrecht ist auch die Haftung des Verkäufers bei Vertragsuntreue, beispielsweise der ernsthaften und endgültigen Erfüllungsverweigerung[98]. Hier geht es nicht um die Beschaffenheit der Kaufsache, sondern um das den Vertragszweck gefährdende Verhalten des Schuldners[99]. Zweck der pVV-Haftung ist es, dem Gläubiger schon vor Fälligkeit einen Anspruch auf Schadensersatz wegen Nichterfüllung und vor allem auf Rücktritt zu gewähren. Es handelt sich also um eine Ergänzung zu den §§ 320 ff. BGB, nicht zu §§ 459 ff. BGB.

---

93 MünchKomm/*Westermann*, § 463 Rn 35 und 42 ff.

94 BGHZ 107, 249 ff.

95 MünchKomm/*Westermann*, § 463 Rn 42.

96 BGHZ 107, 249, 251 und 253; Soergel/*Huber*, Anh § 463 Rn 5.

97 BGHZ 107, 249, 252.

98 Z. B. BGHZ 11, 80, 86.

99 Staudinger/*Löwisch*, Vorbem zu §§ 275 ff Rn 23.

12. Richtlinienhaftung und pVV

12.1. Lieferung einer mangelhaften Sache oder eines aliud

Da nach der Richtlinie die Lieferung einer mangelhaften Sache bei Stück- und Gattungskauf zur Verpflichtung des Käufers gehört, greift in den Fällen von Schlecht- oder aliud-Lieferung die Richtlinienhaftung ein. Das gilt auch für latente Mängel. Anders als bei der Haftung nach pVV ist das Hinzutreten eines Verschuldens nicht erforderlich. Auf das sonstige Verhalten des Verkäufers kommt es demnach für die Richtlinienhaftung nicht an. Es spielt also keine Rolle, ob der Verkäufer neben der mangelhaften Lieferung noch eine Nebenpflicht verletzt hat. Die Richtlinie knüpft nicht an ein Verschulden an, sondern geht von einer Garantie für bestimmte Eigenschaften der Kaufsache aus.

Indem die Richtlinie die Pflicht des Verkäufers zur mangelfreien Leistung auch für den Stückkauf anordnet, ergibt sich in Zukunft die Haftung aus pVV ohne weiteres. Die Unsicherheit bezüglich der Pflichtverletzung, die der pVV-Haftung beim Stückkauf zugrundeliegt – Verletzung der Pflicht zur mangelfreien Leistung oder der Aufklärungspflicht –, fällt weg.

Unberührt von der Richtlinie bleibt die Notwendigkeit, für eine Haftung aus pVV ein Verschulden des Verkäufers bei der Schlechterfüllung seiner Leistungspflicht festzustellen. Hier kommt es auf die Feststellung der den Verkäufer treffenden Sorgfaltspflichten an. Somit haftet der Verkäufer auch in Zukunft nicht in allen Fällen nach pVV, in denen er aufgrund der gewährleistungsrechtlichen Ansprüche der Richtlinie haftet.

Der Umfang der Schadensersatzhaftung der pVV wird durch die Richtlinienrechtsbehelfe nicht noch weiter eingeschränkt, als er es durch § 463 BGB ist. Wie oben gezeigt, helfen die Richtlinienrechtsbehelfe allenfalls den Mangelschäden ab, Mangelfolgeschäden fallen ganz aus dem Regelungsbereich heraus.

12.2. Nebenpflichtverletzungen

Die Richtlinie erfaßt mit dem Begriff der Vertragswidrigkeit aus Art. 2 RL nicht alle Verletzungen von vertraglichen Pflichten. Nur die Pflichtverletzung wird von der Richtlinie sanktioniert, die sich in der Vertragswidrigkeit der Ware selbst im Sinne des Art. 2 RL widerspiegelt. Pflichtverletzungen, die nicht zu einer Vertragswidrigkeit gemäß Art. 3 I RL führen, lösen keine Haftung nach der Richtlinie aus.

12.2.1. Keine Vertragswidrigkeit zum relevanten Zeitpunkt

Die Richtlinie greift, anders als die pVV, nur bei Vertragswidrigkeit zur Zeit des Gefahrübergangs[1]. Tritt die Vertragswidrigkeit erst später ein, ist die Richtlinienhaftung nicht gegeben, es sei denn, die Vertragswidrigkeit wäre bereits bei Gefahrübergang in der Kaufsache angelegt gewesen. Dann gilt dasselbe wie unter 12.1 dargestellt. Zur Haftung aus pVV für die Pflichtverletzungen, deren Folgen erst nach Gefahrübergang auftreten, besteht keine Konkurrenz. In diesen Fällen ist die Kaufsache bei Gefahrübergang vertragsgemäß. Insoweit deckt sich der Anwendungsbereich der Richtlinienhaftung mit dem der §§ 459 ff. BGB und unterscheidet sich von dem der pVV. Etwas besonderes für den Zeitpunkt der Vertragswidrigkeit gilt für Mängel der Montage oder Montageanleitung, die von der Richtlinie ausdrücklich in die Vertragswidrigkeit einbezogen werden, unabhängig davon, wann die Gefahr übergeht[2].

12.2.2. Verletzung von leistungsbezogenen Sorgfaltspflichten

Ebenso wie im deutschen Recht ist auch im Zusammenhang mit der Richtlinie die Behandlung der Grenzfälle problematisch, in denen die Ware an sich vertragsgemäß ist, der Verkäufer jedoch seine Sorgfaltspflichten bei der Erfüllung so verletzt, daß der Käufer mit der Sache nichts anfangen kann. Ein Beispiel ist das Vertauschen zweier geschuldeter Benzinsorten beim Einfüllen in die Tanks des Käufers. Es ist fraglich, ob dies als Vertragswidrigkeit eingeordnet werden kann.

Die angesprochenen Vertragsverletzungen haben aus denselben Gründen, die eine Gewährleistungshaftung im deutschen Recht ausschließen, keine Haftung wegen Vertragswidrigkeit nach der Richtlinie zur Folge. Obwohl der Käufer mit der

[1] Siehe oben 4.1.

[2] Siehe dazu sogleich.

Sache, wie sie sich am Ende darstellt, nichts anfangen kann, ändert dies nichts daran, daß die Sache an sich in Ordnung ist[3]. Die physischen Eigenschaften der Sache sind vertragsgemäß. Die Haftung aus pVV greift hier ausschließlich am Verschulden bezüglich eines Fehlverhaltens des Verkäufers an, das über das Fehlverhalten einer mangelhaften Lieferung hinausgeht. Diese Auffassung entspricht auch der Einordnung in das der Richtlinie verwandte CISG. Der Benzinfall wird dort von der Literatur als Fall der Schutzpflichtverletzung, nicht als mangelhafte Lieferung gemäß Art. 35 CISG eingeordnet[4].

12.2.3. Vertragsuntreue

Auch die pVV-Haftung wegen Vertragsuntreue dient anderen Zwecken als die Richtlinie. Haftungsgrund für die pVV ist in diesem Fall die Erschütterung der Vertragsgrundlage. Dies ist kein Sachverhalt, der die Haftung nach der Richtlinie auslöste. Zwar kann die Erschütterung des Vertragsverhältnisses auch darauf zurückgehen, daß der Verkäufer vertragswidrig leistet, so daß die pVV-Haftung neben die aus der Richtlinie treten könnte. Die Richtlinie knüpft ihre Haftung jedoch nur an bereits fällige, vertragswidrige Leistungen an. Der Käufer kann aufgrund der Richtlinie, wenn die Abhilfe ausgeschlossen ist, vom Vertrag zurücktreten. Einzige Einschränkung ist, daß die Vertragswidrigkeit nicht unerheblich ist. Die pVV-Haftung dient dagegen dazu, dem Käufer auch schon vor Fälligkeit einen Schadensersatz- bzw. Rücktrittsanspruch zu gewähren. Die pVV-Haftung greift also bereits vor der Richtlinie ein.

12.2.4. Allgemeine Schutzpflichtverletzungen

Die Verletzung allgemeiner Schutz- und Sorgfaltspflichten, die nicht zur Vertragswidrigkeit der Kaufsache vor Gefahrübergang führen, wird nicht von der Richtlinie berührt. Die pVV dient hier dem Integritätsinteresse in Bezug auf andere Rechtsgüter des Käufers, das von der Richtlinie ganz ausgeklammert wird.

12.3. Einbeziehung von Nebenleistungspflichten in die Vertragsmäßigkeit

Die Richtlinie erweitert ihren Regelungsbereich gegenüber dem deutschen Sachmängelrecht auf bestimmte Pflichtverletzungen, die bisher als Nebenpflichtverlet-

[3] *Westermann*, in: Europäisches Kaufgewährleistungsrecht, S. 254.
[4] Schlechtriem/*Huber*, Art. 45 Rn 3.

zungen nach pVV behandelt werden: die Montage bzw. das Beifügen einer Montageanleitung. Sie bezieht Pflichten, die über die Vertragsmäßigkeit der Kaufsache im eigentlichen Sinne hinausragen können, mit in den Vertragsmäßigkeitsbegriff aus Art. 2 RL ein. Der Verkäufer muß dann für eine Verletzung dieser Pflichten ohne Rücksicht auf ihre Auswirkungen auf die Kaufsache wegen Vertragswidrigkeit der Leistung haften. Insbesondere kommt es nicht darauf an, wann die Vertragswidrigkeit eintritt – vor oder nach Gefahrübergang –, oder ob sie neben der mangelhaften Pflichterfüllung auch in einem Fehler der Kaufsache in Erscheinung tritt.

Montiert der Verkäufer oder eine von ihm beauftragte Person die Kaufsache mangelhaft, so greift, wie oben gezeigt, die Richtlinienhaftung gemäß Art. 3 i. V. m. 2 V 1 RL. Anders als der pVV-Anspruch sind die Richtlinienansprüche nicht verschuldensabhängig. Bei fehlerhafter Montage liegt jedoch in der Regel ein Verschulden vor[5], so daß die pVV-Haftung oft parallel vorliegen wird. Als wichtigste Auswirkung des Art. 2 V 1 RL ergibt sich, daß der Liefervertrag mit Montageverpflichtung nun nach den kaufrechtlichen Regeln der Richtlinie behandelt wird. Die Montagepflichtverletzung wird damit in Zukunft nicht mehr über §§ 633, 635 BGB und die pVV mit den werkvertraglichen Konkurrenzregeln abgewickelt, sondern über das Kaufrecht mit dem dazugehörigen Konkurrenzverhältnis zur pVV. Die Richtlinie gliedert auch die Pflicht zur Bereitstellung einer fehlerfreien Montageanleitung, nach deutscher Auffassung eine Nebenpflicht, in die Hauptpflicht zur Lieferung einer vertragsgemäßen Kaufsache ein. Auch hier ist in der Regel ein Verschulden des Verkäufers gegeben, da er selbst bei Verwendung einer Anleitung des Herstellers für deren Fehlerfreiheit haftet. Die neue Regelung bedeutet daher keine wesentliche Ausweitung der Haftung[6].

Durch die Einordnung der Pflichtverletzungen als Sachmangel ändert sich der Haftungsgrund[7]. Der Käufer erhält die Möglichkeit, wegen fehlerhafter Montage oder -anleitung zu mindern. Bisher war über die pVV nur der Schadensersatz oder in besonderen Fällen der Rücktritt möglich[8]. Auch die Rücktrittsvoraussetzungen sind nun einfacher zu erfüllen. Hier ist nur erforderlich, daß die Abhilfe gemäß Art. 3 V RL nicht befriedigend durchgeführt wurde oder unmöglich ist, es sich außerdem nicht um eine geringfügige Vertragswidrigkeit gemäß Art. 3 VI RL handelt. Eine Erschütterung der Vertragsgrundlage wird dagegen nicht verlangt.

Die Richtlinie beeinflußt diesen pVV-Anspruch nicht unerheblich. Wenn nunmehr die Pflichtverletzung so eingeordnet wird, daß sie im Zusammenhang mit

---

[5] In Betracht kommt z. B. ein Übernahmeverschulden.

[6] *Ehmann* und *Rust*, JZ 1999, 853, 856.

[7] *Ehmann* und *Rust*, JZ 1999, 853, 856.

[8] *Westermann*, in: Europäisches Kaufgewährleistungsrecht, S. 260.

der Vertragswidrigkeit der Kaufsache steht, tritt die pVV in Konkurrenz zum Gewährleistungsrecht. Damit beschränkt sich der pVV-Haftungsumfang entsprechend der Fälle der einfachen Schlechterfüllung auf Mangelfolgeschäden. § 477 BGB ist als Verjährungsfrist anzuwenden[9].

Die Haftung aus pVV verliert mit der Begrenzung auf Mangelfolgeschäden kaum an Bedeutung: In den besprochenen Fallgestaltungen kann der Ersatz gerade solcher Schäden an anderen Rechtsgütern des Käufers, die mit den typischen Gewährleistungsansprüchen nicht zu liquidieren sind, wirtschaftlich relevanter sein als der von der Richtlinie geschützte Erfüllungsanspruch[10].

12.4. Auswirkungen der Richtlinie auf den Schadensersatzanspruch aus pVV

Von der Richtlinie unberührt bleiben Pflichtverletzungen, die über die vertragswidrige Leistung im Sinne der Richtlinie hinausgehen. Für die Haftung aus pVV ergeben sich da Änderungen, wo Pflichtverletzungen bzw. ihr Ergebnis in die Vertragswidrigkeit miteinbezogen werden: Alle aliud-Lieferungen, Montagemängel und mangelhaften Montageanleitungen führen nach der Richtlinie zur Vertragswidrigkeit. In diesen Fällen wird die pVV verdrängt, es gilt das Gewährleistungsrecht und damit der Schadensersatzanspruch der §§ 463, 480 II BGB. Für die pVV bleiben die Mangelfolgeschäden, es gilt § 477 BGB.

Der Streit, ob trotz der Haftung aus § 463 BGB eine Haftung auf Ersatz von Mangelschäden auch aus pVV gegeben ist, wenn neben die Schlechterfüllung eine zusätzliche Pflichtverletzung tritt, verliert unter der Richtlinie an Bedeutung. Die Richtlinienrechtsbehelfe können eigentliche Mangelschäden auffangen, so daß beim Verbraucherkauf in Zukunft zumindest die eigentlichen Mangelschäden über die Richtlinienrechtsbehelfe auch ohne Zusicherung, Arglist oder Verschulden ersetzt werden können – und zwar ohne die Gefahr des Haftungsausschlusses. Für den Ersatz der uneigentlichen Mangelschäden bleibt es bei der pVV.

Läßt man die pVV in diesem Umfang neben der Richtlinie bestehen, stellt sich wieder die Frage nach der zeitlichen Zurückstellung des Schadensersatzanspruches. Wie oben bei §§ 459 ff. BGB gezeigt, können Mangelfolgeschäden durch die Richtlinienrechtsbehelfe nicht ausgeräumt werden. Sie helfen dem Käufer insoweit nicht weiter. Deshalb ist eine zeitliche Zurückstellung des Mangelfolgeschadensersatzanspruches aus pVV bis nach einer eventuellen Nachbesserung gemäß der

[9] Vgl. BGHZ 47, 312, 319.

[10] *Westermann*, in: Europäisches Kaufgewährleistungsrecht, S. 261; *Ehmann* und *Rust*, JZ 1999, 853, 856.

Richtlinie nicht sinnvoll. Der Anspruch aus pVV bei Schlechtlieferung muß insoweit bestehen bleiben, als die Richtlinie die Funktion der pVV nicht übernehmen kann.

13. Schadensersatz aus culpa in contrahendo

13.1. Die Anspruchgrundlage cic

Ist eine Leistung nicht vertragsgemäß, ist auch an eine Haftung aus culpa in contrahendo (cic) zu denken. Voraussetzung hierfür ist nach der Rechtsprechung die Verletzung des Vertrauensverhältnisses, das bereits bei Vertragsanbahnung entsteht[1]. Aufgrund der Vertragsverhandlungen kommt es zu gesteigertem sozialen Kontakt, der Käufer setzt seine Rechtsgüter dem Zugriff des Verkäufers in erhöhtem Maße aus[2]. Dies rechtfertigt es, dem Verkäufer bereits im Vorfeld des Vertrages Sorgfaltspflichten bezüglich der Rechtsgüter des Käufers aufzuerlegen.

Haftet der Verkäufer aus cic, so schuldet er Schadensersatz in Form der Naturalrestitution gemäß § 249 BGB[3]. Er muß den Käufer so stellen, als sei das schädigende Ereignis, die Pflichtverletzung, nicht begangen worden[4].

13.2. Fallgruppen der cic ohne Richtlinienrelevanz

Für die Richtlinie von Bedeutung sind nicht alle Fallgruppen der cic. Wie bei der pVV scheiden die Verletzungen vorvertraglicher Pflichten aus, die gar nicht zu einer Vertragswidrigkeit der Kaufsache führen, sondern nur andere Rechtsgüter des Käufers beeinträchtigen. Dazu gehören die allgemeinen Schutzpflichtverletzungen. Bei Schutzpflichtverletzungen greift entweder die Haftung aus pVV oder aus cic, je nachdem, ob es zum Vertragsschluß kommt oder nicht. Die Haftung

---

[1]BGHZ 66, 54 f.; Palandt/*Heinrichs*, § 276 Rn 65; kritisch Soergel/*Huber*, Vor § 459 Rn 218.

[2]Palandt/*Heinrichs*, § 276 Rn 66.

[3]BGH NJW 1998, 302.

[4]BGH NJW 1998, 2900, 2901.

aus cic ist unabhängig davon, ob es überhaupt zum Vertragsschluß kommt oder mit welchem Inhalt der Vertrag abgeschlossen wird. Schon deshalb kann es bei dieser Haftung nicht um die Verpflichtung des Verkäufers zur vertragsgemäßen Lieferung gehen, denn was zu liefern ist, steht (noch) nicht fest[5]. Ein Beispiel, bei dem der Verkäufer eine vorvertragliche Nebenpflicht verletzt, ohne daß das schuldhafte Verhalten in Zusammenhang mit der Kaufsache besteht, und deshalb aus cic haftet, ist der Linoleumrollenfall[6].

Eine andere cic-Fallgruppe – diese findet bei der pVV keine Entsprechung – ist die, in der nach den Vertragsverhandlungen, bei denen es zu dem schuldhaften, die Haftung auslösenden Verhalten kommt, gar kein Vertrag abgeschlossen wird. Auch hier kommt eine Haftung nach der Richtlinie nicht in Betracht, da diese einen Vertragsschluß voraussetzt. Außer Betracht bleiben können hier deshalb die cic-Fälle, in denen eine Partei die Vertragsverhandlungen grundlos abbricht[7]. Hier beruht die Haftung gerade darauf, daß es unter bestimmten Umständen gar nicht zum Vertragsschluß kommt.

Irrelevant sind auch die Fälle, in denen der Vertreter des Verkäufers das Vertrauen des Käufers in seine eigene Sachkunde in Anspruch nimmt und als Sachwalter aus cic haftet[8]. Hier kommt es zwar zu einem Vertragsschluß, der haftende Vertreter bzw. Sachwalter ist aber gar nicht Vertragspartner des Käufers. Ein Bezug zur Richtlinie wird auch nicht durch Art. 2 II d RL hergestellt, durch den eine Haftung für Aussagen Dritter begründet wird. Art. 2 II d RL erweitert nämlich lediglich die Grundlage, nach der die Vertragsmäßigkeit der Kaufsache bestimmt wird. Keine Richtlinienvorschrift erweitert den Kreis der Haftenden über den direkten Vertragspartner des Verbrauchers hinaus[9]. Über diese Vertragsbeziehung hinaus geht nur nur Art. 4 RL, der jedoch lediglich bestimmt, daß dem Verkäufer ein Regreß gegen seinen Lieferanten möglich sein muß. Dem Verbraucher werden dadurch keine weiteren möglichen Gläubiger zur Verfügung gestellt.

Zu betrachten sind im Zusammenhang mit der Richtlinie lediglich drei Sachverhaltsgestaltungen, in denen eine cic-Haftung in Betracht kommt: Die gelieferte Sache ist von Anfang an mangelhaft im Sinne des § 459 I, II BGB. Die Sache ist nicht mangelhaft in diesem Sinne, aber sie weist eine nichtzusicherbare Eigenschaft auf, bei deren Kenntnis der Käufer vom Vertragsschluß abgesehen hätte, und der Verkäufer hat die ihm diesbezüglich obliegende Aufklärungspflicht

---

[5] *Walter, Gerhard*, § 5 II 6 dd, S. 206.

[6] Dazu z. B. Palandt/*Putzo*, Vorbem v § 459 Rn 7.

[7] Vgl. dazu *Reinicke* und *Tiedtke*, Rn 683 ff.

[8] Staudinger/*Honsell*, Vorbem zu §§ 459 ff Rn 60.

[9] Anders noch das Grünbuch, S. 110 ff.: dem Verbraucher sollte das Vorgehen gegen den Hersteller direkt ermöglicht werden. Vgl. dazu *Schnyder* und *Straub*, ZEuP 1996, 8, 17 f.

verletzt. Oder der Verkäufer hat konkludent oder ausdrücklich die Beratung des Käufers übernommen; weil er den Käufer nicht ausreichend über eine Eigenschaft der Kaufsache aufklärt, erleidet der Käufer einen Schaden.

13.3. Lieferung einer gemäß § 459 BGB mangelhaften Sache

Liefert der Verkäufer eine bereits bei Vertragsschluß gemäß § 459 BGB mangelhafte Sache – das kommt in der Regel nur bei Stückschuld vor, bei Gattungsschuld müßten alle Sachen aus der Gattung mangelhaft sein –, kommt die Verletzung einer vorvertraglichen Aufklärungspflicht über die Mangelhaftigkeit der Kaufsache in Betracht. Bei Unterlassung der entsprechenden Aufklärung drohen dem Käufer Schäden, die der Verkäufer wegen des vorvertraglichen Vertrauensverhältnisses zu vermeiden verpflichtet sein könnte. Hier träfe den Verkäufer dann die Haftung aus cic.

13.3.1. Grundsatz: Vorrang des Gewährleistungsrechts

Die ständige Rechtsprechung des BGH und die herrschende Literaturmeinung gehen davon aus, daß den Verkäufer eine generelle Aufklärungspflicht bezüglich der Beschaffenheit der Kaufsache grundsätzlich nicht trifft[10]. Dies wird aus den konkurrierenden §§ 459 ff. BGB abgelesen. Das System der §§ 459 ff. BGB als ganzes enthalte eine ins einzelne gehende Regelung für den Fall, daß die Kaufsache bestimmte, für den Käufer wichtige Eigenschaften nicht besitzt. § 463, 2 BGB regele ebenso wie die cic einen Tatbestand des Verschuldens bei Vertragsschluß, knüpfe Rechtsfolgen aber nur an arglistiges, nicht an fahrlässiges Verhalten des Verkäufers[11]. Die §§ 459 ff. BGB hätten nicht nur den Sinn, die Haftung des Verkäufers zu begründen, sondern auch ihre Grenzen zu bestimmen[12]. Den Verkäufer solle nur unter den Voraussetzungen des § 463 BGB eine Ersatzpflicht treffen, also wenn er eine Eigenschaft zugesichert hat oder von einem Fehler weiß und ihn arglistig verschweigt. Ergänzt werde diese Haftung nur durch pVV auf Mangelfolgeschäden[13]. Die Wertungen der §§ 459 ff. BGB dürften durch die Anwendung der cic nicht unterlaufen werden[14]. Die vorvertragliche Haftung auf das

---

[10]Staudinger/*Löwisch*, Vorbem zu §§ 275 ff Rn 86.

[11]BGH NJW 1996, 1205 f.; BGHZ 60, 319, 321; Palandt/*Putzo*, Vorbem v § 459 Rn 7; Erman/*Grunewald*, Vor § 459 Rn 24.

[12]BGHZ 60, 319, 322; Soergel/*Huber*, Vor § 459 Rn 213.

[13]BGHZ 60, 319, 321; Soergel/*Huber*, Vor § 459 Rn 214.

[14]MünchKomm/*Westermann*, § 459 Rn 89.

negative Interesse, also auf das Interesse am Nichtzustandekommen des Vertrages, wird durch die vertragliche aus Gesetz und pVV auf das positive Interesse ausgeschlossen[15]. Über die Gewährleistungshaftung hinaus gilt caveat emptor. Ist die Sache auch mangelhaft im Sinne der §§ 459 ff. BGB, haftet der Verkäufer nur bei Vorsatz, nicht bei Fahrlässigkeit. Die cic tritt subsidiär hinter der abschließenden Regelung des § 463 BGB zurück[16]. Dieser Grundsatz des Vorrangs der §§ 459 ff. gilt auch in Bezug auf zusicherungsfähige Eigenschaften, die der Verkäufer nicht zugesichert hat, das heißt, wenn die strengen Anforderungen an eine Zusicherung nicht erfüllt sind[17]. Der Käufer muß sich eine Eigenschaft, auf die er Wert legt, auch zusichern lassen[18].

13.3.2. Ausnahmen

Handelt der Verkäufer vorsätzlich, weiß er also von dem Fehler oder dem Fehlen der vom Käufer gewünschten Eigenschaft, so soll ihn die Haftung aus cic treffen[19]. Der Verkäufer ist dann nicht schutzwürdig[20]. Er haftet nach der Rechtsprechung gemäß § 463, 2 BGB auf das Erfüllungsinteresse und daneben aus cic auf das Vertrauensinteresse[21].

Nach der Rechtsprechung soll auch vor Gefahrübergang eine Haftung aus cic gegeben sein[22]. Der Ausschluß durch §§ 459 ff. BGB greift nur so weit wie ihr Tatbestand, also nicht vor Gefahrübergang[23].

13.3.3. Verjährung

Bezieht sich die cic auf einen Fehler oder eine zusicherungsfähige Eigenschaft der Kaufsache, so gilt für die Verjährung § 477 BGB[24]. Dies folgt a fortiori aus § 463, 1 BGB. Ein nur unrichtig beratener Käufer kann nicht besser stehen als einer, dem die Eigenschaft so wichtig war, daß er sie sich sogar hat zusichern lassen[25].

---

[15]BGHZ 60, 319, 320; Soergel/*Huber*, Vor § 459 Rn 214.

[16]*Walter, Gerhard*, § 5 II 6 dd, S. 206.

[17]BGHZ 60, 319, 322 f.; BGHZ 114, 263, 266; BGH NJW 1992, 2564, 2566.

[18]BGHZ 60, 319, 322 f.; Erman/*Grunewald*, Vor § 459 Rn 24; *Müller*, ZIP 1993, 1045.

[19]BGH NJW 1995, 45, 46; BGH NJW-RR 88, 10; Palandt/*Putzo*, Vorbem v § 459 Rn 7; Erman/*Grunewald*, Vor § 459 Rn 27. A. A. Staudinger/*Honsell*, Vorbem zu §§ 459 ff Rn 56.

[20]*Grunewald*, in: Europäisches Kaufgewährleistungsrecht, S. 13.

[21]BGH NJW 1992, 2564, 2565 f.; Staudinger/*Löwisch*, Vorbem zu §§ 275 ff Rn 86; zum Inhalt des Schadensersatzanspruches siehe sogleich.

[22]WM 1982, 960 f.; MünchKomm/*Westermann*, § 463 Rn 36; Staudinger/*Honsell*, Vorbem zu §§ 459 ff Rn 59; kritisch dazu: Soergel/*Huber*, Vor § 459 Rn 216.

[23]Staudinger/*Honsell*, Vorbem zu §§ 459 ff Rn 59.

[24]Vgl. die eben genannten Rechtsprechungsnachweise.

[25]Staudinger/*Honsell*, Vorbem zu §§ 459 ff Rn 77.

13.4. Verletzung einer leistungsbezogenen Nebenpflicht

Ebenso wie bei der pVV gibt es bei der cic Fälle, in denen die gelieferte Sache mangelfrei ist, der Verkäufer aber eine vertragliche Nebenpflicht verletzt.

13.4.1. Aufklärungspflicht bzgl. einer nichtzusicherbaren Eigenschaft

Ist die Sache nicht mangelhaft im Sinne des § 459 BGB, weist sie aber eine Eigenschaft auf, bei deren Kenntnis der Käufer vom Vertragsschluß abgesehen hätte, wird die Haftung aus cic nicht durch die §§ 459 ff. BGB ausgeschlossen, wenn der Umstand, der nicht den Vorstellungen des Käufers entspricht, nicht zusicherbar ist[26]. Wenn sich die Aufklärungspflichtverletzung auf eine Eigenschaft bezieht, die nicht zusicherungsfähig ist, nimmt die cic eine Auffangfunktion ein, falls § 123 und § 463 BGB nicht greifen[27]. Es kommt also für die Haftung aus cic darauf an, ob die Eigenschaft zusicherungsfähig ist oder nicht. Je weiter die Eigenschaft vom Kaufgegenstand entfernt ist, desto günstiger die Rechtslage für den Käufer, der sich bei cic nicht an § 477 BGB halten muß, wenn kein Bezug zu einem Fehler oder einer zusicherbaren Eigenschaft besteht[28]. Freilich muß dem Verkäufer ein Verschulden nachgewiesen werden[29]. Dies wurde vor allem für die Ertragszusicherung bei Unternehmensverkäufen, früher auch für die bei Grundstücksverkäufen entschieden. Im Bereich des Verbrauchsgüterkaufes gibt es Entscheidungen z. B. zu falschen Maßangaben, die die geplante Aufstellung der Kaufsache zunichte machen[30], oder zum Verschweigen, daß Unfallverhütungsvorschriften den Betrieb der Kaufsache in den vom Verkäufer vermittelten Räumen verbieten[31].

13.4.2. Verletzung einer selbständigen Beratungspflicht

Nach der Rechtsprechung tritt eine Haftung nach cic außerdem ein, wenn der Verkäufer ausdrücklich oder konkludent eine Beratungspflicht übernommen hat und diese verletzt[32]. Konkludent ist eine Beratungspflicht dann vereinbart, wenn die erfolgte Beratung eingehend war und der Verkäufer erkennen konnte, daß sich

[26] BGH NJW 1977, 1536; BGH NJW 1990, 1659.
[27] MünchKomm/*Westermann*, § 463 Rn 36.
[28] Erman/*Grunewald*, Vor § 459 Rn 25.
[29] Erman/*Grunewald*, Vor § 459 Rn 25.
[30] BGH NJW 1962, 1196.
[31] BGH NJW 1985, 1771.
[32] BGHZ 88, 130, 135; BGH ZIP 1999, 193, 195.

der Käufer auf die Beratung verläßt[33]. Er muß dann haften, wenn die Sache für die Zwecke des Käufers ungeeignet ist, auch wenn die entsprechende Eigenschaft nicht zugesichert wurde. Diese besondere Beratungspflicht geht über die üblichen Vertragspflichten hinaus und wird deshalb nicht vom Ausschluß durch die §§ 459 ff. BGB erfaßt[34]. Die Grenze zu fahrlässigen Angaben bezüglich von Eigenschaften der Kaufsache ist fließend[35]. Die Haftung aus cic spielt vor allem da eine Rolle, wo die Gewährleistungshaftung vertraglich ausgeschlossen wurde, was für die Verschuldenshaftung nicht ohne weiteres möglich ist[36]. Deshalb wird diese Rechtsprechung kritisiert; sie nehme inkonsequenterweise schnell einen Garantie- oder Beratungsvertrag an, wo sie die Haftung aus cic eigentlich ablehne. Die Subsidiarität zu §§ 459 ff. BGB werde nicht konsequent durchgehalten[37].

13.5. Rechtsfolge der Haftung aus cic

Der Käufer kann gemäß § 249, 1 BGB Naturalrestitution verlangen, das heißt, er ist so zu stellen, als seien die die Haftung begründenden Umstände nicht eingetreten. In den eben beschriebenen, für die Richtlinie relevanten Fällen[38] hätte der Käufer den Vertrag bei Kenntnis der Eigenschaft nicht oder nicht so abgeschlossen[39]. Der Käufer wird in der Regel das negative oder das Vertrauensinteresse verlangen[40]. Will der Käufer so vom Vertrag Abstand nehmen, kann er den Vertrag rückgängig machen, indem er die Kaufsache soweit noch möglich zurückgibt und den Kaufpreis zurückverlangt[41]. Voraussetzung ist, daß dem Käufer aus dem Vertrag überhaupt ein Vermögensschaden entstanden ist[42]. Eine Anfechtung, etwa wegen Arglist, ist dafür nicht erforderlich[43]. Darüber hinaus kann er sein weiterreichendes Vertrauensinteresse, also die Vertragskosten, seine Aufwendungen

---

[33] BGHZ 88, 130, 135; BGH ZIP 1999, 193, 195; Erman/*Grunewald*, Vor § 459 Rn 30.

[34] *Walter, Thomas*, S. 225.

[35] Erman/*Grunewald*, Vor § 459 Rn 30.

[36] BGH NJW 1980, 1619, 1621; MünchKomm/*Westermann*, § 463 Rn 39.

[37] *Walter, Gerhard*, S. 207.

[38] Außer Betracht bleiben, da ohne Bezug zur Richtlinie, kann hier die Rechtsfolge allgemeiner Schutzpflichtverletzungen, der Ersatz des Integritätsinteresses. Vgl. dazu z. B. Staudinger/*Löwisch*, Vorbem zu §§ 275 ff Rn 64; Soergel/*Wiedemann*, Vor § 275 Rn 195; *Lorenz*, NJW 1999, 1001.

[39] *Lorenz*, NJW 1999, 1001.

[40] MünchKomm/*Westermann*, § 463 Rn 41.

[41] Ständige Rechtsprechung: BGH NJW 1962, 1196, 1198; BGH NJW 1998, 302, 303; Palandt/*Heinrichs*, § 276 Rn 78 und 100; Soergel/*Wiedemann*, Vor § 275 Rn 199; Staudinger/*Honsell*, Vorbem zu §§ 459 ff Rn 76 mit Nachweisen zur Kritik aus der Literatur.

[42] BGH NJW 1998, 302, 304; Palandt/*Heinrichs*, § 276 Rn 100.

[43] BGH NJW 1998, 302, 303 f; Staudinger/*Honsell*, Vorbem zu §§ 459 ff Rn 76.

und die Mangelfolgeschäden ersetzt verlangen[44].

Je nach Sachlage ist der Käufer jedoch nicht auf das negative Interesse beschränkt, sondern kann auch ein Erfüllungsinteresse geltend machen[45]. Hat er im Vertrauen auf den Vertrag vom Abschluß eines anderen Vertrages mit einem Dritten abgesehen, so kann er auch das Erfüllungsinteresse aus diesem Vertrag, z. B. den entgangenen Gewinn mangels Möglichkeit des Weiterverkaufs geltend machen[46]. Es handelt sich somit um das Erfüllungsinteresse eines hypothetischen Vertrages[47]. Dasselbe gilt, wenn sich der Käufer darauf beruft, bei Aufklärung wäre es zu einem günstigeren Vertragsschluß mit dem haftenden Verkäufer gekommen. Der Käufer kann dann die Kaufsache behalten und Schadensersatz in Geld als Ausgleich für die enttäuschte Leistungserwartung verlangen[48]. Es findet insoweit eine Vertragsanpassung statt[49]. Der Käufer kann eine Herabsetzung des von ihm geschuldeten Kaufpreises auf ein der Leistung des Verkäufers angemessenes Maß verlangen und Ersatz der Mehraufwendungen, die er infolge der cic gehabt hat[50]. Die Höhe des Schadensersatzes ist mindestens der Minderwert, den die Sache aufgrund des Fehlers oder der fehlenden Eigenschaft hat[51]. Es handelt sich also im Ergebnis um eine Herabsetzung des Kaufpreises, eine Minderung im Gewand eines Schadensersatzanspruches[52].

Nach der Rechtsprechung mußte der Käufer dabei bisher nicht nachweisen, daß sich der Verkäufer zu einem Vertragsschluß mit dem niedrigeren Kaufpreis bereitgefunden hätte[53]. Die Kausalität des Schadens mußte nicht nachgewiesen werden – wohl mit Rücksicht auf die regelmäßig bestehenden Beweisschwierigkeiten des Käufers[54]. Dies widerspricht dem Prinzip der Naturalrestitution aus § 249, 1 BGB, das die Kausalität der zu ersetzenden Schäden voraussetzt. Wirtschaftlich lief es auf einen den Verkäufer treffenden Kontrahierungszwang hinaus, was kritisiert

[44] BGH NJW-RR 1990, 78; BGH NJW 1962, 1196, 1198; Staudinger/*Löwisch*, Vorbem zu §§ 275 ff Rn 94; Staudinger/*Honsell*, Vorbem zu §§ 459 ff Rn 76; *Walter, Thomas*, S. 230.

[45] BGH NJW 1998, 2900, 2901; *Lorenz*, NJW 1999, 1001 f; vgl. dazu auch *Walter, Thomas*, S. 230.

[46] BGH NJW 1988, 2234; BGH NJW 1998, 2900, 2901; Palandt/*Heinrichs*, § 276 Rn 101; Staudinger/*Löwisch*, Vorbem zu §§ 275 Rn 96.

[47] BGH NJW 1998, 2900, 2901.

[48] Erman/*Grunewald*, Vor § 459 Rn 28; MünchKomm/*Westermann*, § 463 Rn 41; Staudinger/*Löwisch*, Vorbem zu §§ 275 ff Rn 95.

[49] BGH NJW 1998, 2900; Staudinger/*Löwisch*, Vorbem zu §§ 275 ff Rn 94; Palandt/*Heinrichs*, § 276 Rn 102.

[50] BGH NJW 1998, 2032, 2034; Staudinger/*Löwisch*, Vorbem zu §§ 275 ff Rn 94.

[51] BGH NJW-RR 1996, 690; Erman/*Grunewald*, Vor § 459 Rn 29.

[52] BGHZ 69, 53, 56; Staudinger/*Löwisch*, Vorbem zu §§ 275 ff Rn 95; Soergel/*Wiedemann*, Vor 275 Rn 197.

[53] BGH NJW 1999, 2032, 2034; BGH NJW-RR 1996, 690; BGHZ 69, 53, 58.

[54] Soergel/*Wiedemann*, Vor 275 Rn 197; *Lorenz*, NJW 1999, 1001, 1002.

wurde[55]. Außerdem hat die Rechtsprechung einen Bruch mit dem sich aus § 463, 2 BGB ergebenden Grundsatz zur Folge, daß der Verkäufer nur für vorsätzliche Falschangaben auf das positive Interesse haften soll[56]. Diese Rechtsprechung des BGH scheint denn auch nicht ganz gefestigt zu sein. Einen Nachweis, daß der Verkäufer auch den hypothetischen Vertrag abgeschlossen hätte, verlangt der 7. Senat des BGH in einem Urteil von 1998[57]. Allerdings war der Kausalzusammenhang im entschiedenen Fall offensichtlich gegeben, so daß sich das Problem seines Vorliegens und Nachweises nicht stellte. Es kann sich also auch nur um ein obiter dictum handeln. Vom 6. Senat wird der Nachweis in einem Urteil von 1999 nicht verlangt[58].

[55]Staudinger/*Löwisch*, Vorbem zu §§ 275 ff Rn 75; Staudinger/*Honsell*, Vorbem zu §§ 459 ff Rn 58; *Lorenz*, NJW 1999, 1001, 1002; Soergel/*Wiedemann*, Vor 275 Rn 180, 197 mit Nachweisen zur Kritik der Literatur in Fn 41.

[56]*Lorenz*, NJW 1999, 1001, 1002; Palandt/*Heinrichs*, § 276 Rn 102.

[57]BGH NJW 1998, 2900, 2901.

[58]BGH NJW 1999, 2032, 2034.

14. Richtlinienhaftung und cic

14.1. Relevanz der Tatbestände

14.1.1. Lieferung einer von Anfang an vertragswidrigen Kaufsache

Liefert der Verkäufer vorsätzlich eine von seinen Angaben abweichende Sache, so ist, wie oben bei den Ausführungen zur Arglisthaftung gezeigt, in allen Fällen auch eine Haftung nach den Richtlinienrechtsbehelfen gegeben. Denn die Eigenschaft, auf die sich der Vorsatz bezieht, ist Bestandteil der Sollbeschaffenheitsvereinbarung. Für Abweichungen haftet der Verkäufer nach der Richtlinie, wobei es auf ein Verschulden oder den Grad desselben nicht ankommt.

Auch für falsche Angaben über nichtzusicherbare Eigenschaften greift die Vertragswidrigkeitshaftung der Richtlinie, da die Richtlinie keine Differenzierung nach der Zusicherbarkeit kennt[1]. In Zukunft ist also auch bei nichtzusicherbaren Eigenschaften ein Bezug auf das Gewährleistungsrecht gegeben, und die Verjährung der Haftung nach cic wegen Aufklärungspflichtverletzung ist daran anzupassen. Der Widerspruch, nach dem der Verkäufer schärfer für Eigenschaften haftet, die weiter von der Kaufsache entfernt sind, ist aufgelöst.

Die Richtlinienhaftung greift nur bei Mängeln, die bei Gefahrübergang vorliegen. Die Haftung aus cic im Vorfeld der Gewährleistungshaftung, wie sie unter 13.3.2 beschrieben wurde, soll es dem Käufer ermöglichen, auch schon vor Lieferung den Vertrag auflösen zu können, und damit einen Teil der Schäden erst gar nicht entstehen zu lassen. Von der Richtlinie, die keine Auswirkungen auf eine Haftung im Vorfeld der Lieferung hat, wird diese Haftung nicht berührt.

14.1.2. Verletzung einer selbständigen Beratungspflicht

Auch die Haftung aufgrund der Verletzung einer besonderen vertraglichen Beratungspflicht geht über den Regelungsbereich der Richtlinie hinaus. Die Richtlinie

[1] Siehe oben 8.1.2.

begründet keine Beratungspflichten und knüpft keine Rechtsfolgen an eine solche. Die Erfüllung einer Beratungspflicht gehört nicht zur vertragsgemäßen Leistung im Sinne der Richtlinie.

Allerdings kann sich die Richtlinienhaftung doch in zweierlei Hinsicht auf die Haftung aus cic auswirken: Bei der Rechtsprechung zur Haftung wegen Verletzung einer stillschweigenden Beratungspflichtverletzung geht es um Fälle, in denen die Anforderungen an eine Zusicherung nicht erfüllt sind und der Verkäufer ohne die Konstruktion einer Beratungspflicht gar nicht haften müßte, auch nicht gemäß §§ 459 ff. BGB. Durch die Vermutungsregeln des Art. 2 II RL kann es dazu kommen, daß eine Eigenschaft, die nach dem deutschen Fehlerbegriff nicht zur Sollbeschaffenheit gehört, dennoch zum Vertragsmäßigkeitsmaßstab der Richtlinie zählt. Wenn beispielsweise Art. 2 II d RL Anwendung findet, ist in Zukunft nicht mehr die Verletzung einer Beratungspflicht erforderlich, um eine Haftung des Verkäufers zu begründen. Werbeaussagen sind grundsätzlich verbindlich. Wenn sich der Verkäufer darauf nicht einlassen will, so liegt es an ihm, den Käufer entsprechend Art. 2 IV, 2. Spiegelstrich RL aufzuklären. Eine Beratungspflicht, die nur unter bestimmten Umständen bejaht wird, muß nicht mehr festgestellt werden, damit der Verkäufer für die Eigenschaft bei unterlassener Aufklärung wenigstens im Rahmen der Richtlinie haftet. Dadurch verliert die cic-Haftung für den Käufer an Bedeutung. Die zweite Auswirkung der Richtlinie verstärkt diesen Effekt noch. Die cic-Haftung wegen Beratungspflichtverletzung ist vor allem bei Vereinbarung eines Gewährleistungsausschlusses wichtig. Die Richtlinienrechtsbehelfe sind dagegen unabdingbar. Die cic ist damit in diesen Fällen nicht mehr die einzige Möglichkeit, den Käufer zu schützen.

14.2. Vergleich der Rechtsfolgen

Grundsätzlich verfolgen die Ansprüche aus der Richtlinie und die cic andere Ziele: Nach der cic hat der Käufer einen Anspruch auf das negative Interesse, er wird so gestellt, als sei er nicht getäuscht worden. Bei den Richtlinienrechtsbehelfen steht hingegen mit der der Minderung und der Vertragsauflösung vorgeschalteten Abhilfe die Vertragsdurchführung im Mittelpunkt. Die Kaufsache soll in erster Linie in den vertragsgemäßen Zustand versetzt werden. Dies findet bei der cic keine Entsprechung.

Überschneidungen gibt es hingegen bei Minderung und Vertragsauflösung:

Die Richtlinie sieht in allen Fällen der Vertragswidrigkeit bei Scheitern der Abhilfe die Minderung vor. Dies gilt auch, wenn der Verkäufer fahrlässig falsche Angaben gemacht hat. Die Minderung kann der Käufer in Zukunft auch dann geltend machen, wenn eine (nur) zusicherungsfähige Eigenschaft nicht zugesichert wurde. Die Rechtsprechung zur cic, nach der im Ausnahmefall auch auf das positive Interesse aus einem hypothetischen Vertrag zwischen den Parteien gehaftet werden muß, verliert damit an Bedeutung. Der Käufer kann auch ohne Verschulden des Verkäufers in allen Fällen der negativen Abweichung von der Sollbeschaffenheit Minderung verlangen. Damit verliert auch das Kausalitätsproblem an Brisanz. Die Minderung nach der Richtlinie hat nur die Abweichung von der Sollbeschaffenheit zur Voraussetzung und bemißt sich nach dem tatsächlichen Wertunterschied, ohne Rücksicht darauf, ob der Verkäufer bereit gewesen wäre, die Ware auch zu dem geminderten Kaufpreis zu verkaufen.

Sowohl nach cic als auch nach der Richtlinie ist die Vertragsauflösung möglich. Nach der Richtlinie hat der Käufer sogar die Möglichkeit, den Vertrag auch ohne ein Verschulden des Verkäufers aufzulösen. Dennoch bleibt der Käufer für Aufwendungsersatz und den Ersatz von etwaigen Schäden auf einen Schadensersatzanspruch angewiesen.

14.3. Auswirkungen der Richtlinie auf den Schadensersatzanspruch aus cic

Der cic-Anspruch kann, wie auch die anderen Schadensersatzansprüche, neben die Richtlinienrechtsbehelfe treten. Änderungen bei der cic-Haftung ergeben sich insofern, als die Haftung wegen Aufklärungspflichtverletzung bezüglich nichtzusicherungsfähiger Eigenschaften unter das Gewährleistungsrecht fällt und damit der Käufer auch hier nach cic nur bei Vorsatz und im Rahmen des § 477 BGB haftet. Außerdem verliert die Haftung wegen Verletzung einer selbständigen Beratungspflicht an Bedeutung: Die Konstruktion einer solchen ist nicht mehr nötig, wenn der Verkäufer ohnedies bereits aus der Richtlinie haftet. Die umstrittene Rechtsprechung zur Haftung auf das positive Interesse ohne Kausalitätsnachweis weicht im Ergebnis nicht von der Minderung nach der Richtlinie ab.

Stellt man die Richtlinienhaftung so neben die cic-Haftung, stellt sich die Frage, ob die cic-Haftung zurückgestellt werden soll, bis die Abhilfe nach der Richtlinie gescheitert ist. Hier sollte differenziert werden. Bei Arglist ist aus den oben genannten Gründen eine Zurückstellung des Schadensersatzes nicht gerechtfertigt. Bei fahrlässiger Falschangabe ist die Wahrung des Nachbesserungsrechts des Verkäufers jedoch angemessen. Das Interesse des Käufers, vom Vertrag loszukommen, überwiegt hier nicht.

15. Schadensersatz aus unerlaubter Handlung

Wird dem Käufer eine mangelhafte Sache geliefert und erleidet er deshalb einen Schaden, kommen Schadensersatzansprüche aus unerlaubter Handlung in Betracht. Es geht dabei um solche Schäden, die beispielsweise durch Ingebrauchnahme der mangelhaften Kaufsache an anderen Sachen des Käufers entstehen, oder um Personenschäden. Diese Schäden sind grundsätzlich für die Richtlinie irrelevant. Anders der Sonderfall, daß der Schaden bei sogenannten „weiterfressenden Mängeln" an der Kaufsache selbst entsteht. Anspruchsgrundlage ist § 823 I BGB wegen Eigentumsverletzung bzw. Eingriff in den eingerichteten und ausgeübten Gewerbebetrieb. Wenn der Verkäufer arglistig gehandelt hat, bei Vertragsschluß oder im Falle einer Gattungsschuld bei Auswahl und Lieferung einer mangelhaften Sache, kommt neben einer Haftung aus § 463, 480 II BGB und gegebenenfalls pVV oder cic noch ein Anspruch aus § 823 II BGB i. V. m. § 263 StGB und aus § 826 BGB in Betracht. Dabei stellt sich die Frage nach der Konkurrenz der §§ 823 ff. und §§ 459 ff. BGB. Kann der Käufer, wenn ihm Gewährleistungsansprüche zustehen, überhaupt auf die §§ 823 ff. BGB zugreifen? Wenn ja, stellt sich zweitens die Frage, ob § 477 BGB für alle auf Mängel gegründeten Ansprüche anwendbar ist, auch auf solche aus Delikt. Im Zusammenhang mit der Richtlinienhaftung für Vertragswidrigkeit der Kaufsache ist der Sonderfall der weiterfressenden Mängel von besonderem Interesse. Hier soll ein Anspruch aus § 823 I BGB auch dann gegeben sein, wenn aufgrund des Mangels die Kaufsache beschädigt wird, die bei Lieferung nicht insgesamt, sondern nur in einem Bestandteil unbrauchbar war. Bei der Frage nach dem Umfang der Haftung aus §§ 823 II, 826 BGB ist die Rechtsprechung zu beachten, wonach der der Käufer auch aufgrund seines Anspruchs aus unerlaubter Handlung das positive Interesse verlangen kann, wenn gleichzeitig eine Haftung aus §§ 463, 480 II BGB gegeben ist.

15.1. Haftung wegen „weiterfressender Mängel"

15.1.1. Problemstellung

Unproblematisch ist die Haftung aus unerlaubter Handlung wegen Eigentumsverletzung, wenn infolge der Lieferung der mangelhaften Sache Schäden an anderen Rechtsgütern entstehen, also etwa der Käufer Dritten ersatzpflichtig wird oder er Schäden an anderen Sachen erleidet[1]. Strittig ist, ob der Käufer auch gemäß § 823 I BGB wegen Eigentumsverletzung Ersatz für die Kaufsache selbst verlangen kann, wenn diese nicht schon von Anfang an vollkommen wertlos war[2], sondern nur ein Teil der Kaufsache defekt war und die Gesamtsache später infolge dieses Mangels beschädigt wird. Umstritten ist, ob es sich überhaupt um eine Eigentumsverletzung handeln kann, und wenn ja, ob diese in den Schutzbereich der Deliktshaftung fällt oder dem Vertragsrecht vorbehalten ist. Im folgenden soll die Rechtsprechung zu den Weiterfresserschäden kurz skizziert werden[3].

15.1.2. Eigentumsverletzung bei weiterfressenden Mängel

Rechtsgrund, also Voraussetzung für die Haftung aus unerlaubter Handlung ist das schuldhafte Schädigen der Rechtsgüter eines anderen. Fraglich ist nun, ob die Kaufsache selbst ein durch die §§ 823 ff. BGB geschütztes Rechtsgut darstellen kann. Ein Teil der Literatur argumentiert zusammen mit der Rechtsprechung bis zur Schwimmschalterentscheidung des BGH[4], die Sache habe nie in intaktem Zustand zum Vermögen des Käufers gehört, weil sie schon bei Gefahrübergang den Mangel, der später zu ihrer völligen Zerstörung führte, in sich trug. Der Käufer habe also nie mangelfreies Eigentum an der Kaufsache besessen, es könne deshalb auch nicht später durch das Auftreten des Mangels entwertet werden[5]. Die Lieferung einer mangelhaften Sache allein stelle keine Eigentumsverletzung dar[6]. Es könne sich lediglich um einen nicht von § 823 BGB geschützten Vermögensschaden handeln[7].

---

[1]Erman/*Grunewald*, Vor § 459 Rn 45.

[2]Dann fehlt es an einem Schaden.

[3]Ausführliche Darstellungen des Streitstandes z. B. bei *Katzenmeier* und Staudinger/*Hager*, § 823 B Rn 105 ff.

[4]BGHZ 67, 359.

[5]*Walter*, *Gerhard*, § 9 IV, S. 432; *Reinicke* und *Tiedtke*, Rn 807; weitere Literaturnachweise bei MünchKomm/*Mertens*, § 823 Rn 106.

[6]Für viele *Rengier*, JZ 1977, 346 f. letzteres hält auch der BGH in BGHZ 105, 346 ausdrücklich fest: Darin erweise sich nur der Mangelunwert der Kaufsache.

[7]Nachweise bei Staudinger/*Hager*, § 823 Rn B 115.

Der BGH hält diese Auffassung für zu formalistisch. Mit dem Ziel, den Verkäufer im Ergebnis für die Schäden an der Kaufsache aufgrund weiterfressender Mängel haften zu lassen, argumentiert der BGH, auch bei Beschädigung der Kaufsache selbst könne das Eigentum des Käufers verletzt sein. Nur wenn der Mangel der Kaufsache von vornherein insgesamt anhaftete, sie daher von Anfang an schlechthin unbrauchbar war und sich deshalb der anfängliche Mangel mit dem späteren Schaden decke, sei eine Eigentumsverletzung schon begrifflich ausgeschlossen[8]. Dann seien lediglich das Äquivalenz- und Nutzungsinteresse des Käufers, also die auf den Erwerb der Sache gerichteten Vertragserwartungen verletzt, die bis auf die Regelung des § 826 BGB den Gewährleistungsvorschriften überlassen bleiben. Anders sei es, wenn die Kaufsache bis auf den mangelhaften Teil im übrigen einwandfrei war. Dann habe sich die durch den Mangel gesetzte Gefahrenursache nach Eigentumsübergang in einem über den anfangs vorhandenen Mangelunwert hinausgehenden Schaden realisiert[9], was den Käufer in seinem Eigentum oder Besitz an der intakten Restkaufsache verletzen könne[10]. Diese Ansicht wird mittlerweile auch von vielen Kritikern der BGH-Rechtsprechung geteilt[11].

15.1.3. Konkurrenzverhältnis von Deliktshaftung und Gewährleistung

15.1.3.1. Anspruchskonkurrenz

Zunächst ist festzustellen, ob generell bei Eingreifen der Gewährleistungshaftung wegen mangelhafter Lieferung auch Deliktsansprüche eröffnet sein können. Zwei Grundpositionen kommen für das Konkurrenzverhältnis in Betracht: Die Annahme einer Gesetzeskonkurrenz, nach der die vertraglichen Gewährleistungsrechte abschließende leges speciales gegenüber dem allgemeinen Deliktsrecht sind und daher vorgehen[12]; die Alternative stellt die Annahme einer Anspruchskonkurrenz dar, nach der die Vorschriften parallel anwendbar sind.

Der Gesetzgeber hat keine Regelung getroffen, wie das Verhältnis von Gewährleistungsrecht zu unerlaubter Handlung zu beurteilen ist, wenn ein Sachverhalt beide Anspruchsgrundlagen erfüllt. Er fand im Gemeinen Recht keine gesicherte Regelung vor[13] und war der Meinung, eine zweifelsfreie Fassung des maßgebenden

[8] BGH JZ 1983, 497, 499.
[9] BGHZ 67, 359, 364 f.; BGH JZ 1983, 497, 498.
[10] BGHZ 86, 256, 259 f.; zustimmend und erläuternd *Steffen*, VersR 1988, 977, 978.
[11] Vgl. Staudinger/*Hager*, § 823 B Rn 115.
[12] Diese Ansicht wird heute nur noch vereinzelt vertreten, Nachweise bei *Lang*, S. 150.
[13] Vgl. zum damaligen Meinungsstand *Schlechtriem*, Vertragsordnung, S. 27.

Grundsatzes ließe sich nicht finden[14]. Er hat daher diese umstrittene Entscheidung bewußt Rechtsprechung und Lehre überlassen[15].

Nach ständiger, gefestigter[16] Rechtsprechung konkurrieren gewährleistungsrechtliche Schadensersatzansprüche mit Ansprüchen aus unerlaubter Handlung im Wege der Anspruchskonkurrenz[17]. Vertragsverletzungen können eine unerlaubte Handlung darstellen und neben den vertraglichen Ansprüchen eine deliktische begründen, da beide Haftungsarten verschiedene Interessen schützen[18]. Vertragliche Beziehungen zum Schädiger verringern nicht die Schutzwürdigkeit des Integritätsinteresses des Käufers[19]. Wenn Ansprüche aus Delikt und Gewährleistungsrecht einschlägig sind, hat der Käufer ein Wahlrecht, auf welche Vorschrift er seinen Anspruch stützen will[20]. Beide Ansprüche sind grundsätzlich unabhängig voneinander zu beurteilen. Es handelt sich um „eine echte Anspruchskonkurrenz mit der Folge, daß grundsätzlich weder die Deliktsordnung von der Vertragsordnung verdrängt wird noch umgekehrt und daß jeder Anspruch nach seinen Voraussetzungen, seinem Inhalt und seiner Durchsetzung selbständig zu beurteilen ist und seinen eigenen Regeln folgt“[21]. Dem schließt sich heute auch die ganz herrschende Meinung an[22].

15.1.3.2. Verjährung

Andererseits dürfen die Vorschriften des Vertragsrechts nicht durch die Deliktshaftung so ausgehöhlt werden, daß ihr Zweck vereitelt wird[23]. Daher nimmt die Rechtsprechung keine echte Anspruchskonkurrenz an, nach der die beiden Haftungssysteme vollkommen getrennt voneinander bestehen, sondern läßt Beeinflussungen grundsätzlich zu[24], allerdings nur aus zwingenden Gründen[25]. Ein zwingender Grund, die Verjährungsregel des § 477 BGB auf die Deliktshaftung anzuwenden, besteht nicht[26]. Denn während § 477 BGB einseitig dem Interesse des Verkäufers an einer schnellen Abwicklung des Kaufvertrages dient, ist es Zweck

---

[14] Mot. I, S. 278.

[15] *Schlechtriem*, Vertragsordnung, S. 29.

[16] So *Bremenkamp* und *Buyten*, VersR 1998, 1064, 1065.

[17] BGHZ 67, 359, 362 f.; BGHZ 101, 337, 343.

[18] BGH NJW-RR 1996, 1121.

[19] RG 88, 433, 435.

[20] BGHZ 67, 359, 362 f.

[21] BGHZ 101, 337, 344.

[22] Vgl. Staudinger/*Hager*, § 823 Rn B 106 mit Nachweisen; Soergel/*Huber*, Vor § 459 Rn 258; *Walter, Gerhard*, S. 208.

[23] *Georgiades*, S. 87; Palandt/*Thomas*, Einf v § 823 Rn 4; RGRK/*Steffen*, § 823 Rn 37.

[24] *Lang*, S. 153; RGRK/*Steffen*, § 823 Rn 37.

[25] BGH NJW 1998, 2282, 2283.

[26] Vgl. BGH NJW 1998, 2282, 2283.

des deliktischen Schadensersatzanspruches, das Integritätsinteresse des Käufers wirksam zu schützen. Der Verkäufer würde bei Anwendung des § 477 BGB gegenüber Dritten, die mit dem Käufer nicht in vertraglichen Beziehungen stehen, ungerechtfertigt privilegiert. § 852 BGB setzt sich daher mit seiner Wertung gegenüber § 477 BGB durch[27]. Der Anspruch wegen weiterfressenden Schäden verjährt gemäß § 852 I BGB in drei Jahren ab Kenntnis von Schaden und Schädiger, längstens in dreißig Jahren[28].

15.1.3.3. Weiterfressende Mängel und Stoffgleichheit

Differenzen zwischen Lehre und Rechtsprechung treten bei der Frage auf, wie Schäden an der zunächst nur teilweise mangelhaften Kaufsache zu behandeln sind. Das Problem der weiterfressenden Mängel besteht in der Abgrenzung des Äquivalenzinteresses, also des Interesses des Käufers, für gutes Geld gute Ware zu erhalten, vom Integritätsinteresse, dem Interesse am Schutz der Rechtsgüter des Gläubigers gegen Beeinträchtigungen. Beide Interessen fallen hier zusammen[29]. Für den Ersatz des Äquivalenzinteresses stellt das Gewährleistungsrecht ein System bereit, das die Interessen des Verkäufers und des Käufers ausbalanciert. Der Verkäufer soll nur im Sonderfall des § 463 unter Anwendung des § 477 BGB haften. Dieses System darf durch die Anwendung des Deliktsrechts nicht aus den Angeln gehoben werden[30,31]. Das Deliktsrecht schützt hingegen das Integritätsinteresse des Käufers an der anfangs mangelfreien Restkaufsache, das durch das Bestehen eines Vertragsverhältnisses nicht vermindert wird.

Bei der Abgrenzung dieser Schutzbereiche geht es um die rechtspolitische Entscheidung, wie Käufer- und Verkäuferinteressen gegeneinander abzuwägen sind. Auf der einen Seite steht das Interesse des Käufers am Schutz der Integrität der gelieferten Sache. Auf der anderen Seite steht das durch das Gewährleistungsrecht gerechtfertigte und geschützte Interesse des Verkäufers an einer schnellen Abwicklung des Geschäfts[32].

---

[27] BGHZ 101, 337, 343; BGH VersR 1998, 855; *Lang*, S. 154 f.; RGRK/*Steffen*, § 823 Rn 38; Soergel/*Huber*, § 477 Rn 9; für den Werkvertrag und § 852 BGB: BGH NJW 1998, 2282, 2283; a. A. *Rengier*, JZ 1977, 346, 347; *Schlechtriem*, Vertragsordnung, S. 295 ff. für Mangelschäden.

[28] BGH VersR 1998, 855.

[29] *Steffen*, VersR 1988, 977, 978; *Bremenkamp* und *Buyten*, VersR 1998, 1064, 1065; Esser/*Weyers*, § 6 III 2; Staudinger/*Hager*, § 823 B Rn 110.

[30] BGHZ 86, 256, 260; Staudinger/*Honsell*, Vorbem zu §§ 459 Rn 54; *Rengier*, JZ 1977, 346, 347; *Reinicke* und *Tiedtke*, Rn 807; *Katzenmeier*, S. 157 ff.

[31] Andererseits ist dieses System nicht so in sich geschlossen, wie es sich der Gesetzgeber vorgestellt hat; das zeigt gerade auch die Haftung für Mangelfolgeschäden aus pVV, BGHZ 86, 256, 260.

[32] *Katzenmeier*, S. 190 und 287 f.

Der BGH nimmt die Position ein, das Gewährleistungsrecht sei im Hinblick auf bestimmte Fallgestaltungen unzureichend. Die Begrenzung der Ersatzpflicht auf die Sonderfälle der §§ 463, 480 II BGB und auf Mangelfolgeschäden bei pVV bevorzuge einseitig den Verkäufer. Wenn der Käufer z. B. aus betrieblichen Gründen die Kaufsache behalten muß und nur die Reparaturkosten für das Beheben der mangelbedingten Schäden verlangen will, sei er weitgehend rechtlos gestellt[33]. Dies sei durch die Anwendung der Deliktshaftung zu korrigieren[34]. Selbst wenn einer der Sonderfälle des § 463 BGB vorliegt und der Verkäufer grundsätzlich für Schäden an der Kaufsache selbst haftet, so verhindere die kurze Verjährungsfrist des § 477 BGB einen effektiven Schutz des Käufers. Denn bei verborgenen Produktionsfehlern tritt der Mangel seiner Natur nach oft erst später zutage, und es kann noch länger dauern, bis das für den Schadenseintritt ursächliche Teilstück festgestellt werden kann[35]. Eine längere Verjährungsfrist – die des § 852 BGB – passe in diesen Fällen besser[36]. Wo das Gewährleistungsrecht kein befriedigendes Ergebnis zur Verfügung stellt, kann und muß man daher andere Haftungsgrundlagen heranziehen[37].

Der BGH nimmt die Abgrenzung zwischen dem von den deliktischen Verkehrspflichten geschützten Integritätsinteresse und dem Äquivalenzinteresse anhand des Begriffs der Stoffgleichheit vor[38]. Seine frühere Rechtsprechung, nach der die Abgrenzung nach eigenständiger Funktion und untergeordnetem Wert des mangelhaften Teils vorgenommen werden sollte, hat er aufgegeben[39]. Anhand einer natürlichen bzw. wirtschaftlichen Betrachtung im Einzelfall ist jetzt festzustellen, ob der geltendgemachte Schaden mit dem der Sache von Anfang an anhaftenden Mangelunwert stoffgleich sei. Nur wenn der Schaden über die im Mangel verkörperte Entwertung der Sache hinausgeht, sei das Integritätsinteresse betroffen. Das setzt voraus, daß der Mangel technisch behebbar war, sofern man ihn entdeckt hätte, und dies auch wirtschaftlich möglich war[40]. Der Schadenseintritt muß vermeidbar gewesen sein, denn nur dann war die Kaufsache nicht schon bei Eigentumsübergang insgesamt unbrauchbar[41].

Kritiker merken an, der BGH schenke dem Käufer einen zusätzlichen, vom Gesetzgeber so nicht vorgesehenen Gewährleistungsrechtsbehelf. Denn wenn der

---

[33]BGHZ 67, 359, 365.

[34]BGHZ 67, 359, 365.

[35]*Bremenkamp* und *Buyten*, VersR 1998, 1064, 1065; *Katzenmeier*, S. 193.

[36]Soergel/*Huber*, § 477 Rn 9.

[37]*Katzenmeier*, S. 193.

[38]Grundlegend BGHZ 86, 256 ff.

[39]Diese Abgrenzung wurde zunächst in BGHZ 67, 359, 364 vertreten und in BGHZ 86, 256, 261 mit der Bemerkung dahingestellt sein lassen, daß die deliktische Haftung nicht von der zufälligen Anordnung der Einzelteile in der Kaufsache abhängen kann.

[40]BGH NJW 1981, 2248.

[41]BGHZ 86, 256, 262 f.; BGH JZ 1983, 497, 498.

Käufer die Sache behalten darf und gleichzeitig über das Deliktsrecht die Reparaturkosten für die Sache selbst verlangen kann, dann diene das dem Erfüllungsinteresse[42]. Gegen diesen Vorwurf wendet sich die Rechtsprechung mit der Begründung, erst die deliktische Haftung stelle die Kaufsache unter den gleichen Schutz wie die übrigen Rechtsgüter des Käufers[43]. Dieses Integritätsinteresse sei genauso schutzwürdig wie das des Käufers an seinen anderen Sachen[44]. Folge und Ziel der Rechtsprechung ist, daß der Käufer den Verkäufer so behandeln kann, als wäre dieser nur Deliktsschuldner, nicht auch Vertragspartner. Der Käufer soll nicht schlechter dastehen als Dritte, die in derselben Situation einen Ersatzanspruch aus unerlaubter Handlung hätten. Der Verkäufer soll nicht davon profitieren, daß er zufällig auch einen Vertrag mit dem geschädigten Käufer abgeschlossen hat[45]. Die Verjährung des Deliktsschutzes im Rahmen des § 852 BGB, nicht des § 477 BGB, ist vom Gesetz gewollt[46]. Diesen Erwägungen schließt sich ein Teil der Literatur in der Sache an[47], wenn auch teilweise unter Ablehnung des schwer zu fassenden Begriffs der Stoffgleichheit[48].

15.1.4. Inhalt des Ersatzanspruchs

Der Verkäufer schuldet aus Delikt gemäß § 249, 1 BGB den Ersatz für das Integritätsinteresse, das Äquivalenzinteresse dagegen nur aufgrund Gewährleistungsrechts, wenn ein Fall des § 463 BGB gegeben ist[49]. Geschützt sind nur die absoluten Rechte, Vermögensschäden wie der entgangene Gewinn sind nicht ersatzfähig. Der Käufer wird so gestellt, als hätte die Schädigung nicht stattgefunden, das heißt, als hätte sich der Mangel nicht weitergefressen. Der Schadensersatz erstreckt sich also auch auf die Schäden an der anfangs intakten Restsache. Nicht ersetzbar ist dagegen der zu Anfang mangelhafte Teil der Kaufsache, denn diesbezüglich liegt keine Eigentumsverletzung vor. Dies gilt auch, wenn der von Anfang an unbrauchbare Teil zusammen mit der Gesamtkaufsache vollends zerstört wird.

---

[42] *Rengier*, JZ 1977, 342, 347.

[43] Staudinger/*Hager*, § 823 Rn B 119.

[44] MünchKomm/*Mertens*, § 823 Rn 106: Haftet der Hersteller, wenn er absichtlich ohne Wissen des Käufers einen Selbstzerstörungsmechanismus in die Kaufsache einbaut, muß er auch haften, wenn er dies fahrlässig tut. Kritisch dagegen wegen der Spezialregel des Gewährleistungsrechts *Katzenmeier*, S. 190 m. w. N.

[45] Soergel/*Huber*, Vor § 459 Rn 259.

[46] Staudinger/*Hager*, § 823 Rn B 119.

[47] U. a. Staudinger/*Hager*, § 823 B Rn 115 mit ausführlicher Stellungnahme; Palandt/*Putzo*, Vorbem v § 459 Rn 11; *Fikentscher*, Rn 1211; *Steffen* VersR 1988, 977 ff.

[48] Z. B. *Larenz*, S. 71 f.

[49] *Steffen*, VersR 1988, 977, 978.

15.1.5. Praktische Bedeutung der parallelen Deliktshaftung

Die praktische Bedeutung der Haftung aus §§ 823 ff. BGB neben der aus §§ 459 ff. BGB liegt darin, daß die Haftung aus unerlaubter Handlung gemäß § 852 BGB verjährt, also nicht bereits sechs Monate nach Lieferung, sondern erst drei Jahre nach Entdeckung des Mangels. Außerdem wird § 377 HGB durch den Umweg über §§ 823 ff. BGB ausgeschaltet[50]. Weiterhin kann der Käufer nicht nur seinen direkten Vertragspartner in Anspruch nehmen, sondern auch den Hersteller, der in diesen Fällen auch die Ursache für den Schadenseintritt gesetzt hat. Die beiden letzten Punkte sind im Rahmen der Richtlinie unmittelbar nicht relevant. Beim Verbraucherkauf ist das HGB nicht anwendbar, und die Richtlinie regelt nur die vertragliche Haftung des Verkäufers, nicht auch des Herstellers. Der deliktische Haftungsumfang geht einerseits über den der Richtlinie hinaus, andererseits ist er auf den Ersatz von Schäden an absoluten Rechten beschränkt.

Hingegen erfordert die Deliktshaftung die schuldhafte Verletzung eines absoluten Rechtes, und der Schuldner kann sich gemäß § 831 BGB exkulpieren. Beides gilt nicht für die Gewährleistungshaftung.

15.2. §§ 823 II, 826 BGB

15.2.1. Haftungsgrundlage

Handelt der Verkäufer arglistig bezüglich der Eigenschaften einer Sache, kommt neben der Haftung aus §§ 463, 2, 480 II BGB auch die aus §§ 823 II i. V. m. 263 StGB und § 826 BGB in Betracht. Bei der Subsumtion ist zu beachten, daß nicht jede Arglist ohne weiteres die Voraussetzungen einer unerlaubten Handlung erfüllt[51]. Hinzukommen muß insbesondere die Verletzung eines Schutzgesetzes bei § 823 II BGB. Dabei ist zu beachten, daß wegen der Relativität der vertraglichen Schuldverhältnisse die §§ 459 ff. BGB selbst keine Schutzgesetze im Sinne des § 823 II BGB sind[52]. Die arglistige Handlung muß deshalb darüberhinaus auch als Betrug i. S. d. § 263 StGB zu bewerten sein[53]. Bei § 826 BGB ist Sittenwidrigkeit und Vorsatz bezüglich der Schädigung erforderlich[54]. Sind die Voraussetzungen für die deliktischen Anspruchsgrundlagen gegeben, so konkurrieren auch diese Ansprüche mit den §§ 459 ff. BGB[55].

---

[50] Soergel/*Huber*, § 477 Rn 9.

[51] Für alle Palandt/*Putzo*, § 463 Rn 23.

[52] *Walter, Gerhard*, S. 208.

[53] Für die Einordnung des § 263 StGB als Schutzgesetz: BGHZ 57, 137.

[54] BGH NJW 2000, 2896.

[55] BGH NJW 1960, 237.

15.2.2. Haftungsumfang

15.2.2.1. Grundsatz: § 249 BGB

Der Umfang der Schadensersatzpflicht richtet sich im Grundsatz nach § 249 BGB[56]. Dabei ist der Käufer nicht wie bei § 823 BGB auf den Ersatz für die Schädigung absoluter Rechte beschränkt. Nach der Differenzhypothese ist der Käufer so zu stellen, als habe die haftungsauslösende Handlung des Verkäufers nicht stattgefunden. Im Fall der Haftung aus § 823 II BGB i. V. m. § 263 StGB und § 826 BGB also so, als sei auf die Willensfreiheit des Käufers nicht eingewirkt worden. Ohne Täuschung des Käufers wäre der Vertrag regelmäßig nicht zustandegekommen. In den Kategorien des Vertragsrechts ausgedrückt schuldet der Verkäufer also nur das negative Vertrauensinteresse[57]. Dies kann er auf zwei Arten geltendmachen. Entweder er verlangt den Kaufpreis zurück, muß dann aber die Kaufsache zurückgeben. Oder er kann, ebenso wie bei der Haftung nach cic, die Sache behalten und als Schadensersatz den Betrag verlangen, um den der Kaufpreis den tatsächlichen Wert der Sache überstiegen hatte[58].

Das negative Interesse wird nicht vom positiven gedeckelt. Wenn der Käufer nachweisen kann, daß ohne die Täuschung der Vertrag zu anderen, für ihn günstigeren Bedingungen zustandegekommen wäre, beispielsweise der Verkäufer auch einen niedrigeren Kaufpreis akzeptiert oder der Käufer die Sache anderweitig günstig erworben hätte, kann er im Wege des negativen Interesses das Erfüllungsinteresse aus diesem hypothetischen Vertrag verlangen[59]. Dann steht ihm auch der aufgrund eines vereitelten Weiterverkaufs entgangene Gewinn zu.

Der Anspruchsumfang bei Haftung aus §§ 823 ff. BGB ist also grundsätzlich ein anderer als bei §§ 463, 480 II BGB[60]. Für Mangelfolgeschäden wirkt sich diese Unterscheidung nicht aus, sie sind nach beiden Haftungsgrundlagen zu ersetzen. Für Mangelschäden hat die Unterscheidung dagegen Bedeutung. Nach den Anspruchsgrundlagen differenziert zu beurteilen ist die Ersatzfähigkeit des Produktionsausfalls und des Verlusts, den der Käufer erleidet, weil der tatsächliche Sachwert der mangelfreien Kaufsache über dem vereinbarten Kaufpreis gelegen hätte[61].

---

[56]BGH NJW 1960, 237.

[57]BGH NJW 1998, 983, 984; RGZ 103, 154, 159.

[58]RGZ 66, 335, 337; *Reinicke* und *Tiedtke*, Rn 720.

[59]BGH NJW 1998, 983, 984; BGH WM 1976, 1307, 1310; Palandt/*Putzo*, § 463 Rn 23; Palandt/*Thomas*, § 826 Rn 14; *Tiedtke*, DB 1998, 1019.

[60]MünchKomm/*Westermann*, § 459 Rn 92.

[61]MünchKomm/*Westermann*, § 459 Rn 92; Staudinger/*Honsell*, Vorbem zu §§ 459 ff. Rn 49.

15.2.2.2. Ersatz des positiven Interesses bei Zusammentreffen mit §§ 463, 480 I BGB

Die Rechtsprechung gesteht dem Käufer darüberhinaus das positive Interesse zu, wenn die für den Schaden ursächliche unerlaubte Handlung zugleich die Voraussetzungen für einen vertraglichen Gewährleistungsanspruch erfüllt[62]. Zur Begründung wird darauf verwiesen, die Haftung aus § 463, 2 BGB habe denselben Rechtsgrund wie die Haftung aus § 823 II BGB, 263 StGB und 826 BGB. Deshalb müsse auch der Anspruch aus unerlaubter Handlung in diesem Falle dem aus §§ 463, 480 II BGB entsprechen. Dem § 463 BGB sei die Wertung zu entnehmen, daß der betrogene Käufer berechtigt ist, den Verkäufer an seinen falschen Versicherungen festzuhalten, nämlich ihn auf Schadensersatz wegen Nichterfüllung in Anspruch zu nehmen. Diese Wertung müsse auch für die Deliktshaftung beachtet werden[63]. Der Rechtsgrund der Arglisthaftung ist dem des Deliktsrechts insofern verwandt, als an eine Einschränkung der Willensfreiheit des Käufers angeknüpft wird[64]. Voraussetzung für diese Haftung ist natürlich, daß der Tatbestand der §§ 463, 480 II BGB tatsächlich vorliegt. Nur dann, wenn der Käufer tatsächlich aufgrund der Gewährleistungsvorschriften einen Anspruch auf das Erfüllungsinteresse hat, kann dies auf die §§ 823 ff. BGB übertragen werden[65].

Diese Rechtsprechung wurde bisher für Arglistfälle und die Haftung aus § 463, 2 BGB bzw. §§ 823 II BGB i. V. m. § 263 StGB wegen Betruges entwickelt, gilt aber gleichermaßen auch für die aus § 826 BGB wegen sittenwidriger Schädigung[66]. Auf die parallele Haftung bei Schäden des Verkäufers im Zusammenhang mit nur fahrlässiger Zusicherung aus § 463, 1 BGB bzw. § 823 I BGB[67] wurde die Konstruktion nicht angewandt[68]. Die Formulierungen in den Urteilen ließen die Ausweitung auf diese Fälle freilich zu, da sie ungenau nur auf eine Haftung aus § 463 BGB, nicht speziell auf § 463, 2 BGB abstellten[69]. Die Motivation der Konstruktion, nämlich die Gleichheit des Rechtsgrundes der Haftung, ist bei nur

---

[62]RGZ 66, 335, 337 f.; zuletzt BGH NJW 1998, 983, 984.

[63]RGZ 103, 154, 160; Staudinger/*Honsell*, Vorbem zu §§ 459 ff. Rn 49.

[64]Wenn auch die Arglisthaftung aus § 463, 2 BGB an die Verletzung einer vertraglichen Pflicht, die Deliktshaftung an die einer gesetzlichen Schutzpflicht anknüpft; *Rust*, NJW 1999, 339, 340.

[65]BGH NJW 1998, 983, 984; anderer Ansicht *Imping*, MDR 1998, 267.

[66]*Honsell*, MDR 1970, 717, 720; *Schaub*, ZEuP 1999, 941, 946.

[67]Eine Haftung aus §§ 823 II BGB i. V. m. § 263 StGB und aus § 826 BGB kommt dann mangels Schädigungsabsicht nicht in Betracht.

[68]Vgl. *Rust*, NJW 1999, 339, 340. Für diese Anwendung spricht sich MünchKomm/*Westermann*, § 459 Rn 92 aus.

[69]Vgl. RGZ 66, 335, 338 und RGZ 103, 154, 160.

fahrlässiger Zusicherung aber nicht gegeben[70]. Die Rechtsprechung ist damit nur auf die Arglistfälle zu beziehen.

Die Ausweitung des Haftungsumfangs hat verschiedene Auswirkungen: Es greift die längere Verjährungsfrist des § 852 BGB. Der deliktische Gerichtsstand ist eröffnet[71]. Auf diese Verlängerung kommt es bei Arglistfällen freilich nicht an, da dann ohnedies gemäß § 477 I BGB § 195 BGB gilt. Die Deliktshaftung stellt den Käufer insoweit nicht besser. Auch kann der Käufer das positive Interesse von einem täuschenden Dritten aus Delikt erlangen, wenn er gegen den Verkäufer keinen Gewährleistungsanspruch hat, weil die Voraussetzungen des § 463 BGB nicht erfüllt sind[72,73]. Schließlich schadet eine voreilige Anfechtung des Vertrags durch den Käufer grundsätzlich nur dem Anspruch aus § 463 BGB, nicht aber einem Deliktsanspruch[74] – streitig ist allerdings noch, ob dann die haftungserweiternde Wirkung des § 463 BGB noch greift[75].

[70] *Rust*, NJW 1999, 339, 340.

[71] In BGH NJW 1998, 983 lag nur dieser im Inland.

[72] RGZ 103, 154, 161; MünchKomm/*Westermann*, § 459 Rn 91. Nach *Schaub*, ZEuP 1999, 951 f. und *Tiedtke*, DB 1998, 1019, 1020 f. muß der Dritte persönlich eine Gewähr für die Eigenschaft übernommen haben, damit § 463 BGB gegen ihn angewendet werden kann.

[73] Diese Auswirkung ist für die Richtlinie, die nur das Verhältnis von Käufer zu Verkäufer regelt, irrelevant.

[74] *Honsell*, MDR 1970, 717, 720 f.; *Flume*, AT II, § 31, 6, S. 567 f.

[75] Offengelassen von BGH NJW 1960, 237, 238; bejahend *Honsell*, MDR 1970, 717, 720 f.; ablehnend *Reinicke* und *Tiedtke*, Rn 722, *Tiedtke*, DB 1998, 1017, 1020; Staudinger/*Honsell*, Vorbem zu §§ 459 ff., Rn 49.

16. Richtlinienhaftung und Delikt

Die Frage nach der Richtlinienhaftung neben der deliktischen stellt sich nur in den Fällen, in denen die Haftung aus den §§ 823 ff. BGB Funktionen des Gewährleistungsrechts übernimmt, indem es Schlechtlieferungen mit Schadensfolge als Eigentumsverletzungen sanktioniert.

16.1. Weiterfresserschäden in der Richtlinie

Das Problem der weiterfressenden Mängel ist im Zusammenhang mit der Richtlinie von Bedeutung, weil der Ersatz für Mangelschäden ein Anspruch ist, mit dem unter Umständen auch das Interesse des Käufers daran, eine vertragsgemäße Sache zu erhalten, also das Äquivalenzinteresse, betroffen sein kann[1], das schon durch die Rechtsbehelfe der Richtlinie geschützt ist.

Die Lieferung einer Kaufsache mit einem defekten Einzelteil ist unproblematisch eine vertragswidrige Leistung im Sinne der Richtlinie im Hinblick auf dieses Einzelteil. Wie die Richtlinie mit weiterfressenden Schäden umgeht, ist nicht so sehr eine Frage der Teilvertragswidrigkeit: Dabei kommt es darauf an, ob nur eine teilweise Vertragswidrigkeit besteht und sich die Rechtsbehelfe auf diesen Teil der Leistung beschränken, oder ob damit auch die Sache als ganzes vertragswidrig ist und sich die Richtlinienrechtsbehelfe auf die Kaufsache insgesamt beziehen. Die Richtlinie enthält keine ausdrückliche Regelung zur Teilvertragswidrigkeit. Sie differenziert weder bei der Anspruchsgrundlage in Art. 3 I RL noch in dem die Vertragsmäßigkeit näher beschreibenden Art. 2 RL danach, ob die Kaufsache als ganzes den dort gestellten Anforderungen nicht genügt, oder ob dies auf einen abgrenzbaren Teil der Leistung zurückzuführen ist. Ein Blick auf das CISG läßt allerdings erkennen, daß Art. 3 VI RL, der bei Geringfügigkeit der Vertragswidrigkeit die Vertragsauflösung ausschließt, auch einen Aspekt der Teilvertragswidrig-

[1] Dazu *Katzenmeier*, 3. Kapitel, 4. Abschnitt.

keit regeln soll. Die Vorschrift erinnert an Art. 51 II CISG, der die Aufhebung des gesamten Vertrages verbietet, wenn die Fehlerhaftigkeit eines Teils der Kaufsache nicht zu einer wesentlichen Vertragswidrigkeit insgesamt führt – hier geht es also um die Vertragswidrigkeit nur eines abtrennbaren Teiles der Kaufsache[2]. Unter Art. 3 VI RL kann man unter anderem auch die Vertragswidrigkeit eines unbedeutenden, leicht austauschbaren Teils der Kaufsache subsumieren. Damit ist der Umfang der Richtlinienrechtsbehelfe bei Teilvertragswidrigkeit geregelt. Bei Nachbesserung und Minderung versteht es sich von selbst, daß sie sich nur auf den vertragswidrigen Teil beziehen. Bei der Vertragsauflösung muß dagegen klargestellt werden, ob die Auflösung des gesamten Vertrages oder nur des betroffenen Teiles möglich sein soll[3]. Die Richtlinie schließt die Vertragsauflösung bei unerheblichen Mängeln anders als das CISG ganz aus, wohl im Interesse der Einfachheit der Vertragsabwicklung bei Verbraucherkäufen.

Bei weiterfressenden Mängeln geht es dagegen nicht um die Reichweite der Rechtsbehelfe bei Teilvertragswidrigkeit. Bei den weiterfressenden Mängeln frißt sich ein zur Zeit des Gefahrübergangs vorhandener (Teil-)Mangel in die intakte Restkaufsache weiter und verursacht dadurch eine Beschädigung oder Zerstörung der Restkaufsache. Diese weitergehende Beschädigung stellt keinen Mangel und keine Vertragswidrigkeit dar, für die nach Gewährleistungsrecht oder der Richtlinie gehaftet werden müßte. Denn dieser neue Fehler tritt erst nach Gefahrübergang ein. Damit handelt es sich nicht um einen ersatzfähigen Mangel oder eine Vertragswidrigkeit, sondern um einen am Restvermögen des Käufers auftretenden Schaden. Die Richtlinienrechtsbehelfe decken diesen nicht ab:

Ist ein Bestandteil der Kaufsache mangelhaft, muß der Verkäufer im Rahmen der Abhilfe das defekte Einzelteil ausbauen und durch ein neues ersetzen[4]. Ist die Gesamtsache jedoch durch ein Weiterfressen des Mangels untergegangen, ist dies unmöglich. Der Verkäufer wird von seinem Nachbesserungsanspruch frei. Der Verbraucher kann dann über die Minderung den Minderwert verlangen, den die Gesamtkaufsache bei Gefahrübergang hatte. Ersatz für die gesamte Kaufsache gibt es nicht. Für die Vertragsauflösung gilt Art. 3 VI RL. Dabei ist Beurteilungszeitpunkt für die Erheblichkeit des Mangels ebenfalls der Gefahrübergang. Wenn der Mangel nicht stoffgleich ist mit dem Weiterfresserschaden, ist es durchaus möglich, daß die Vertragsauflösung wegen Unerheblichkeit des Fehlers ausgeschlossen ist. Die Abgrenzungserwägungen zwischen Mangelhaftigkeit der Gesamtsache bei Gefahrübergang und nicht stoffgleichem Weiterfresserschaden, dessen Ersatz aus der Richtlinie herausfällt, sind dieselben wie im deutschen Recht. Für die Frage

[2] *Herber* und *Czerwenka*, Art. 51 Rn 3; Honsell/*Schnyder/Straub*, § 51 Rn 8 f. m. w. N.

[3] Honsell/*Schnyder/Straub*, Art 51 Rn 5.

[4] Vgl. Artt. 46 III, 48 CISG, Schlechtriem/*Huber*, Art. 51 Rn 2.

nach der Künstlichkeit der Aufteilung in einen mangelhaften Teil und die intakte Restkaufsache bietet die Richtlinie keine Neuerungen. Die Richtlinie bietet daher keinen Anlaß, das Problem der Weiterfresserschäden neu aufzurollen. Die Weiterfresserhaftung bleibt von der Richtlinie unberührt.

16.2. Haftung aus §§ 823 II i. V. m. § 263 StGB und § 826 auf das positive Interesse

Es wurde bereits gezeigt, daß der Verkäufer in allen Fällen der Arglist gemäß Art. 3 RL wegen Vertragswidrigkeit haften muß. Die Richtlinienhaftung greift auch, wenn der Verkäufer daneben wegen Schutzpflichtverletzung aus § 823 II BGB oder wegen sittenwidriger Schädigung aus § 826 BGB ersatzpflichtig ist. Für die Richtlinienhaftung gibt es nur die Voraussetzung der Vertragswidrigkeit der Kaufsache.

Eine Überschneidung zur Richtlinie besteht, wenn die Haftung aus §§ 823 II, 826 BGB auf den Haftungsumfang des § 463 BGB ausgeweitet wird. Die Sachlage ist dann dieselbe wie im Verhältnis von § 463, 2 BGB zur Richtlinie: Die Deliktshaftung behält ihre Bedeutung dann, wenn die Nachbesserung scheitert. Außerdem gilt sie natürlich für alle außerhalb der Kaufsache liegenden Schäden an absoluten Rechtsgütern.

Die Haftung des täuschenden Dritten auf das positive Interesse eines zwischen zwei anderen Personen abgeschlossenen Vertrags verliert für den getäuschten Käufer an Bedeutung. Der Verkäufer haftet ihm gegenüber gemäß Art. 2 I, 3 I RL auch ohne Arglist auf das Erfüllungsinteresse. Hinzu kommt, daß die Äußerungen des Dritten dem Verkäufer nach der Richtlinie regelmäßig zugerechnet werden. Der Verkäufer muß sie sich nicht zueigen gemacht haben. Gemäß Art. 2 II d RL muß der Verkäufer beispielsweise für falsche Werbeangaben des Vorverkäufers auf das Erfüllungsinteresse haften. Die Gutgläubigkeit entlastet ihn nicht, sondern nur die engen Gründe des Art. 2 III RL. Der Käufer kann daher in aller Regel bereits von seinem Vertragspartner den vollen Gewährleistungsanspruch geltend machen, der ihm gegenüber dem Dritten aus Delikt, das heißt nur bei Verschulden, eingeräumt ist. Freilich bleibt das Interesse an der deliktischen Haftung des Dritten für den Fall der Unerreichbarkeit oder Zahlungsunfähigkeit des Vertragspartners bestehen.

Teil III.

Zum Stand der deutschen Umsetzungsarbeiten

17. Der Ansatz des Gesetzentwurfes der Bundesregierung

Der Gesetzgeber ist gemäß Art. 11 I 1 RL verpflichtet, die Verbrauchsgüterkaufrichtlinie bis zum 1.1.2002 umzusetzen. Das Bundesjustizministerium hat von vornherein eine Umsetzung im größeren Rahmen ins Auge gefaßt. Die Richtlinie[1] wird als willkommener Anstoß von außen angesehen, die Schuldrechtsreform durchzusetzen[2]. Das Reformvorhaben, das 1992 mit dem Abschlußbericht der Schuldrechtskommission[3] vorläufig zum Stillstand gekommen war, war bereits in den späten siebziger Jahren eingeleitet worden[4]. Das Bundesjustizministerium beauftragte verschiedene Rechtswissenschaftler, Gutachten zum Stand des Schuldrechts und zu möglichen Verbesserungen zu erstellen. Die Gutachten wurden 1981 bzw. 1983 in drei Bänden veröffentlicht[5]. Darauf aufbauend verfaßte eine eingesetzte Schuldrechtskommission einen Reformentwurf, der 1991 veröffentlicht wurde. Der Kommissionsentwurf wurde in Wissenschaft und Praxis viel beachtet[6], zu einer breiten öffentlichen Diskussion kam es jedoch nicht. Das Vorhaben schien im Sande zu verlaufen[7], man wollte die Entwicklungen auf europäischer Ebene abwarten[8].

[1]Zusammen mit den ebenfalls umzusetzenden Richtlinien 2000/35/EG vom 29.6.2000, ABl. Nr. L 200, S. 35 zur Bekämpfung von Zahlungsverzug im Geschäftsverkehr (umzusetzen bis zum 7.8.2002) und den schuldrechtlich geprägten Bestimmungen Art. 10, 11 und 18 der Richtlinie 2000/31/EG vom 8.6.2000, ABl. EG Nr. L 178, S. 1 über bestimmte rechtliche Aspekte der Dienste der Informationsgesellschaft, insbesondere des elektronischen Geschäftsverkehrs, im Binnenmarkt (umzusetzen bis zum 16.1.2002).

[2]Begründung DE, S. 1 und 166; Informationspapier DE, S. 3; *Schmidt-Räntsch*, ZIP 2000, 1639, 1643 ff.

[3]*Bundesministerium der Justiz (Hrsg.)*, Abschlußbericht der Kommission zur Überarbeitung des Schuldrechts, Köln 1992.

[4]Zur Geschichte dieses Reformvorhabens *Rust*, S. 24 ff.; *Zimmermann*, JZ 2001, 171, 176.

[5]*Bundesministerium der Justiz (Hrsg.)*, Gutachten und Vorschläge zur Überarbeitung des Schuldrechts, Bände 1 und 2, 1981, Band 3, 1983.

[6]Vgl. die Bibliographie zur Schuldrechtsreform, in: *Ernst* und *Zimmermann*, Anhang II, S. 727 ff.

[7]*Zimmermann*, JZ 2001, 171, 177.

[8]*Ernst*, AcP 199 (1999), 360.

Wesentliche Ansätze der Schuldrechtsreform werden von den Umsetzungsentwürfen des Bundesjustizministeriums jetzt wieder aufgenommen. Am 4.8.2000 hat das Bundesjustizministerium, aufbauend auf dem Schuldrechtskommissionsentwurf von 1991, einen Diskussionsentwurf zum Umsetzungsgesetz mit Begründung veröffentlicht. Eine konsolidierte Fassung dieses Diskussionsentwurfes datiert vom 6.3.2001[9]. Am 18.5.2001 hat der Bundestag in erster Lesung den Gesetzentwurf der Koalitionsfraktionen, der dem Regierungsentwurf entspricht[10], beraten[11]. Die verschiedenen Entwurfsfassungen weichen streckenweise erheblich voneinander ab. Im folgenden wird vornehmlich der derzeit aktuelle RE betrachtet.

Ziel der Bundesregierung ist es, das gesamte Kauf- und Werkvertragsrecht auf das Niveau der Richtlinie zu heben[12]. Das Schuldrecht soll vereinheitlicht werden, um die Rechtsanwendung zu erleichtern und die Zersplitterung des Schuldrechts zu vermeiden[13]. Im Zusammenhang mit der Richtlinie und dem Schadensersatz beim Kauf ist insbesondere von Bedeutung die Einführung einer allgemeinen Gutleistungspflicht, die Abschaffung des besonderen kaufrechtlichen Gewährleistungsrechts und dessen Eingliederung in das allgemeine Leistungsstörungsrecht durch Einführung eines allgemeinen Pflichtverletzungstatbestands, die Kodifizierung der cic und die Reform des Verjährungsrechts.

[9] Die Begründung dazu wurde zusammen mit der KF veröffentlicht. Die Begründung KF, S. 1 nimmt ergänzend Bezug auf die Begründung in den Papieren der Arbeitsgemeinschaften vom 7., 14., und 22.2.2001.

[10] Im folgenden: RE.

[11] FAZ vom 19.5.2001, S. 14.

[12] Informationspapier DE, S. 2.

[13] *Schmidt-Räntsch*, ZIP 2000, 1639.

18. Das Vertragsmäßigkeitskonzept

18.1. Ein subjektiver Fehlerbegriff

§ 434 I 1 RE schreibt entsprechend Art. 2 I RL den subjektiven Fehlerbegriff für alle Kaufverträge fest, nicht nur Verbrauchsgüterkäufe[1]. Es gibt, wie auch in der Richtlinie, keine Unterscheidung zwischen einfachem Fehler und zugesicherter Eigenschaft. Die Zusicherung wird wegen des einheitlichen Fehlerbegriffs nicht mehr als Haftungsvoraussetzung gebraucht. Der RE verwendet den Begriff Zusicherung nicht mehr, um Mißverständnisse zu vermeiden[2].

18.1.1. Fehlen einer vertraglichen Sollbeschaffenheitsvereinbarung

§ 434 I 2 RE setzt fest, welche Anforderungen die Ware erfüllen muß, wenn bzw. soweit die Sollbeschaffenheit nicht vertraglich vereinbart wurde. Die Konstruktion weicht von der des Art. 2 II RL ab. Es handelt sich nicht wie in Art. 2 II RL um die Vermutung einer Sollbeschaffenheitsvereinbarung zugunsten des Verkäufers. Stattdessen werden für den Fall, daß nichts vereinbart wurde, unwiderlegliche Kriterien dafür aufgestellt, wann eine Sache fehlerfrei ist. Diese Konstruktion wird den Vorgaben der Richtlinie gerecht[3]. Die Vermutung zugunsten des Verkäufers kann wegen Art. 8 I RL aufgegeben werden. Nach dem RE kann der Käufer, der einen Gewährleistungsanspruch geltend machen will, nachweisen, daß vertragliche Abmachungen bestehen, die von § 434 I 2 RE abweichen. Dies entspricht der

[1] *Schlechtriem*, in: Zivilrechtswissenschaft und Schuldrechtsreform, S. 213; *Gsell*, JZ 2001, 65; *Zimmer*, in: Zivilrechtswissenschaft und Schuldrechtsreform, S. 197.

[2] Abschlußbericht KE, S. 123. In der KF wurde der Begriff Zusicherung dagegen noch in § 443 KF verwendet.

[3] Bezweifelt von *Krebs*, Beilage Nr. 14, DB 2000, S. 17.

Widerlegbarkeit der Vermutung aus Art. 2 II RL. Ein höherer Schutz für den Verbraucher wird von der Richtlinie nicht verlangt.

Gemäß § 434 I 2 RE muß sich die Kaufsache in erster Linie für die vertraglich vorausgesetzte Verwendung eignen. Dies entspricht § 459 I 1 BGB und den Fällen des Art. 2 II b RL, in denen eine vertragliche Vereinbarung über die Verwendung nicht eindeutig festgestellt werden kann[4]. Falls die Verwendung nicht aus dem Vertrag hervorgeht, ist die gewöhnliche Verwendung ausschlaggebend. Dies entspricht Art. 2 II c RL[5]. Die Formulierung „sonst“ ersetzte das „Oder“ des DE, das mit der Richtlinie unvereinbar[6] oder mindestens unklar war[7]. Weiter kommt zum Maßstab die Beschaffenheit hinzu[8], die bei Gütern der gleichen Art üblich ist und die der Käufer nach Art der Sache erwarten durfte. Dies entspricht dem ersten Teilsatz des Art. 2 II d RL. Der dem deutschen Recht fremde und überflüssige[9] Begriff „vernünftigerweise“ wurde weggelassen[10]. § 434 I 3 RE ergänzt die in § 434 I 2 Nr. 2 RE genannte Beschaffenheit im Sinne des die öffentlichen Äußerungen betreffenden Teils von Art. 2 II d RL. Aufgenommen sind auch die Ausnahmefälle, in denen diese Äußerungen gemäß Art. 2 IV RL nicht relevant sind. Die Konstruktion des Ausschlusses der Verbindlichkeit, wenn der Verkäufer von der Äußerung „vernünftigerweise nicht ... Kenntnis haben konnte“ wurde durch das dem deutschen Recht geläufige Kennenmüssen ersetzt. Nicht übernommen hat der Gesetzgeber die 2. Variante des Art. 2 IV RL, nach der öffentliche Äußerungen nicht verbindlich sind, sofern sie berichtigt wurden. Diese Ausnahme ergibt sich bereits aus dem 1. Halbsatz des § 434 I 2 RE, nach dem die Sollbeschaffenheitsregeln nur eingreifen, sofern die Sollbeschaffenheit nicht vertraglich vereinbart wurde[11].

18.1.2. Montage und Montageanleitung, § 434 II 1 RE

§ 434 II 1 RE setzt Art. 2 V 1 RL um. § 434 II 2 DE wurde durch die KF vollständig umformuliert und durch den RE gekürzt. Jetzt ist klar, daß schon die Fehlerhaftigkeit der Montage oder der Montageanleitung für sich einen Sach-

[4]Begründung zu § 434 DE, S. 470.

[5]Vgl. Begründung zu § 434 DE, S. 471.

[6]Die Richtlinie erfordert dem Wortlaut nach Kumulation, vgl. oben unter 3.3.1.1; *Gsell*, JZ 2001, 65, 66; *Krebs*, Beilage Nr. 14, DB 2000, S. 17.

[7]Begründung zu § 434 KF vom 14. 2. 2001; vgl. auch *Westermann*, in: Die Schuldrechtsreform vor dem Hintergrund des Gemeinschaftsrechts, S. 115.

[8]Der Begriff soll die in der Richtlinie verwendeten Qualität und Leistungen zusammenfassen, Begründung zu § 434 DE, S. 471.

[9]*Honsell*, JZ 2001, 278, 279.

[10]Begründung zu § 434 DE, S. 471.

[11]Vgl. Begründung zu § 434 DE, S. 472.

mangel darstellt[12]. Es muß also nicht aufgrund der fehlerhaften Montage oder Montageanleitung zu einem Mangel an der Kaufsache selbst kommen. Der Käufer muß auch nicht erst die Sache falsch zusammengebaut haben, um den Verkäufer in Anspruch nehmen zu können, sondern kann bei undurchschaubarer Montageanleitung gleich kapitulieren, ohne es erst darauf ankommen zu lassen, mit einem untauglichen Montageversuch die Kaufsache zu beschädigen[13]. Insoweit behebt die KF einen Mangel der Richtlinie, die darauf abstellt, daß der Käufer die Kaufsache fehlerhaft montiert *hat*, den Fall einer offensichtlich untauglichen Montageanleitung also vernachlässigt[14]. Montiert der Käufer trotz fehlerhafter Montageanleitung die Kaufsache fehlerfrei, so ist der Verkäufer entlastet. Diese Begünstigung des Verkäufers ist mit der Richtlinie vereinbar. Sie entspricht der eben genannten Richtlinienformulierung, nach der der Käufer die Sache tatsächlich falsch zusammengebaut haben muß. Wenn ihm die Montage gelingt, ist keine Haftung vorgesehen. Außerdem deutet der Bezug auf Art. 2 V 1 RL[15] darauf hin, daß am Ende ein wie immer gearteter Mangel[16] stehen muß. Gelingt dem Käufer dennoch wegen besonderer Geschicklichkeit oder überlegener Kenntnis die Montage, ist er nicht schutzwürdig. Die fehlerhafte Montageanleitung an sich ist in der Richtlinie nicht dem Sachmangel gleichgestellt, hinzukommen muß die falsche Ausführung der Montage.

Davon, die Haftung des Verkäufers entsprechend der Montageanleitung auf falsche Bedienungs- oder Installationsanleitungen auszuweiten[17], wurde nach Beratung abgesehen[18].

18.1.3. Aliud- und Zuwenig-Lieferung, § 434 III RE

Nach § 434 III, 2. Alt. RE sind die Aliud- und die Zuwenig-Lieferung stets Sachmängel. Die im Diskussionsentwurf vorgesehene Ausnahme für Lieferungen, die so von dem Geschuldeten abweichen, daß sie als Erfüllung nicht in Betracht kommen, wurde aufgegeben. Dies ist wohl auf die berechtigte Kritik zurückzuführen,

[12] Kritisch zur unklaren Fassung des DE: *Zimmer*, in: Zivilrechtswissenschaft und Schuldrechtsreform, S. 197.

[13] Vgl. *Zimmer*, in: Zivilrechtswissenschaft und Schuldrechtsreform, S. 197.

[14] Diese Formulierung wurde wohl deshalb gewählt, um den gleich besprochenen Fall von der Haftung des Verkäufers auszunehmen, in dem dem Käufer trotz der fehlerhaften Anleitung die Montage gelingt.

[15] Art. 2 V 2 RL: „Das gleiche gilt...“; Art. 2 V 1 RL: „Ein Mangel ... wird der Vertragswidrigkeit gleichgestellt“.

[16] Wenn auch nicht unbedingt ein Mangel an der Kaufsache selbst, siehe oben unter 3.6.1 und 3.6.2.

[17] Angeregt z. B. von *Krebs*, Beilage Nr. 14, DB 2000, S. 17; *Honsell*, JZ 2001, 278, 279.

[18] Begründung zu § 434 KF vom 14. 2. 2001.

daß die Differenzierung der Richtlinie widerspricht[19]. Außerdem wäre sonst die bestehende Abgrenzungsschwierigkeit lediglich verlagert worden[20].

18.2. Verpflichtung zur mangelfreien Leistung

Gemäß § 433 I 2 RE ist der Verkäufer verpflichtet, dem Käufer die Sache frei von Sach- und Rechtsmängeln zu verschaffen. Damit wird erstmals im deutschen Kaufrecht eine Gutleistungspflicht ausdrücklich festgeschrieben[21]. Erfüllt der Verkäufer diese Pflicht nicht, haftet er gemäß § 437 RE. Der Streit zwischen Erfüllungs- und Gewährleistungstheorie hat sich somit zugunsten der ersteren erledigt[22]. Damit ist die Parteivereinbarung einheitlich Maßstab für die Mangelfreiheit und für das, was der Schuldner leisten muß[23]. Die Unterscheidung zwischen Stück- und Gattungskauf wird aufgehoben, und Kauf- und Werkvertragsrecht werden einander angeglichen. Auch die unterschiedliche Behandlung von Sach- und Rechtsmängeln wird aufgegeben[24]. § 433 I 2 RE behandelt beide Mangelarten gleich[25].

18.3. Sonstige Haftungsmodalitäten

§ 442 I 1 RE regelt den Haftungsausschluß bei Kenntnis des Käufers vom Mangel und entspricht Art. 2 III 1. Var. RL[26]. § 442 I 2 RE weicht in doppelter Hinsicht zugunsten des Käufers von Art. 2 III 2. Var. RL ab, was wegen Art. 8 RL zulässig ist. Anders als in Art. 2 III, 2. Var. RL, wo es dem Käufer schadet, wenn er „vernünftigerweise nicht in Unkenntnis" sein konnte, und wo die Ausfüllung dieses Begriffs – jede oder nur grobe Fahrlässigkeit – unklar bleibt[27], schadet nach dem RE nur grobe Fahrlässigkeit bei der Unkenntnis vom Mangel. Selbst diese schadet

---

[19] *Roth*, in: Zivilrechtswissenschaft und Schuldrechtsreform, S. 240, 242; *Gsell*, JZ 2001, 65, 67.

[20] *Zimmer*, in: Zivilrechtswissenschaft und Schuldrechtsreform, S. 198; *Westermann*, in: Die Schuldrechtsreform vor dem Hintergrund des Gemeinschaftsrechts, S. 118.

[21] *Zimmer*, in: Zivilrechtswissenschaft und Schuldrechtsreform, S. 196.

[22] Vgl. Begründung vom 14. 2. 2001 zu § 433 KF, S. 2; *Westermann*, in: Die Schuldrechtsreform vor dem Hintergrund des Gemeinschaftsrechts, S. 111.

[23] *Zimmer*, in: Zivilrechtswissenschaft und Schuldrechtsreform, S. 197.

[24] Abschlußbericht KE, S. 32 f.; Begründung DE, S. 204 f.; *Rolland*, NJW 1992, 2377, 2380.

[25] Dies wird teilweise wegen der Abgrenzungsschwierigkeiten begrüßt, *Krebs*, Beilage Nr. 14, DB 2000, S. 16, teilweise wegen der unterschiedlichen Interessenlagen kritisiert, *Ernst* und *Gsell*, ZIP 2000, 1410, 1411. Die Richtlinie verlangt diese Einebnung, wie oben gezeigt, nicht.

[26] Vgl. Begründung DE, S. 511.

[27] Siehe oben unter 3.5.

dem Käufer nur, wenn nicht der Verkäufer den Mangel verschwiegen oder die Garantie für das Vorhandensein einer Eigenschaft übernommen hat[28].

Der Gefahrübergang ist in § 445 RE geregelt. § 445, 1 und 2 RE entspricht fast wörtlich dem § 446 I BGB. Angefügt wurde an dieser Stelle die Regelung über den Annahmeverzug, der der Übergabe bezüglich des Gefahrübergangs gleichgestellt ist. Der Verkäufer wird daher nach dem RE strenger behandelt, da er nur bei zufälligen Verschlechterungen die Gefahr nicht trägt, während § 300 I BGB ihn nur bei Vorsatz und grober Fahrlässigkeit in die Verantwortung nimmt.

Die Regelung über den Versendungskauf aus § 447 BGB wurde zunächst in der KF gestrichen, womit den rechtspolitischen Bedenken gegen § 447 BGB Rechnung getragen wurde. Gemäß § 447 BGB soll die Gefahr des zufälligen Untergangs dann, wenn der Verkäufer auf Veranlassung des Käufers die Sache an einen anderen als den Erfüllungsort verschickt, beim Käufer liegen. Der Verantwortungsbereich des Verkäufers soll auf den Erfüllungsort begrenzt sein. Diese Gefahrenverteilung stößt auf Kritik, weil der Verkäufer, der die Transportperson auswählt, dem Transportrisiko nähersteht als der Käufer[29]. Nach erneuter Abwägung dieses Problems wurde § 447 BGB in § 446 RE wieder wörtlich aufgenommen[30]. § 447 RE soll jedoch gemäß § 474 II RE für den Verbrauchsgüterkauf nicht anwendbar sein. Wie oben unter 4.1 gezeigt, ist diese Änderung von der Richtlinie nicht gefordert. Zur Begründung[31] werden vor allem die Besonderheiten des Versandhandels angeführt. Dort könne nicht von einer Versendung auf besonderes Verlangen des Käufers hin die Rede sein, da der Käufer gar keine andere Möglichkeit habe, als sich die Ware, will er sie haben, über das vom Versandunternehmen gewählte Transportunternehmen zusenden zu lassen. Außerdem entspreche es den herrschenden Gepflogenheiten im Versandhandel, daß die Ware auf Gefahr des Verkäufers reise[32]. Diese für den Versandhandel zutreffenden Erwägungen werden ohne weitere Begründung auf alle Verbraucherkäufe ausgedehnt. Jetzt muß der Verkäufer also stets – und unabdingbar[33] die Gefahr bei Versendung tragen, auch wenn er mit der Versendung entgegen den Gepflogenheiten in seinem Geschäftsbetrieb dem Wunsch des Käufers auf Versendung entspricht. In diesem Fall ist nicht ersichtlich, warum die Gefahr anders verteilt werden sollte als beim Nicht-Verbraucherkauf.

[28] Diese Regelung wurde nach entsprechender Kritik an § 441 DE, vgl. *Westermann*, in: Die Schuldrechtsreform vor dem Hintergrund des Gemeinschaftsrechts, S. 121, in der KF ergänzt.

[29] MünchKomm/*Westermann*, § 447 Rn 1; Soergel/*Huber*, § 447 Rn 4.

[30] Begründung RE, S. 565.

[31] Neben den grundsätzlichen dogmatischen Bedenken, die gegen die wegen § 447 BGB oft erforderliche Drittschadensliquidation sprechen, vgl. Begründung RE, S. 574.

[32] Begründung RE, S. 573 f.

[33] Kritisch dazu *Westermann*, in: Die Schuldrechtsreform vor dem Hintergrund des Gemeinschaftsrechts, S. 121.

19. Spezielle Regelungen für den Verbrauchsgüterkauf

Nachdem der RE die Richtlinienregelungen in großem Umfang für alle Käufer übernommen hat, sind nur noch wenige Regelungen erforderlich, die den Verbrauchsgüterkauf speziell regeln.

§ 474 I RE definiert den Begriff Verbrauchsgüterkauf, II schließt die Gefahrübergangsregeln des Versendungskaufes in diesem Bereich aus. § 475 RE setzt die Unabdingbarkeit der für den Verbraucher günstigen Regeln aus Art. 7 RL um. Von dem Verbot des Haftungsausschlusses ausgenommen sind entsprechend der Richtlinienregelung die Schadensersatzansprüche. § 476 RE enthält die sechsmonatige Beweislastumkehr aus Art. 5 III RL. Die in § 441 I 2 DE noch vorgesehene Rügefrist entsprechend Art. 5 II RL wurde bereits in der KF zugunsten des Verbrauchers aufgegeben. Die Formvorschriften bezüglich der Garantien aus Art. 6 II ff. RL finden sich in § 477 RE, die Verbindlichkeit zu den in der Garantie angegebenen Bedingungen aus Art. 6 I RL ist bereits in § 443 RE für den Kauf allgemein geregelt.

Die §§ 478 und 479 RE regeln schließlich den Rückgriff des Unternehmers.

20. Die Rechtsbehelfe der Richtlinie

§ 437 RE bestimmt die Rechtsbehelfe des Käufers bei Sach- oder Rechtsmängeln: Vorgesehen sind parallel zu Art. 3 II RL Nacherfüllung, Rücktritt und Minderung, hinzu kommt der Schadensersatz[1]. Die Rangfolge dieser Rechtsbehelfe ergibt sich nicht aus § 437 RE, der die Rechtsbehelfe lediglich aufzählt[2], sondern aus §§ 439–441 RE und den Normen, auf die darin Bezug genommen wird.

20.1. Die Nacherfüllung, § 439 RE

Liefert der Verkäufer eine mangelhafte Sache, so bleibt der Erfüllungsanspruch des Käufers wegen § 433 I 2 RE bestehen und konkretisiert sich auf einen Abhilfe-, in der Terminologie des RE einen Nacherfüllungsanspruch[3]. Bei der Nacherfüllung hat der Käufer entsprechend Art. 3 III 1 RL gemäß § 439 I RE die Wahl zwischen Nachlieferung und Nachbesserung. § 480 I BGB geht in § 437, 439 RE auf[4]. § 439 II RE stellt entsprechend Art. 3 IV RL klar, welche Aufwendungen von der Nacherfüllung abgedeckt werden müssen.

§ 439 III RE enthält die Ausschlußregelung bei Unmöglichkeit oder Unverhältnismäßigkeit einer Nachbesserungsart aus Art. 3 III 1, 2 RL. In § 439 III 2 RE wurde bei der Beschreibung der Ausschlußgründe der Wortlaut der Richtlinienbestimmung im wesentlichen übernommen. Gemäß § 439 III 3, 1. HS RE ist der Käufer bei Verweigerung des Verkäufers auf die andere Abhilfeart beschränkt. Der Abhilfeanspruch wird somit modifiziert. § 439 III 3, 2. HS RE[5] soll das sich

[1]Die Vorschriften über die Rechtsbehelfe weichen erheblich vom DE ab.

[2]Begründung vom 14. 2. 2001 zu § 437 KF, S. 4.

[3]Begründung zu § 437 KF, S. 38.

[4]Begründung RE, S. 479.

[5]§ 439 III 3 RE lautet: „Der Anspruch des Käufers beschränkt sich in diesem Fall auf die andere Art der Nacherfüllung; das Recht des Verkäufers, auch diese unter den Voraussetzungen des Satzes 1 zu verweigern, bleibt unberührt."

in der Richtlinie ergebende Problem lösen, ob eine Nachbesserungsart auch bei Ausscheiden der anderen unverhältnismäßig und damit ausgeschlossen sein kann, oder ob die Verhältnismäßigkeitsabwägung nur zwischen den beiden Abhilfearten stattfindet[6]. Letzteres würde dazu führen, daß bei Unmöglichkeit einer Abhilfeart die andere stets verhältnismäßig wäre und nie beide Abhilfearten unverhältnismäßig sein könnten[7]. § 439 III 3, 2. HS RE stellt klar, daß der Verkäufer unter Umständen beide Abhilfearten aus den Gründen des § 439 III 1 und 2 RE verweigern kann. Daraus folgt, daß auch beide Abhilfearten unverhältnismäßig sein können, bzw. eine unmöglich und die andere unverhältnismäßig sein kann[8].

20.2. Rücktritt und Minderung

Als Folge ihrer Eingliederung in das allgemeine Leistungsstörungsrecht wird die Wandlung umformuliert zum Rücktritt; Rücktritt und Minderung werden echte Gestaltungsrechte[9]. Der Rücktritt bestimmt sich neben § 440 RE nach § 323 RE aus dem allgemeinen Leistungsstörungsrecht. Statt zurückzutreten, kann der Käufer gemäß § 441 I RE auch mindern. Für die beiden Rechtsbehelfe gelten also grundsätzlich die gleichen Voraussetzungen, mit der Ausnahme, daß die Minderung gemäß § 441 I 2 RE auch bei Unerheblichkeit des Fehlers möglich ist.

20.2.1. Fristablauf

Gemäß § 323 I RE kann der Käufer grundsätzlich erst nach erfolglosem Ablauf einer angemessenen Frist zur Leistung, das heißt hier zur Nachbesserung[10], zurücktreten bzw. mindern. Die Nachbesserung, also die Vertragsdurchführung, hat damit Vorrang. § 323 II RE nennt als Gründe, die die Frist entbehrlich machen, die ernsthafte und endgültige Erfüllungsverweigerung, Fixgeschäfte und sonstige Gründe, die nach Abwägung der beiderseitigen Interessen einen sofortigen Rücktritt rechtfertigen. § 440 RE ergänzt diese Regelungen entsprechend Art. 3 V, 1. und 3. Spiegelstrich RL um die Unverhältnismäßigkeit beider Abhilfearten, die Unzumutbarkeit der einschlägigen Nachbesserungsart und das Fehlschlagen der Nachbesserung. Die Richtlinie sieht in Art. 3 V, 2. Spiegelstrich vor, daß der Übergang nach Ablauf einer angemessenen Frist, in der die Abhilfe nicht erfolgreich durchgeführt wurde, möglich ist, ohne jedoch den Käufer wie § 323 I RE

[6] Begründung vom 14. 2. 2001 zu § 438 KF, S. 4.
[7] Vgl. zu diesem Problem in der Richtlinie 5.2.1.
[8] Begründung vom 14. 2. 2001 zu § 438 KF, S. 4.
[9] Abschlußbericht KE, S. 32.
[10] Begründung RE, S. 517; Begründung KF, S. 38.

zu zwingen, dem Verkäufer selbst eine Frist zu setzen. Die Bundesregierung geht davon aus, daß es dennoch richtliniengemäß ist, die übrigen Gewährleistungsrechte von einer Fristsetzung abhängig zu machen. Die Begründung zu § 439 KF[11], der § 440 RE entspricht, meint, wenn der Käufer versäume, dem Verkäufer eine Frist zur Nachbesserung zu setzen, so sei mit Zeitablauf – entsprechend der angemessenen Frist aus Art. 3 V, 2. Spiegelstrich RL – die Nachbesserung irgendwann unzumutbar und somit der Übergang auf die Rechtsbehelfe zweiter Stufe zwar nicht nach § 323 RE, aber nach der Sonderregel für den Kauf, § 439 KF bzw. 440 RE, eröffnet. Diese Argumentation ist nicht nachvollziehbar. Wenn ein Regelwerk grundsätzlich davon ausgeht, daß der Übergang auf Rücktritt, Minderung und Schadensersatz erst nach erfolglosem Fristablauf zur Nachbesserung möglich ist, ist nicht einzusehen, warum durch bloßen Zeitablauf die Nachbesserung unzumutbar werden sollte. Und dies gerade dann, wenn der Gläubiger sich noch nicht einmal die Mühe gemacht hat, auf die Nachbesserung zu drängen. Der bloße Zeitablauf ist aus denselben Gründen auch nicht ohne weiteres ein besonderer Umstand, der den sofortigen Rücktritt gemäß § 323 II, Nr. 3 KF rechtfertigt. Die Begründung zum RE enthält dementsprechend auch neue Erwägungen[12]. Auch nach der Richtlinie müsse sich der Käufer für eine der beiden Abhilfearten entscheiden, diese Entscheidung dem Verkäufer kundtun und dadurch seinen Abhilfeanspruch anmelden. Bevor er auf die Rechtsbehelfe zweiter Stufe übergehen könne, müsse er entscheiden, wann eine angemessene Frist seit seinem Abhilfebegehren abgelaufen ist. Der RE gebe dem Käufer von vornherein die Möglichkeit, die Frist zu bestimmen, er trage deshalb kein Risiko, ob diese auch bereits angemessen sei. Damit stelle der RE den Käufer sogar besser als die Richtlinie. Dies hilft jedoch nicht darüber hinweg, daß der Käufer die Frist setzen muß. Sie beginnt nicht, wie in der Richtlinie, von alleine zu laufen. Auch dies widerspreche der Richtlinie nicht. Setze der Käufer keine Frist, sei dies nicht mit einem Rechtsverlust verbunden, sondern er müsse die Fristsetzung schlicht nachholen. Die bereits abgelaufene Zeit sei bei der Angemessenheit dieser Frist zu berücksichtigen. Auch dies entbindet den Käufer nicht davon, die Frist überhaupt zu setzen. Die Begründung zum RE[13] nimmt deshalb an, nach Ablauf einer angemessenen Frist im Sinne der Richtlinie seit dem Abhilfeverlangen des Käufers sei eine bis dahin nicht erfolgte Abhilfe fehlgeschlagen. Der Käufer könne daher gemäß § 440 RE sofort vom Vertrag zurücktreten, auch ohne daß er dem Verkäufer jemals eine Frist zur Abhilfe gesetzt hätte. Eine Regelung entsprechend § 323 I 2 und § 282 I 2 DE, nach der eine angemessene Frist als gesetzt gilt, wenn der

[11] Begründung vom 14. 2. 2001 zu § 439 KF, S. 5.
[12] Begründung RE, S. 519.
[13] Begründung RE, S. 520.

Käufer keine oder eine zu kurze setzt, wäre im Interesse der Klarheit zu wünschen. Auch ist fraglich, ob der EuGH die Richtlinienmäßigkeit der Konstruktion des RE bejahen würde.

20.2.2. Unerhebliche Pflichtverletzung

Ausgeschlossen ist der Rücktritt gemäß § 323 IV 2 RE, wenn die Pflichtverletzung unerheblich ist. Dies entspricht Art. 3 VI RL. Für die Minderung wird die Anwendung dieses Ausschlußgrundes durch § 441 I 2 RE ausdrücklich ausgeschlossen.

20.2.3. Rücktritt und Minderung bei erfolgreicher Abhilfe

Rücktritt oder Minderung trotz erfolgreicher, aber mit Unannehmlichkeiten verbundener Abhilfe ist nicht vorgesehen. Die Entwurfsverfasser schließen sich der hier dargestellten Meinung[14] an, daß die Richtlinie eine solche nicht erfordert[15].

[14]Siehe oben unter 5.2.2.2.

[15]Begründung RE, S. 521 f.; vgl. zum DE *Schmidt-Räntsch*, ZIP 2000, 1639, 1644.

21. Schadensersatz beim Kauf

21.1. Einrichtung eines allgemeinen Pflichtverletzungstatbestands

Bereits der KE sah vor, den schuldrechtlichen Schadensersatz in einem einheitlichen, allgemeinen Grundtatbestand der Pflichtverletzung zu regeln. Die Entwürfe orientieren sich dabei am Einheitlichen Kaufrecht[1], dem Gutachten zum Leistungsstörungsrecht von *Ulrich Huber*[2], sowie seit 1991 am CISG[3]. Das besondere kaufrechtliche Gewährleistungsrecht wird aufgegeben und die Ansprüche des Käufers in das allgemeine Leistungsstörungsrecht eingegliedert[4]. Ziel ist es, die bisherigen Abgrenzungsschwierigkeiten zwischen den aus verschiedenen Bereichen stammenden Schadensersatzansprüchen des Käufers zu vermeiden[5] und Lücken zu schließen[6]. Die Zusammenfassung der Schadensersatzansprüche in einen einzigen Grundtatbestand gelingt durch die Einrichtung einer Gutleistungspflicht des Verkäufers[7]. Ist der Verkäufer zur mangelfreien Leistung verpflichtet, ergibt sich als logische Konsequenz die Einordnung auch der Schlechtleistung als allgemeine Leistungsstörung[8]. Der Schadensersatzanspruch folgt dann aus den allgemeinen Regeln.

Das Bundesjustizministerium bzw. die Bundesregierung sieht sich durch die Richtlinie bestärkt, dieses Konzept aus dem KE wieder aufzunehmen. Denn auch die Richtlinie sieht eine Gutleistungspflicht des Verkäufers vor. Somit wird die Richtlinie auch zur Rechtfertigung herangezogen, den Schadensersatzbereich zu

[1] Einheitliches Gesetz über den internationalen Kauf beweglicher Sachen, BGBl. 1973 I, S. 856.

[2] *Huber*, Gutachten.

[3] Zur Entwicklung des Pflichtverletzungsbegriffs *Rust*, S. 56 ff.; *Rolland*, NJW 1992, 2377, 2380.

[4] Vgl. *Rolland*, in: Europäisches Kaufgewährleistungsrecht, S. 15; Begründung RE, S. 206.

[5] Begründung RE, S. 183, 190.

[6] *Haas*, NJW 1992, 2389, 2390; Begründung DE, S. 183 ff.

[7] Abschlußbericht KE, S. 32; Begründung DE, S. 204 f.; Begründung RE, S. 206.

[8] *Dauner-Lieb*, JZ 2001, 8, 13 f.

reformieren[9]. Es ist jedoch sehr fraglich, ob die Richtlinie tatsächlich Reformen diesen Umfangs nahelegt. Die Auswirkungen, die die Richtlinie zwingend auf die Schadensersatzansprüche hat, sind eben dargelegt worden. Sie können großenteils durch Rechtsprechungsänderungen aufgefangen werden und verlangen keinesfalls die Einrichtung eines neuen Schadensersatzsystems. Die Gelegenheit zu ergreifen und das alte System mit seinen Verwerfungen zugunsten eines neuen, stringenteren aufzugeben, ist eine legitime rechtspolitische Entscheidung: Wird eine Gutleistungspflicht eingerichtet, besteht die Möglichkeit, die Verletzung dieser Pflicht als allgemeine Leistungsstörung zu behandeln, unabhängig davon, aus welchem Grund oder wie die Pflicht verletzt wird. Damit kann der Schadensersatz auf einen einzigen, allgemeinen Schadensersatzanspruch wegen Pflichtverletzung gestützt werden. Dieser Pflichtverletzungsanspruch geht dann aus einer Weiterentwicklung und Verallgemeinerung der pVV hervor[10]. Das besondere kaufrechtliche Gewährleistungsrecht wird überflüssig[11]. Die Verwerfungen, die daraus entstehen, daß Schadensersatzansprüche aus verschiedenen Bereichen und mit unterschiedlichen Haftungsgründen aufeinandertreffen, lösen sich auf. Die bisherigen Unterarten der Leistungsstörung stellen Erscheinungsformen dieses einheitlichen Tatbestandes dar[12].

21.2. Anspruchsgrundlage § 280 RE

Dem Schadensersatz aus schuldrechtlicher Sonderverbindung liegt mit § 280 I RE nur noch ein einheitlicher und umfassender Grund- und Auffangtatbestand zugrunde[13]. § 280 RE ist die einzige Anspruchsgrundlage für den Schadensersatz[14]. Haftungsvoraussetzung ist die Verletzung einer schuldrechtlichen Pflicht. Der Schuldner haftet gemäß § 280 I 2 RE nicht, wenn er nachweisen kann, daß er die Pflichtverletzung nicht gemäß § 276 RE[15] zu vertreten hat. Der Begriff der Pflichtverletzung ist rein objektiv zu verstehen[16]. Auf eine subjektive Vorwerfbar-

[9]Begründung RE, S. 169; Informationspapier DE, S. 3; vgl. auch *Ehmann* und *Rust*, JZ 1999, 853, 855.

[10]Begründung RE, S. 202.

[11]Bis auf die Minderung als spezifisch kauf- und werkvertraglicher Rechtsbehelf, Begründung RE, S. 206.

[12]*Rolland*, in: Europäisches Kaufgewährleistungsrecht, S. 15 f.

[13]Abschlußbericht KE, S. 130.

[14]Neben § 311a II RE.

[15]§ 276 RE entspricht weitgehend § 276 BGB.

[16]Begründung DE, S. 199; *Rolland*, in: Europäisches Kaufgewährleistungsrecht, S. 15 f.; *Anders*, ZIP 2001, 184, 185; *Brüggemeier*, DJT 1994, K 59.

keit kommt es bei der Einordnung als Pflichtverletzung nicht an[17]. Deshalb kann es auch Pflichtverletzungen geben, die nicht vom Schuldner zu vertreten sind[18], und für die er gemäß § 280 I 2 RE nicht haften muß.

§ 280 RE sieht bei gewissen Pflichtverletzungen zusätzliche Haftungsvoraussetzungen vor, die wie im bisherigen Recht nach der Art der Leistungsstörung gestaltet sind[19].

Für den Zusammenhang mit der Richtlinie ist insbesondere § 280 III RE interessant, der für den „Schadensersatz statt der Leistung" auf die Voraussetzungen der §§ 281–283 RE verweist[20]. Dabei geht es also um die Pflichtverletzungen, aufgrund derer der Schadensersatz an die Stelle der Leistung tritt, weil die Schuld nicht mehr erfüllt werden kann[21]. Hierzu zählen die Unmöglichkeit der Leistung[22], die Verletzung sonstiger Nebenpflichten, das heißt solcher, die sich nicht negativ auf die Hauptleistung auswirken[23], und die Schlechterfüllung gemäß §§ 280 I, III, 281 RE. Insbesondere letztere ist für die Richtlinienumsetzung von Bedeutung.

21.3. Haftungsvoraussetzungen bei Mangelhaftigkeit

21.3.1. Pflichtverletzung

Die Schadensersatzhaftung bei Mangelhaftigkeit ergibt sich aus §§ 437 Nr. 3, 440 i. V. m. §§ 280, 281 RE wegen Verletzung der Pflicht zur mangelfreien Leistung aus § 433 I 2 KF[24]. Die Kaufsache muß mangelhaft im Sinne der §§ 433 ff. RE sein. Alle Nebenpflichtverletzungen, die zu einem Mangel der Kaufsache führen, fallen unter § 437 KE .

Weitere Voraussetzungen der Haftung ergeben sich aus § 281 RE, auf den in §§ 437 und 280 RE verwiesen wird, und aus § 440 RE. Schadensersatz wegen Nichterfüllung der ganzen Leistung bei nur teilweiser oder nichtvertragsgemäßer Leistung gibt es nur, wenn es das Interesse des Gläubigers an der ganzen Leistung

[17] Begründung DE, S. 199.

[18] *Anders*, ZIP 2001, 184, 185; kritisch dazu *Ernst*, JZ 1994, 801, 805 und *Huber*, ZIP 2000, 2273, 2276: Es liege dann gar keine Pflichtverletzung vor.

[19] Begründung RE, S. 307.

[20] § 280 II RE verlangt für den Schadensersatz wegen Verzögerung der Leistung den Verzug im Sinne des § 286 RE; letzterer unterscheidet sich von dem aus § 286 BGB dadurch, daß keine Ablehnungsandrohung mehr erforderlich ist, eine einfache Mahnung reicht.

[21] Begründung RE, S. 311.

[22] § 283 RE.

[23] § 282 RE; Begründung RE, S. 322.

[24] Begründung DE, S. 506; Abschlußbericht KE, S. 195; *Dauner-Lieb*, JZ 2001, 8, 14 f.

erfordert, § 281 I 3 RE. Für die Besonderheiten bei Unmöglichkeit sieht § 283 RE entsprechend angepaßte Haftungsvoraussetzungen vor.

21.3.2. Fristablauf

§ 281 RE sieht in I 1 grundsätzlich den erfolglosen Ablauf einer Frist vor, in der dem Verkäufer Gelegenheit zur Erfüllung seiner Pflicht gegeben wird. Die Fristsetzung ist unter bestimmten Voraussetzungen entbehrlich, die für den Schadensersatz gemäß § 281 II und den Rücktritt gemäß § 323 II RE dieselben sind. § 281 II, 1. Alt. RE regelt den Fall der ernsthaften und endgültigen Erfüllungsverweigerung. Es handelt sich um eine Generalklausel, die durch Abwägung der entgegenstehenden Interessen bezüglich des sofortigen Schadensersatzanspruchs ausgefüllt werden muß. § 440 RE enthält weitere Entbehrlichkeitsgründe für den Fall der Mangelhaftigkeit beim Kauf. Sie entsprechen Art. 3 V i. V. m. III RL. Einer Fristsetzung bedarf es danach nicht, wenn beide Nacherfüllungsarten unverhältnismäßig sind oder wenn die verhältnismäßige Art der Nacherfüllung fehlgeschlagen oder dem Käufer unzumutbar ist. § 440, 2 RE bestimmt, wann die Nachbesserung regelmäßig fehlgeschlagen ist, nämlich nach dem zweiten Abhilfeversuch.

Der Gläubiger hat keinen Schadensersatzanspruch, wenn der Schuldner trotz der Fristsetzung nicht damit rechnen mußte, daß der Gläubiger anschließend Schadensersatz wegen Nichterfüllung verlangen würde, § 281 I 2 RE. Die Vorschrift soll die Schadensersatzvoraussetzungen an die des Rücktritts anpassen[25]. Anders als noch in der Begründung zum KF[26] wird in der zum RE betont, daß durch diese Regelung keinesfalls eine „kleine Ablehnungsandrohung“ in abgeschwächter Form des § 326 BGB eingeführt werden soll. Es sollen nur die Fälle klar ausgeschlossen werden, in denen der Käufer bereits aus Treu und Glauben gemäß § 242 BGB nicht sofort nach Fristablauf Schadensersatz geltend machen darf[27].

Durch das regelmäßige Erfordernis der Fristsetzung wird garantiert, daß die Vertragsdurchführung in Gestalt der Abhilfe in allen Fällen Vorrang vor der Vertragsauflösung hat, in denen durch die Abhilfe der Vertrag noch durchgeführt werden kann und dies dem Käufer zumutbar ist. Damit entspricht der RE auch bezüglich des Schadensersatzes der Abstufung der Richtlinienrechtsbehelfe[28]. Das Erfordernis der Fristsetzung begegnet beim Schadensersatz anders als bei Rücktritt und Minderung keinen Bedenken, was die Vereinbarkeit mit der Richtlinie betrifft.

---

[25] Begründung KF, S. 12.
[26] Begründung KF, S. 12.
[27] Begründung RE, S. 317.
[28] Begründung RE, S. 518.

21.3.3. Nichtvertretenmüssen

Gemäß § 280 RE haftet der Verkäufer für die Pflichtverletzung, es sei denn, er hat sie gemäß § 276 RE nicht zu vertreten. Zu vertreten hat der Verkäufer grundsätzlich gemäß § 276 RE, der insoweit dem § 276 BGB entspricht, Vorsatz und Fahrlässigkeit. Zusätzliche Anforderungen, wie sie § 463 BGB enthält, werden nicht aufgestellt.

21.3.3.1. Arglist

Die Haftung bei Arglist nach § 463, 2 BGB bleibt nach der neuen Regelung bestehen[29]. Der arglistige Verkäufer weiß von dem Mangel und hat daher die Leistung der mangelhaften Sache stets gemäß §§ 280 I, 276 I 1 RE als vorsätzliches Handeln zu vertreten[30]. Es gilt wie bisher das Verbot des Haftungsausschlusses, § 444 RE.

21.3.3.2. Fahrlässigkeit

Eine wichtige Neuerung ist die Haftung auch bei bloßer Fahrlässigkeit[31]. Damit fällt die Abgrenzungsproblematik zwischen §§ 463, 480 II BGB, pVV und cic weg[32]. Die Haftung auch für Fahrlässigkeit entspricht der Vorstellung, der Verkäufer müsse wie jeder andere Schuldner für jede Pflichtverletzung eintreten, die er zu vertreten hat. Nach der Begründung zum RE[33] besteht kein Anlaß, den Verkäufer durch kaufrechtliche Sonderregeln zu privilegieren. Nach der Begründung zum RE sei die augenblickliche Rechtslage mit der Annahme stillschweigender Zusicherungen, Aufklärungspflichtverletzungen und selbständiger Beratungsverträge von diesem Grundsatz nicht allzu weit entfernt[34]. Die Verschärfung, die es für den Verkäufer bedeutet, auch bei bloßer Fahrlässigkeit zu haften und nicht nur unter den besonderen Bedingungen des § 463 BGB, wird dadurch ausgeglichen, daß er bei Nichtvertretenmüssen nicht haften muß[35]. Auch die Vorschaltung des Nachbesserungsrechts gleicht die Haftungsverschärfung teilweise aus[36].

Neu ist gegenüber der Arglisthaftung aus § 463 BGB, daß der Verkäufer zusätzlich auch dann haftet, wenn ihn bezüglich des Nichtkennens des Mangels

[29] Abschlußbericht KE, S. 196.

[30] Abschlußbericht KE, S. 196; *Rolland*, in: Europäisches Kaufgewährleistungsrecht, S. 18; *Valcárel Schnüll*, S. 214.

[31] Begründung RE, S. 526; Begründung DE, S. 506.

[32] Vgl. Begründung DE, S. 504.

[33] Begründung RE, S. 525; Begründung DE, S. 505.

[34] Begründung RE, S. 515.

[35] Begründung DE, S. 508.

[36] *Krebs*, Beilage Nr. 14, DB 2000, S. 20; Abschlußbericht KE, S. 197.

Fahrlässigkeit trifft[37]. Für die Haftung kommt es dann entscheidend darauf an, ob den Verkäufer nach der im Verkehr erforderlichen Sorgfalt im Einzelfall eine Untersuchungspflicht trifft[38]. Damit kommt es auf dieselben Punkte an, wie bisher bei der Haftung aus cic. Auf die Friktionen der Haftung aufgrund fahrlässiger Falschangaben auf das positive Interesse mit dem Anfechtungsrecht des Verkäufers haben *Rust*[39] sowie *Ernst* und *Gsell* hingewiesen[40].

21.3.4. Abweichende Bestimmungen gemäß § 276 I 1, 2. HS KF

Auf der anderen Seite soll die Zusicherung nicht ganz verschwinden. Was der Verkäufer vertreten muß, kann gemäß § 276 KF durch abweichende gesetzliche Bestimmungen oder durch vertragliche Vereinbarungen festgelegt werden. Die Formulierung ist dabei ausführlicher und damit deutlicher, als es der DE war, der den Wortlaut des § 276 BGB beibehalten wollte[41]. Ausdrücklich festgehalten ist, daß die Haftung sowohl verschärft als auch gemildert werden kann[42]. § 276 RE nennt Beispiele für solche abweichenden Bestimmungen[43]. Da das Beschaffungsrisiko hier ausdrücklich genannt wird, ist § 279 BGB überflüssig und wird aufgehoben[44]. Bei der Bestimmung durch die Natur der Schuld denken die Verfasser des Entwurfes z. B. an unentgeltliche Schuldverhältnisse, bei denen unter Umständen eine Haftungserleichterung greift[45].

Durch § 276 RE soll vor allem auch die Wirkung der Zusicherung erhalten werden. Die verschuldensunabhängige Schadensersatzhaftung des § 463 BGB als Sonderfall mag zwar nunmehr grundsätzlich in § 276 RE aufgehen, nach dem der Verkäufer gemäß §§ 280, 276 RE haftet, es sei denn, er habe den Mangel nicht zu vertreten[46]. Dennoch soll es weiter möglich sein, daß die Parteien ein Einstehenmüssen des Verkäufers auch ohne die Möglichkeit vereinbaren, sich gemäß §§ 280 I

[37] Abschlußbericht KE, S. 196.

[38] Abschlußbericht KE, S. 196.

[39] *Rust*, S. 202 ff.

[40] *Ernst* und *Gsell*, ZIP 2000, 1410 ff.; *Gsell*, JZ 2001, 65, 67; *Ernst*, AcP 199 (1999), 360, 365; vgl. auch *Krebs*, Beilage Nr. 14, DB 2000, S. 11.

[41] Begründung vom 14. 2. 2001 zu § 276 KF; § 276 BGB sollte durch den KE geändert werden; der DE ließ den Paragraphen unverändert; § 276 KF und RE ähneln dem § 276 KE.

[42] Das Bundesjustizministerium lehnt sich hier an Art. 99 II des Schweizer Obligationenrechts an, Begründung vom 14. 2. 2001 zu § 276 KF.

[43] Begründung vom 14. 2. 2001 zu § 276 KF; Begründung KF, S. 11.

[44] Begründung KF, S. 11.

[45] Begründung vom 14. 2. 2001 zu § 276 KF; Abschlußbericht KE, S. 123.

[46] Vgl. Abschlußbericht KE, S. 196, 224.

2, 276 RE zu entlasten[47]: Eine Zusicherung soll als im Schuldverhältnis bestimmte strengere Haftung gemäß § 276 I RE gelten[48]. Eine sachliche Änderung soll dadurch nicht eintreten. Inhalt der Vereinbarung sei der herkömmliche Inhalt einer Zusicherung, daß der Verkäufer für die Mangelfreiheit garantiemäßig einstehen wolle[49]. An eine solche Vereinbarung seien dieselben Anforderungen zu stellen, wie an eine mindestens stillschweigende Zusicherung[50]. Die Rechtsprechung zur stillschweigenden Zusicherung soll nach dem Willen der Entwurfsverfasser in § 276 RE hineininterpretiert werden[51]. Ob dies von der Rechtsprechung so praktiziert werden wird, bleibt abzuwarten[52]. Der Begriff der Zusicherung wird im RE nicht verwendet, es ist von einer „Garantie für das Vorhandensein einer Eigenschaft" die Rede[53]. Bei einer solchen Garantie soll auch entsprechend der bisherigen Rechtslage bei Zusicherung die Vereinbarung eines Haftungsausschlusses gemäß § 444 RE nicht möglich sein.

Zur Auslegung, wann von einer Garantieübernahme auszugehen ist, trägt § 443 RE nichts bei, der Garantievorschriften aus Art. 6 RL umsetzt. § 443 RE beschreibt nur die Wirkungen einer tatsächlich übernommenen Garantie, nicht dagegen, unter welchen Umständen von einer solchen auszugehen ist[54]. Die Rechtsprechung zur stillschweigenden Zusicherung kann allerdings wieder auf ein engeres Maß zurückgeführt werden. Die Zusicherung ist nicht mehr die einzige Möglichkeit, den Verkäufer für Schäden haftbar zu machen. Vielmehr haftet der Verkäufer grundsätzlich und hat nur die Möglichkeit, sich gemäß § 276 KE zu entlasten.

Im Ergebnis bleibt trotz der Abschaffung der §§ 459 II und 463, 1 BGB die Notwendigkeit erhalten, einfache Fehler, für die die Fahrlässigkeitshaftung des § 276 RE gilt, von zugesicherten Eigenschaften zu unterscheiden, bei denen sich der Verkäufer nicht auf ein Nichtvertretenmüssen berufen kann[55]. Die Abgrenzung verliert immerhin an Bedeutung, da sie nur dann relevant wird, wenn der Verkäufer sorgfaltsgemäß gehandelt hat, nach § 276 RE also nicht haften würde[56]. Bemängelt wurde beim KE und DE, daß die Wirkung der Zusicherung nicht vollständig erhalten werde, da ein – unter Umständen sogar AGB-mäßiger – Haf-

---

[47] Abschlußbericht KE, S. 123; Begründung DE, S. 508 und 516; *Rust*, S. 91; *Ernst* und *Gsell*, ZIP 2000, 1410, 1420.

[48] Begründung DE, S. 508; Begründung vom 14. 2. 2001 zu § 276 KF, S. 2; Abschlußbericht KE, S. 123 und 196.

[49] *Kötz*, DJT 1994, K 21.

[50] *Kötz*, DJT 1994, K 21 f.; *Haas*, NJW 1992, 2389, 2393 f.

[51] *Rust*, S. 92; vgl. auch *Valcárel Schnüll*, S. 214.

[52] Skeptisch *Rust*, S. 92; *Krebs*, Beilage Nr. 14, DB 2000, S. 21.

[53] § 444 RE.

[54] Begründung DE, S. 519.

[55] *Rust*, S. 92.

[56] *Haas*, NJW 1992, 2389, 2394; *Rust*, S. 92 f.

tungsausschluß möglich sei[57]. Dieser Kritik wurde mit der Ergänzung des § 443 in der KF[58] begegnet, nach dem sich der Verkäufer auch bei Zusicherung nicht auf einen Haftungsausschluß berufen kann. Eine Entlastung wegen Nichtvertretenmüssens ist damit bei Zusicherung ausgeschlossen. Die Parteien können eine Konstruktion wählen, die das geltende Recht nachbildet. § 463 BGB wird damit tatsächlich ohne sachliche Änderungen entbehrlich[59].

21.3.5. Verhältnis des Schadensersatzanspruches zu Erfüllung und Rücktritt

Der Anspruch auf Erfüllung ist gemäß § 281 III RE ausgeschlossen, sobald der Käufer Schadensersatz verlangt hat. Der Verkäufer soll sich dann darauf einstellen können, daß von ihm die Erfüllung nicht mehr verlangt wird. Der Ausschluß des Erfüllungsanspruchs ist mit der Richtlinie vereinbar, da es um einen Ausschluß nach Bekanntgabe des Mangels gegenüber dem Verkäufer geht. Die Einengung des Anspruchs ist gemäß Art. 7 I RL zulässig.

Neu ist, daß der Schadensersatz ausdrücklich auch neben dem Rücktritt verlangt werden kann, § 325 RE.

21.4. Haftungsumfang

Rechtsfolge der Haftung aus § 437 i. v. m. § 280 I RE ist der Ersatz aller durch die Pflichtverletzung kausal entstandenen Schäden. Pflichtverletzung ist die Lieferung einer mangelhaften Sache. Erfaßt sind damit alle Mangelschäden, auch die uneigentlichen, die nur Vermögensschäden darstellen, wie Nutzungsausfall oder entgangener Gewinn, bei denen bisher streitig war, ob sie über pVV oder § 463 BGB zu ersetzen seien[60]. Bei Mängeln haftet der Verkäufer stets auf das positive Interesse[61]. Als Berechnungsmethode sind sowohl der kleine als auch der große Schadensersatz möglich. Die Zulässigkeit des großen Schadensersatzes ist in § 325 RE klargestellt, der Schadensersatz neben dem Rücktritt zuläßt. Gemäß § 284 RE kann der Gläubiger stattdessen auch Aufwendungsersatz verlangen.

---

[57] *Rust*, S. 93; *Brüggemeier*, DJT 1994, K 88 f; *Krebs*, Beilage Nr. 14, DB 2000, S. 18 und 21.

[58] Dieser entspricht § 444 RE.

[59] Diese Behauptung im Abschlußbericht KE, S. 33, traf freilich für den KE und den DE nicht zu.

[60] Begründung DE, S. 509.

[61] *Gsell*, JZ 2001, 65, 67; *Krebs*, Beilage Nr. 14, DB 2000, S. 11.

Alle Mangelfolgeschäden werden ebenfalls als kausale Schäden von der Haftung aus § 440, 280 RE umfaßt[62]. Der Umsetzungsentwurf unterscheidet nicht zwischen Mangel- und Mangelfolgeschäden. Dennoch ist das Ziel der Schuldrechtsreform, alle mangelbedingten Schäden einheitlich zu behandeln[63], nicht ganz erreicht worden. Für die Anwendbarkeit des § 281 RE kommt es darauf an, ob der geltendgemachte Schadensposten Schadensersatz wegen Nichterfüllung ist oder nicht, vgl. § 280 III RE. Manche Schäden können ohne weiteres sofort über § 280 RE ersetzt werden, beispielsweise das Integritätsinteresse[64].

21.5. Verjährung

Die in § 437 RE genannten Ansprüche Nachbesserung, Minderung, Rücktritt und Schadensersatz verjähren gemäß der speziellen Vorschrift § 438 RE. § 438 I Nr. 3 RE sieht eine Regelverjährung von zwei Jahren vor[65] und entspricht damit der materiellen Frist aus der Richtlinie. Auch der Fristbeginn mit der Ablieferung ist gemäß § 438 II RE derselbe wie in der Richtlinie. Bei Arglist greift die allgemeine Verjährungsfrist, § 438 III RE, sie ist also erheblich länger als die aus § 477 BGB.

Für die weiterfressenden Schäden gilt in Zukunft, da § 852 BGB durch den RE aufgehoben wird, die allgemeine Verjährungfrist von drei Jahren gemäß § 195 RE, ohne Rücksicht auf Kenntnis von Anspruch und Schädiger gemäß § 199 III RE in längstens 30 Jahren. Die Differenz zwischen der Verjährung von weiterfressenden Mängeln und Schäden, die aufgrund Gewährleistungsrecht ersetzt werden, wird damit verringert.

21.6. Nebenpflichtverletzungen, die nicht zu einem Mangel führen

§ 440 KF setzt ausdrücklich einen Mangel voraus[66]. Nebenpflichtverletzungen, die nicht zu einem Mangel führen, werden von § 280 I RE erfaßt[67]. Die Abgrenzung

[62] *Westermann*, in: Die Schuldrechtsreform vor dem Hintergrund des Gemeinschaftsrechts, S. 127; *Rolland*, in: Europäisches Kaufgewährleistungsrecht, S. 19, 23.

[63] Abschlußbericht KE, S. 32.

[64] *Haas*, NJW 1992, 2389, 2393.

[65] 30 Jahre, wenn der Mangel auf einem dinglichen Recht eines Dritten beruht, § 438 I Nr. 1 RE, 5 Jahre bei Bauwerken, § 438 I Nr. 2 RE.

[66] *Krebs*, Beilage Nr. 14, DB 2000, S. 20 zu § 440 I DE.

[67] Begründung DE, S. 314 f.; *Dauner-Lieb*, in: Zivilrechtswissenschaft und Schuldrechtsreform, S. 309; *Dauner-Lieb*, JZ 2001, 8, 14; *Krebs*, Beilage Nr. 14, DB 2000, S. 20 regt an, diese ergänzende Haftung klarzustellen.

zur reinen Nebenpflichtverletzung bleibt also erhalten[68]. Nebenpflichtverletzungen, die bisher über pVV oder cic abgewickelt wurden, fallen unproblematisch unter § 280 RE, da dieser Pflichtverletzungsanspruch aus einer Weiterentwicklung und Verallgemeinerung der pVV hervorgeht[69]. Die cic als Haftung aufgrund vorvertraglicher Pflichtverletzung wird durch §§ 311 II, III, 241 II RE gesetzlich bestätigt[70], die Haftung für solche Pflichtverletzungen bestimmt sich ebenfalls nach den §§ 280 ff. RE[71].

Der Käufer kann unter den Voraussetzungen des § 282 RE auch Schadensersatz statt der Leistung verlangen. Dazu muß die Pflichtverletzung wesentlich sein und dem Käufer die Erfüllung durch den Verkäufer nicht mehr zumutbar sein. Ein Rücktritt ist unter diesen Umständen gemäß § 324 RE möglich.

Die Trennung zwischen einfacher Nebenpflichtverletzung und solcher, die zu einem Sachmangel führt, bleibt erhalten und behält auch noch Bedeutung, weil die Verjährung differiert. Für die Gewährleistungshaftung gilt § 438 RE, für den Schadensersatzanspruch aus §§ 280, 282 RE gelten die allgemeinen Verjährungsregeln.

---

[68] *Rust*, S. 93 ff., *Westermann*, in: Die Schuldrechtsreform vor dem Hintergrund des Gemeinschaftsrechts, S. 127.

[69] Begründung RE, S. 202.; Begründung DE, S. 314 f.

[70] Dazu ausführlich und kritisch *Dauner-Lieb*, in: Zivilrechtswissenschaft und Schuldrechtsreform, S. 316 ff.

[71] Abschlußbericht KE, S. 33.

22. Schluß

Die Verbrauchsgüterkaufrichtlinie regelt zwar Schadensersatzansprüche nicht. Sie hat aber dennoch Auswirkungen auf die Gestaltung der Schadensersatzansprüche im deutschen Kaufrecht.

Durch die Verpflichtung zur vertragsgemäßen Leistung und das Abhilferecht nicht nur beim Gattungs-, sondern auch beim Stückkauf verliert der Schadensersatzanspruch aus § 463 BGB an Bedeutung, soweit es um Mangelschäden geht. Die Rechtsprechung über die besondere Zusicherungshaftung für Werbeaussagen beim Gebrauchtwagenkauf kann aufgegeben werden. Die Eingliederung aller aliud-Lieferungen und Quantitätsabweichungen aus dem allgemeinen Leistungsstörungs- in das Gewährleistungsrecht empfiehlt sich, ist aber nicht zwingend. Die pVV-Haftung bei aliud-Lieferung, fehlerhafter Montage und Montageanleitung tritt in Konkurrenz zum gewährleistungsrechtlichen Schadensersatz, da diese Pflichtverletzungen von der Richtlinie als Vertragswidrigkeiten eingestuft werden. Wegen des Vertragswidrigkeitsbegriffs verliert die cic-Haftung für die mangelnde Aufklärung über nichtzusicherbare Eigenschaften an Bedeutung, ebenso die für Beratungspflichtverletzungen. Die Ausweitung des Haftungsumfangs auf das positive Interesse bei cic verliert an Brisanz. Schließlich tritt die Haftung deliktisch handelnder Dritter auf das positive Interesse eines zwischen Verkäufer und Käufer geschlossenen Vertrages in den Hintergrund.

Diese Änderungen bewegen sich allesamt auf der Ebene der Rechtsanwendung. Die Änderung der gesetzlichen Vorschriften über den Schadensersatz ist nicht erforderlich.

Der Regierungsentwurf zur Schuldrechtsmodernisierung setzt die Richtlinie bis auf die für den Rücktritt erforderliche Fristsetzung erfolgreich um. Eine so umfassende Reform, wie sie von der Bundesregierung angestrebt wird, läßt sich durch die Richtlinie jedoch nicht rechtfertigen.

Materialien

Materialien der EU

GRÜNBUCH

Grünbuch über Verbrauchsgütergarantien und Kundendienst vom 15. 11. 1993, Dok. KOM (93) 509 endg., S. 1–120.

ENTSCHLIESSUNG DES EP ZUM GRÜNBUCH

Entschließung des Europäischen Parlaments zum Grünbuch der Kommission über Verbrauchsgütergarantien und Kundendienst, ABl. C 205 vom 25. 7. 1994, S. 562–565.

STELLUNGNAHME DES WSA ZUM GRÜNBUCH

Stellungnahme des Wirtschafts- und Sozialausschusses zu dem Grünbuch über Verbrauchsgütergarantien und Kundendienst, ABl. C 295 vom 22. 10. 1994, S. 14–16.

URSPRÜNGLICHER RL-VORSCHLAG 1996

Vorschlag der Kommission für eine Richtlinie des Europäischen Parlaments und des Rates über den Verbrauchsgüterkauf und -garantien, ABl. C 307 vom 16. 10. 1996, S. 8–11.

BEGRÜNDUNG ZUM URSPRÜNGLICHEN RL-VORSCHLAG 1996

Begründung zum Vorschlag der Kommission für eine Richtlinie des Europäischen Parlaments und des Rates über den Verbrauchsgüterkauf und -garantien, Dok. KOM (95) 520 endg.

STELLUNGNAHME DES WSA ZUM URSPRÜNGLICHEN RL-VORSCHLAG 1996

Stellungnahme des Wirtschafts- und Sozialausschusses zu dem „Vorschlag für eine Richtlinie des Europäischen Parlaments und des Rates über den Verbrauchsgüterkauf und -garantien", ABl. C 66 vom 3. 3. 1997, S. 5–10.

Stellungnahme des EP zum ursprünglichen RL-Vorschlag 1996

Stellungnahme und legislative Entschließung des Europäischen Parlaments vom 10. 3. 1998 zu dem Vorschlag für eine Richtlinie des Europäischen Parlaments und des Rates über den Verbrauchsgüterkauf und -garantien, ABl. C 104 vom 6. 4. 1998, S. 30–40.

Geänderter RL-Vorschlag 1998

Geänderter Vorschlag der Kommission für eine Richtlinie des Europäischen Parlaments und des Rates über den Verbrauchsgüterkauf und -garantien, ABl. C 148 vom 14. 5. 1998, S. 12–20.

Begründung zum geänderten RL-Vorschlag 1998

Begründung zum geänderten Vorschlag der Kommission für eine Richtlinie des Europäischen Parlaments und des Rates über den Verbrauchsgüterkauf und -garantien, Dok. KOM (98) 217 endg.

Mitteilung der Kommission über den Gemeinsamen Standpunkt

Mitteilung der Kommission über den Gemeinsamen Standpunkt vom 25. 9. 1998, Dok. SEK (98) 1553 endg.

Gemeinsamer Standpunkt

Gemeinsamer Standpunkt (EG) Nr. 51/98 vom Rat festgelegt am 24. 9. 1998 im Hinblick auf den Erlaß der Richtlinie 98/.../EG des Europäischen Parlaments und des Rates zu bestimmten Aspekten des Verbrauchsgüterkaufs und der Garantien für Verbrauchsgüter, ABl. C 333 vom 30. 10. 1998, S. 46–55.

Beschluss des EP zum Gemeinsamen Standpunkt

Beschluß des Europäischen Parlamentes vom 17. 12. 1998 über den Gemeinsamen Standpunkt des Rates im Hinblick auf den Erlaß der Richtlinie des Europäischen Parlaments und des Rates zu bestimmten Aspekten des Verbrauchsgüterkaufs und der Garantien für Verbrauchsgüter, ABl. C 98 vom 9. 4. 1999, S. 226–230.

Stellungnahme der Kommission 1999

Stellungnahme der Kommission vom 19. 1. 1999 gemäß Art. 189 b II d zur Abänderung des Gemeinsamen Standpunktes, Dok. KOM (99) 16 endg.

Beschluss des EP 1999

Beschluß des Europäischen Parlaments vom 5. 5. 1999 über den vom Vermittlungsausschuß gebilligten gemeinsamen Entwurf einer Richtlinie des Europäischen Parlaments und des Rates zu bestimmten Aspekten des

Verbrauchsgüterkaufs und der Garantien für Verbrauchsgüter, ABl. C 279 vom 1. 10. 1999, S. 195 f.

RL Richtlinie 1999/44/EG des Europäischen Parlaments und des Rates vom 25. 5. 1999 zu bestimmten Aspekten des Verbrauchsgüterkaufs und der Garantien für Verbrauchsgüter, ABl. L 171 vom 7. 7. 1999, S. 12–16.

Materialien des Bundes

MOTIVE II
Motive zu dem Entwurfe eines Bürgerlichen Gesetzbuches für das Deutsche Reich, Bd. 2: Recht der Schuldverhältnisse, Berlin 1888.

BESCHLUSS DES BUNDESRATES
Beschluß des Bundesrates vom 8. 11. 1996 zum Vorschlag für eine Richtlinie des Europäischen Parlaments und des Rates über den Verbrauchsgüterkauf und der Garantien für Verbrauchsgüter, KOM (95) 520 endg., BR-Drs. 696/96.

ABSCHLUSSBERICHT KE
Bundesminister der Justiz (Hrsg.), Abschlußbericht der Kommission zur Überarbeitung des Schuldrechts, Köln 1992.

DE Bundesministerium der Justiz, Diskussionsentwurf eines Schuldrechtsmodernisierungsgesetzes, Stand 4. 8. 2000,
URL `http://www.bmj.bund.de/gvv/eschurmo.pdf`.

BEGRÜNDUNG KF VOM 14. 2. 2001
Bundesministerium der Justiz, Neue Fassung des Kauf- und Werkvertragsrechts auf der Grundlage des Diskussionsentwurfs eines Schuldrechtsmodernisierungsgesetzes, der hierzu vorliegenden Stellungnahmen und der Ergebnisse der Sitzung der Arbeitsgemeinschaft Kauf- und Werkvertragsrecht am 29. 1. 2001 in Berlin, Berlin 14. 2. 2001.

KF Bundesministerium der Justiz, Konsolidierte Fassung des Diskussionsentwurfs eines Schuldrechtsmodernisierungsgesetzes auf der Grundlage des Diskussionsentwurfs eines Schuldrechtsmodernisierungsgesetzes, der hierzu vorliegenden Stellungnahmen und der Ergebnisse der Beratungen der Arbeitsgemeinschaften zu den einzelnen Komplexen und der Kommission Leistungsstörungsrecht, 6. 3. 2001,
URL `http://www.zivilrechtslehrervereinigung/entwurf.pdf`.

RE Entwurf eines Gesetzes zur Modernisierung des Schuldrechts, Stand 9. 5. 2001,
URL http://www.bmj.bund.de/gvv/schuldre.pdf.

Literaturverzeichnis

United Nations Conference on Contracts for the International Sale of Goods, Vienna, 10 March – 11 April 1980, Official Records, Documents of the Conference and Summary Records of the Plenary Meetings and of the Meetings of the Main Committees, United Nations, New York 1981, zitiert: O. R.

Amtenbrink, Fabian und *Schneider, Claudia*, Die europaweite Vereinheitlichung von Verbrauchsgüterkauf und -garantien, VuR 1996, 367–380.

—, Europäische Vorgaben für ein neues Kaufrecht und deutsche Schuldrechtsreform, VuR 1999, 293–301.

Anders, Holm, Zur Reform des Kaufrechts, ZRP 2000, 293–295.

—, Der zentrale Haftungsgrund der Pflichtverletzung im Leistungsstörungsrecht des Entwurfs für ein Schuldrechtsmodernisierungsgesetz, ZIP 2001, 184–188.

Bassenge, Peter u.a. (Hrsg.), Palandt, Bürgerliches Gesetzbuch, München, 60. Aufl. 2001, zitiert: Palandt/*Autor*.

von Blume, W., Der Schadensersatzanspruch des Käufers wegen Lieferung einer mangelhaften Sache und seine Verjährung, IherJB 1909, 55, 209–242.

Bremenkamp, Holger und *Buyten, Rüdiger*, Deliktische Haftung des Zulieferers für Produktionsschäden? Zugleich Anmerkung zu dem Urteil des BGH vom 31. 3. 1998 (VI ZR 109/97 VersR 98, 855), VersR 1998, 1064–1071.

Brüggemeier, Gert, Referat, in: Ständige Deputation des Deutschen Juristentages (Hrsg.), Verhandlungen des 60. Deutschen Juristentages in Münster 1994, Bd. 2, Nr. 1, München 1994, S. K 47–102, zitiert: DJT 1994.

—, Zur Reform des deutschen Kaufrechts – Herausforderungen durch die EG-Verbrauchsgüterkaufrichtlinie, JZ 2000, 529–538.

Brox, Hans und *Walker, Wolf-Dietrich*, Besonderes Schuldrecht, München 2000.

Bundesministerium der Justiz, Neue Fassung des Kauf- und Werkvertragsrechts auf der Grundlage des Diskussionsentwurfs eines Schuldrechtsmodernisierungsgesetzes, der hierzu vorliegenden Stellungnahmen und der Ergebnisse der Sitzung der Arbeitsgemeinschaft Kauf- und Werkvertragsrecht am 29. Januar 2001 in Berlin, Berlin 14. 2. 2001, zitiert: Begründung KF vom 14. 2. 2001.

—, Abschlußbericht der Kommission zur Überarbeitung des Schuldrechts, Köln 1992, zitiert: Abschlußbericht KE.

—, Konsolidierte Fassung des Diskussionsentwurfs eines Schuldrechtsmodernisierungsgesetzes auf der Grundlage des Diskussionsentwurfs eines Schuldrechtsmodernisierungsgesetzes, der hierzu vorliegenden Stellungnahmen und der Ergebnisse der Beratungen der Arbeitsgemeinschaften zu den einzelnen Komplexen und der Kommission Leistungsstörungsrecht, 6. 3. 2001, zitiert: KF.
URL `http://www.zivilrechtslehrervereinigung/entwurf.pdf`

—, Diskussionsentwurf eines Schuldrechtsmodernisierungsgesetzes, Stand 4. August 2000, zitiert: DE.
URL `http://www.bmj.bund.de/ggv/eschurmo.pdf`

—, Informationspapier zum Entwurf eines Schuldrechtsmodernisierungsgesetzes, Stand 4. August 2000, zitiert: Informationspapier DE.
URL `http://www.bmj.bund.de/ggv/arbeitsh.pdf`

von Caemmerer, Ernst, Falschlieferung, in: von Caemmerer, Ernst, Hallstein, Walter, Mann, F. A. und Raiser, Ludwig (Hrsg.), Festschrift für Martin Wolff – Beiträge zum Zivilrecht und internationalen Privatrecht, Tübingen 1952, S. 3–22.

Coester-Waltjen, Dagmar, Die nichtvertragsgemäße Ware im Kaufrecht, Jura 1997, 637–641.

Dauner-Lieb, Barbara, Die geplante Schuldrechtsmodernisierung – Durchbruch oder Schnellschuß?, JZ 2001, 8–18.

—, Kodifikation von Richterrecht, in: Ernst, Wolfgang und Zimmermann, Reinhard (Hrsg.), Zivilrechtswissenschaft und Schuldrechtsreform, Tübingen 2001, S. 303–328.

Derleder, Peter und *Abramjuk, Ruth*, Qualitätsschutz und Verstrickungsschutz – Der Schadensbegriff und das Modell der Schadensberechnung beim Kauf mangelhafter Sachen gem. § 463 BGB, AcP 190 (1990), 624–649.

Diederichsen, Uwe, „Schadenersatz wegen Nichterfüllung" und Ersatz von Mangelfolgeschäden, AcP 165 (1965), 150–168.

Droste, Monica, Der Liefervertrag mit Montageverpflichtung, Heidelberg 1991.

Ehmann, Horst und *Rust, Ulrich*, Die Verbrauchsgüterkaufrichtlinie: Umsetzungsvorschläge unter Berücksichtigung des Reformentwurfs der deutschen Schuldrechtskommission, JZ 1999, 853-864.

Emmerich, Volker, Das Recht der Leistungsstörungen, München 1997.

Enderlein, Fritz, Maskow, Dietrich und *Strohbach, Heinz*, Internationales Kaufrecht – Kaufrechtskonvention, Verjährungskonvention, Vertretungskonvention, Rechtsanwendungskonvention, Berlin 1991.

Ernst, Wolfgang, Besprechung zu Ulrich Rust, Das kaufrechtliche Gewährleistungsrecht und zu Wilhelm Reinhardt, Die Gefahrtragung beim Kauf unter besonderer Berücksichtigung der Regelungsvorschläge des Schuldrechtsreformentwurfs, AcP 199 (1999), 360–372.

—, Kernfragen der Schuldrechtsreform, JZ 1994, 801–809.

Ernst, Wolfgang und *Gsell, Beate*, Kaufrechtsrichtlinie und BGB – Gesetzentwurf für eine „kleine" Lösung bei der Umsetzung der EG-Kaufrechtsrichtlinie, ZIP 2000, 1410–1430 und 1462–1464.

—, Nochmals für die „kleine Lösung", ZIP 2000, 1812–1816.

Ernst, Wolfgang und *Zimmermann, Reinhard* (Hrsg.), Zivilrechtswissenschaft und Schuldrechtsreform, Tübingen 2001.

Esser, Josef und *Weyers, Hans-Leo*, Schuldrecht, Bd. 2 Besonderer Teil, Tbd. 1 Verträge, Heidelberg, 8. Aufl. 1998, zitiert: Esser/*Weyers*.

Faber, Wolfgang, Zur Richtlinie bezüglich Verbrauchsgüterkauf und Garantien für Verbrauchsgüter, JBl 1999, 413–433.

Fikentscher, Wolfgang, Schuldrecht, Berlin 1997.

Flessner, Axel, Richtlinie und Reform – Die Einpassung der Kaufgewährleistungs-Richtlinie ins deutsche Recht, in: Grundmann, Stefan, Medicus, Dieter und Rolland, Walter (Hrsg.), Europäisches Kaufgewährleistungsrecht, Köln 2000, S. 233–249.

Flume, Werner, Eigenschaftsirrtum und Kauf, Münster 1948, zitiert: Eigenschaftsirrtum.

—, Allgemeiner Teil des Bürgerlichen Rechts, Bd. 2, Das Rechtsgeschäft, Berlin, 3. Aufl. 1979, zitiert: AT.

Gass, Peter, Die Schuldrechtsüberarbeitung nach der politischen Entscheidung zum Inhalt der Richtlinie über den Verbrauchsgüterkauf, in: Diederichsen, Uwe u.a. (Hrsg.), Festschrift für Walter Rolland, Köln 1999, S. 129–143.

Georges, Gesa, Kaufrecht und Garantie, in: Paschke, Marian und Iliopoulos, Constantin (Hrsg.), Europäisches Privatrecht: Ein Studienbuch zum Privatrecht der Europäischen Gemeinschaft, § 7, Hamburg 1998, S. 227–246.

Georgiades, Apostolos, Die Anspruchskonkurrenz im Zivilrecht und Zivilprozeßrecht, München 1967.

Gillig, Franz-Peter, Nichterfüllung und Sachmängelgewährleistung, Tübingen 1984.

Graue, Eugen Dietrich, Der Liefervertrag mit Montageverpflichtung, AcP 163 (1963/64), 401–416.

Grundmann, Stefan, Europäisches Schuldvertragsrecht, Berlin 1999.

—, Generalreferat: Internationalisierung und Reform des deutschen Kaufrechts, in: Grundmann, Stefan, Medicus, Dieter und Rolland, Walter (Hrsg.), Europäisches Kaufgewährleistungsrecht, Köln 2000, S. 281–321.

Grunewald, Barbara, Regelungsgehalt und System des deutschen Kaufrechts, in: Grundmann, Stefan, Medicus, Dieter und Rolland, Walter (Hrsg.), Europäisches Kaufgewährleistungsrecht, Köln 2000, S. 3–14.

Gsell, Beate, Die zeitlichen Grenzen der Gewährleistungsrechte des Verbrauchers nach der EU-Richtlinie zum Verbrauchsgüterkauf, ERPL 1999, 151–171.

—, Kaufrechtsrichtlinie und Schuldrechtsmodernisierung, JZ 2001, 65–75.

Haas, Lothar, Vorschläge zur Überarbeitung des Schuldrechts: Die Mängelhaftung bei Kauf- und Werkverträgen, NJW 1992, 2389–2395.

Hagen, Horst, Die neuere Rechtsprechung des Bundesgerichtshofes zum Grundstückskauf, WM 1981, 422 ff.

Heck, Philipp, Grundriß des Schuldrechts, Tübingen 1929.

Heilmann, Jan, Mängelgewährleistung im UN-Kaufrecht – Voraussetzungen und Rechtsfolgen im Vergleich zum deutschen internen Kaufrecht und zu den Haager Einheitlichen Kaufgesetzen, Berlin 1994.

Herber, Rolf und *Czerwenka, Beate*, Kommentar zu dem Übereinkommen der Vereinten Nationen vom 11. April 1980 über Verträge über den internationalen Warenkauf, München 1991.

Herberger, Klaus, Rechtsnatur, Aufgabe und Funktion der Sachmängelhaftung nach dem Bürgerlichen Gesetzbuch, Berlin 1974.

Hänlein, Andreas, Die Richtlinie zu bestimmten Aspekten des Verbrauchsgüterkaufs und der Garantien für Verbrauchsgüter, DB 1999, 1641–1647.

Hondius, Ewoud, Kaufen ohne Risiko – der europäische Richtlinienentwurf zum Verbraucherkauf und -garantien, ZEuP 1997, 130–140.

Honsell, Heinrich, Gefahrtragung und Schadensersatz bei arglistiger Täuschung, MDR 1970, 717–721.

—, Culpa in contrahendo, positive Vertragsverletzung und § 463 BGB, JR 1976, 361–367.

Honsell, Heinrich (Hrsg.), Julius von Staudingers Kommentar zum Bürgerlichen Gesetzbuch, Berlin, 13. Aufl. 1995, zitiert: Staudinger/*Autor.*

—, Kommentar zum UN-Kaufrecht – Übereinkommen der Vereinten Nationen über Verträge über den einheitlichen Warenkauf (CISG), Berlin 1997, zitiert: Honsell/*Autor.*

Honsell, Heinrich, Einige Bemerkungen zum Diskussionsentwurf eines Schuldrechtsmodernisierungsgesetzes, JZ 2001, 18–21.

Horak, Michael, Das EG-Grünbuch über Verbrauchsgüterkauf und -garantien, in: Schermaier, Martin Josef (Hrsg.), Reform des Gewährleistungsrechts und europäische Rechtsangleichung – studentische Beiträge zur Rechtsvergleichung und Rechtspolitik, Frankfurt am Main 1998, S. 225–241.

Huber, Ulrich, Der UNCITRAL-Entwurf eines Übereinkommens über internaionale Warenkaufverträge, RabelsZ 1979, 43, 413–526.

—, Empfiehlt sich die Einführung eines Leistungsstörungsrechts nach dem Vorbild des Einheitlichen Kaufrechts? Welche Änderungen im Gesetzestext und welche praktischen Auswirkungen im Schuldrecht würden sich dabei ergeben?, in: Bundesministerium der Justiz (Hrsg.), Gutachten und Vorschläge zur Überarbeitung des Schuldrechts, Bd. 1, Köln 1981, S. 647–909, zitiert: Gutachten.

—, Die Haftung des Verkäufers nach dem Kaufrechtsübereinkommen der Vereinten Nationen und nach deutschem Recht, Berlin 1991, zitiert: Haftung des Verkäufers.

—, Die Pflichtverletzung als Grundtatbestand der Leistungsstörung im Diskussionsentwurf eines Schuldrechtsmodernisierungsgesetzes, ZIP 2000, 2273–2284.

Imping, Andreas, Anmerkung zu BGH vom 25. 11. 1997, VI ZR 402/96, MDR 1998, 267.

Jansen, Nils, Diskussionsbericht, in: Ernst, Wolfgang und Zimmermann, Reinhard (Hrsg.), Zivilrechtswissenschaft und Schuldrechtsreform, Tübingen 2001, S. 267–261.

Janssen, André, Kollision des einheitlichen UN-Kaufrechts mit dem Verbraucherschutzrecht am Beispiel der Richtlinie über den Verbrauchsgüterkauf und -garantien, VuR 1999, 324–327.

Jud, Brigitta, Der Richtlinienentwurf der EU über den Verbrauchsgüterkauf und das österreichische Recht, ÖJZ 1997, 441–450.

—, Zum Händlerregreß im Gewährleistungsrecht – Überlegungen zur Umsetzung des Art. 4 der Richtlinie 1999/44/EG über den Verbrauchsgüterkauf, ÖJZ 2000, 661–668.

Junker, Abbo, Vom Bürgerlichen zum kleinbürgerlichen Gesetzbuch – Der Richtlinienvorschlag über den Verbrauchsgüterkauf, DZWiR 1997, 271–281.

Karollus, Martin, UN-Kaufrecht: eine systematische Darstellung für Studium und Praxis, Wien 1991.

Katzenmeier, Christian, Vertragliche und deliktische Haftung in ihrem Zusammenhang, dargestellt am Problem der „weiterfressenden Mängel“, Berlin 1994.

Kircher, Wolfgang, Zum Vorschlag für eine Richtlinie über den Verbrauchsgüterkauf und -garantien, ZRP 1997, 290–294.

—, Die Voraussetzungen der Sachmängelhaftung beim Warenkauf, Tübingen 1998, zitiert: Warenkauf.

Kraft, Helmuth, Der Autoverkäufer sollte künftig sein Produkt genau kennen – Verkehrsgerichtstag in Goslar mit Empfehlungen zur europäischen Regelung des Gewährleistungsrechts, FAZ vom 6. 2. 2001, Nr. 31, S. T 1.

Krebs, Peter, Die große Schuldrechtsreform, DB 2000, Beilage Nr. 14.

Kötz, Hein, Referat, in: Ständige Deputation des Deutschen Juristentages (Hrsg.), Verhandlungen des 60. Deutschen Juristentages in Münster 1994, Bd. 2, Nr. 1, München 1994, S. K 9–28, zitiert: DJT 1994.

Lang, Herbert, Zur Haftung des Warenlieferanten bei weiterfressenden Mängeln im angloamerikanischen Recht, Düsseldorf 1981.

Larenz, Karl, Lehrbuch des Schuldrechts, Bd. 2 Besonderer Teil, Hbd. 1, München, 13. Aufl. 1986.

Lehmann, Michael, Informationsverantwortung und Gewährleistung für Werbeangaben beim Verbrauchsgüterkauf, JZ 2000, 280–293.

Lehmann, Michael und *Dürrschmidt, Armin*, Haftung für irreführende Werbung über Garantien – Zum Vorschlag einer Richtlinie des Europäischen Parlaments und des Rates über den Verbrauchsgüterkauf und -garantien vom 18. 06. 1996, GRUR 1997, 549–559.

Lehr, Wolfgang und *Wendel, Heiko*, Die EU-Richtlinie über Verbrauchsgüterkauf und -garantien: Auswirkungen auf Handel und Produzenten, EWS 1999, 321–327.

Leiser, Wolfgang, Schadensersatz wegen Sachmängeln: Rechtshistorisches zu § 463 BGB, in: Hubmann, Heinrich und Hübner, Heinz (Hrsg.), Festschrift für Ludwig Schnorr von Carolsfeld zum 70. Geburtstag, Köln 1972, S. 299–317.

Lorenz, Stephan, Haftungsausfüllung bei der culpa in contrahendo: Ende der „Minderung durch c. i. c.“?, NJW 1999, 1001–1002.

Magnus, Ulrich, Der Stand der internationalen Überlegungen: Die Verbrauchsgüterkauf-Richtlinie und das UN-Kaufrecht, in: Grundmann, Stefan, Medicus, Dieter und Rolland, Walter (Hrsg.), Europäisches Kaufgewährleistungsrecht, Köln 2000, S. 79–91.

Matthiesen, Holger und *Lindner, Beatrix*, EG-Richtlinie über den Verbrauchsgüterkauf – Anlaß für eine Reform des deutschen Schuldrechts, NJ 1999, 617–622.

Medicus, Dieter, Vertragliche und deliktische Ersatzansprüche für Schäden aus Sachmängeln, in: Rechtswissenschaftlicher Zweig der Rechts- und Wirtschaftswissenschaftlichen Fakultät der Universität Tübingen (Hrsg.), Tübinger Festschrift für Eduard Kern, Tübingen 1968, S. 313–334.

—, Ein neues Kaufrecht für Verbraucher?, ZIP 1996, 1925–1930.

—, Verbraucherrecht und Verbrauchsgüterkauf in einem kodifikatorischen System – Bürgerrecht, Handelsrecht und Sonderprivatrecht, in: Grundmann, Stefan, Medicus, Dieter und Rolland, Walter (Hrsg.), Europäisches Kaufgewährleistungsrecht, Köln 2000 S. 219–231.

Menke, Burkhart, Haftung für reklamemäßige Garantieerklärungen im deutschen Recht? Zu einem Vorschlag im Grünbuch über Verbrauchsgütergarantien und Kundendienst, VuR 1994, 223–237.

Micklitz, Hans-W., Ein einheitliches Kaufrecht für Verbraucher in der EG?, EuZW 1997, 229–237.

—, Die Verbrauchsgüterkauf-Richtlinie, EuZW 1999, 485–493.

Mitglieder des Bundesgerichtshofes (Hrsg.), Das Bürgerliche Gesetzbuch unter besonderer Berücksichtigung der Rechtsprechung des Reichsgerichts und des Bundesgerichtshofes, Kommentar, Berlin, 12. Aufl. 1978, zitiert: RGRK/*Autor*.

Müller, Gerd, Kaufrechtliche Sachmängelhaftung oder culpa in contrahendo?, ZIP 1993, 1045–1055.

Nietzer, Wolf Michael und *Stein, Antonia*, Richtlinie zum Verbrauchsgüterkauf – Auswirkungen in Deutschland und Frankreich – Vergleich zum UN-Kaufrecht, ZVglRWiss 2000 (99), 41–50.

Paulusch, Bernd-A., Die Rechtsprechung des Bundesgerichtshofs zum Kaufrecht, WM 1995, Beilage Nr. 1.

Rabel, Ernst, Das Recht des Warenkaufs, Bd. 2, Berlin 1958.

Rebmann, Kurt und *Säcker, Franz Jürgen* (Hrsg.), Münchener Kommentar zum Bürgerlichen Gesetzbuch, München, 3. Aufl. 1994, zitiert: MünchKomm/*Autor*.

Reich, Norbert, Bürgerrechte in der Europäischen Union: Subjektive Rechte von Unionsbürgern und Drittstaatsangehörigen unter besonderer Berücksichtigung der Rechtslage nach der Rechtsprechung des EuGH und dem Vertrag von Amsterdam, Baden-Baden 1999, zitiert: Bürgerrechte.

—, Die Umsetzung der Richtlinie 1999/44/EG in das deutsche Recht, NJW 1999, 2397–2403.

Reinicke, Dietrich und *Tiedtke, Klaus*, Kaufrecht einschließlich Abzahlungsgeschäfte, AGB-Gesetz, Eigentumsvorbehalt, Factoring, finanzierte Kaufverträge, Haustürgeschäfte, Leasing, Pool-Vereinbarungen, Produzentenhaftung, Timesharing, UN-Kaufrecht und Verbraucherkreditgesetz, Neuwied 1997.

Rengier, Hans-Bernhard, Anmerkung zu BGH vom 24.11.1976, VIII ZR 137/75 (Schwimmerschalter), JZ 1977, 346–347.

—, Die Abgrenzung des positiven Interesses vom negativen Vertragsinteresse und vom Integritätsinteresse: dargestellt am Problem der Haftung des Verkäufers, Vermieters und Unternehmers für Schäden infolge von Sachmängeln, Berlin 1977.

Rieger, Gregor, Die Richtlinie zu bestimmten Aspekten des Verbrauchsgüterkaufs und der Garantien für Verbrauchsgüter vor dem Hintergrund des geltenden Rechts, VuR 1999, 287–293.

Ring, Gerhard, Perspektiven eines europäischen Verbraucherkaufrechts, BuW 1997, 263–266.

Rohlfing-Dijoux, Stephanie, Umsetzungsüberlegungen zur Kaufgewährleistungs-Richtlinie in Frankreich, in: Grundmann, Stefan, Medicus, Dieter und Rolland, Walter (Hrsg.), Europäisches Kaufgewährleistungsrecht, Köln 2000, S. 145–160.

Rolland, Walter, Schuldrechtsreform – Allgemeiner Teil, NJW 1992, 2377–2384.

—, Regelungsgehalte der Vorschläge der Kommission zur Überarbeitung des Schuldrechts, in: Grundmann, Stefan, Medicus, Dieter und Rolland, Walter (Hrsg.), Europäisches Kaufgewährleistungsrecht, Köln 2000 S. 15–25.

Roth, Wulf-Henning, Der nationale Transformationsakt: Vom Punktuellen zum Systematischen, in: Grundmann, Stefan, Medicus, Dieter und Rolland, Walter (Hrsg.), Europäisches Kaufgewährleistungsrecht, Köln 2000, S. 113–142.

—, Die Schuldrechtsmodernisierung im Kontext des Europarechts, in: Ernst, Wolfgang und Zimmermann, Reinhard (Hrsg.), Zivilrechtswissenschaft und Schuldrechtsreform, Tübingen 2001, S. 225–261.

Rust, Ulrich, Das kaufrechtliche Gewährleistungsrecht, Berlin 1997.

—, Zum Umfang des deliktischen Schadensersatzanspruchs eines getäuschten Käufers, NJW 1999, 339–340.

Süß, Theodor, Wesen und Rechtsgrund der Gewährleistung für Sachmängel, Leipzig 1931.

Schaub, Renate, Alte Rechtsprechung in neuem Licht – Internationale Implikationen konkurrenzrechtlicher Fragen, ZEuP 1999, 941–963.

Schäfer, Peter und *Pfeiffer, Karen*, Die EG-Richtlinie über den Verbrauchsgüterkauf, ZIP 1999, 1829–1837.

Schiller, Sabine, Europäische Union: Die Richtlinie über Verbrauchsgüterkauf und -garantien, PHi 1999, 118–128.

Schlechtriem, Peter, Schuldrecht, besonderer Teil, Tübingen 1995.

—, Internationales UN-Kaufrecht: ein Studien- und Erläuterungsbuch zum Übereinkommen der Vereinten Nationen über Verträge über den internationalen Warenkauf (CISG), Tübingen 1996, zitiert: Int. UN-Kaufrecht.

—, Verbraucherkaufverträge – ein neuer Richtlinienentwurf, JZ 1997, 441–447.

—, Kaufrechtsangleichung in Europa – Licht und Schatten in der Verbrauchsgüterkaufrichtlinie, in: Schack, Haimo (Hrsg.), Gedächtnisschrift für Alexander Lüderitz, München 2000, S. 675–697.

Schlechtriem, Peter (Hrsg.), Kommentar zum einheitlichen UN-Kaufrecht, München, 3. Aufl. 2000, zitiert: Schlechtriem/*Autor*.

Schlechtriem, Peter, Das geplante Gewährleistungsrecht im Lichte der europäischen Richtlinie zum Verbrauchsgüterkauf, in: Ernst, Wolfgang und Zimmermann, Reinhard (Hrsg.), Zivilrechtswissenschaft und Schuldrechtsreform, Tübingen 2001, S. 205–224.

Schlechtriem, Peter H., Vertragsordnung und außervertragliche Haftung: Eine rechtsvergleichende Untersuchung zur Konkurrenz von Ansprüchen aus Vertrag und Delikt im französischen, amerikanischen und deutschen Recht, Frankfurt am Main 1972, zitiert: Vertragsordnung.

Schlussas, Martin, Die Möglichkeiten und Grenzen der Vertragsaufhebung bei irreführender Werbung, Mainz 1985.

Schmidt-Kessel, Martin, Der Rückgriff des Letztverkäufers, ÖJZ 2000, 668–674.

Schmidt-Räntsch, Jürgen, Zum Stand der Kaufrechtsrichtlinie, ZIP 1998, 849–853.

—, Gedanken zur Umsetzung der kommenden Kaufrechtsrichtlinie, ZEuP 1999, 294–302.

—, Der Entwurf eines Schuldrechtsmodernisierungsgesetzes, ZIP 2000, 1639–1645.

Schnyder, Anton K. und *Straub, Ralf Michael*, Das EG-Grünbuch über Verbrauchsgütergarantien und Kundendienst: Erster Schritt zu einem einheitlichen EG-Kaufrecht?, ZEuP 1996, 8–74.

Schurr, Francesco, Die neue Richtlinie 99/44/EG über den Verbrauchsgüterkauf und ihre Umsetzung - Chancen und Gefahren für das deutsche Kaufrecht, ZfRV 1999, 222–229.

Schwartze, Andreas, Die Europäisierung des Privatrechts am Beispiel des Kaufrechts, in: Martiny, Dieter und Witzleb, Normann (Hrsg.), Auf dem Wege zu einem europäischen Zivilgesetzbuch, Berlin 1999, S. 33–52.

—, Die zukünftige Sachmängelgewährleistung in Europa – Die Verbrauchsgüterkauf-Richtlinie vor ihrer Umsetzung, ZEuP 2000, 544–574.

—, Diskussionsbericht, in: Grundmann, Stefan, Medicus, Dieter und Rolland, Walter (Hrsg.), Europäisches Kaufgewährleistungsrecht, Köln 2000, S. 335–353, zitiert: Diskussionsbericht, in: Europäisches Kaufgewährleistungsrecht.

—, Europäische Sachmängelgewährleistung beim Warenkauf – Optionale Rechtsangleichung auf der Grundlage eines funktionalen Rechtsvergleichs, Hannover 2000.

Soergel, Hans Theodor (Hrsg.), Bürgerliches Gesetzbuch mit Einführungsgesetz und Nebengesetzen, Stuttgart, 12. Aufl. 1991, zitiert: Soergel/*Autor*.

Staudenmayer, Dirk, Die EG-Richtlinie über den Verbrauchsgüterkauf, NJW 1999, 2393–2397.

—, EG-Richtlinie 1999/44/EG zur Vereinheitlichung des Kaufgewährleistungsrechts, in: Grundmann, Stefan, Medicus, Dieter und Rolland, Walter (Hrsg.), Europäisches Kaufgewährleistungsrecht, Köln 2000 S. 27–47.

Steffen, Erich, Die Bedeutung der „Stoffgleichheit“ mit dem „Mangelunwert“ für die Herstellerhaftung aus Weiterfresserschäden, VersR 1988, 977–980.

Steiner, Peter, Der Entwurf der Richtlinie des Europäischen Parlamentes und des Rates über Verbrauchsgüterkauf und -garantien und das geltende österreichische Recht, in: Schermaier, Martin Josef (Hrsg.), Reform des Gewährleistungsrechts und europäische Rechtsangleichung – studentische Beiträge zur Rechtsvergleichung und Rechtspolitik, Frankfurt am Main 1998, S. 243–291.

Teichmann, Arndt, Schadensersatz bei fehlerhafter Ware - BGHZ 48, 118 - Entscheidungsrezension, JuS 1968, 315–320.

Tenreiro, Mário, La proposition de directive sur la vente et les garanties des biens de consommation, REDC 1996, 187–225.

Tiedtke, Klaus, Zum deliktischen Schadensersatzanspruch des getäuschten Käufers, DB 1998, 1019–1021.

Todt, Günther, Die Schadensersatzansprüche des Käufers, Mieters und Werkbestellers bei Lieferung eines mangelhaften Vertragsobjekts, BB 1971, 680–685.

Tonner, Klaus, Verbrauchsgüterkauf-Richtlinie und Europäisierung des Zivilrechts, BB 1999, 1769–1774.

Valcárel Schnüll, Dagmar, Die Haftung des Verkäufers für Fehler und zugesicherte Eigenschaften im europäischen Rechtsvergleich, Bonn 1994.

Walter, Gerhard, Kaufrecht, in: Gernhuber, Joachim (Hrsg.), Handbuch des Schuldrechts, Bd. 6, Tübingen 1987.

Walter, Thomas, Das Verhältnis der gewährleistungsrechtlichen Schadensersatzansprüche im Kauf-, Miet- und Werkvertragsrecht zu dem Schadensersatzanspruch wegen positiver Vertragsverletzung, Frankfurt am Main 1990.

Welser, Rudolf, Der Vorschlag einer EU-Richtlinie über den Verbrauchsgüterkauf, in: Mayer, Heinz (Hrsg.), Recht in Österreich und Europa – Festschrift für Karl Hempel zum 60. Geburtstag, Wien 1997, S. 323–331.

Welser, Rudolf und *Jud, Brigitta*, Zur Reform des Gewährleistungsrechts – Die Europäische Richtlinie über den Verbrauchsgüterkauf und ihre Bedeutung für ein neues Gewährleistungsrecht, in: Verhandlungen des vierzehnten Österreichischen Juristentages Wien 2000, Bd. II/1, Wien 2000.

Westermann, Harm Peter (Hrsg.), Erman Bürgerliches Gesetzbuch, Handkommentar mit AGBG, EGBGB, ErbbauVO, HausratVO, HausTWG, SachenRBerG, SchuldRAnpG, VerbrKrG, Köln, 10. Aufl. 2000.

Westermann, Harm Peter, Verbraucherrechtliche Einflüsse des europäischen Rechts auf das nationale Recht, insbesondere beim Verbraucherkredit und beim Kaufvertrag, in: Tichý, Luboš (Hrsg.), Europeizace národních právních řádů, Univerzita Karlova v Praze, Praha 2000, S. 226–256.

—, Vorschlag für eine Einpassung der Kaufgewährleistungs-Richtlinie ins deutsche Recht, in: Grundmann, Stefan, Medicus, Dieter und Rolland, Walter (Hrsg.), Europäisches Kaufgewährleistungsrecht, Köln 2000, S. 251–280.

—, Kaufrecht im Wandel, in: Schulze, Reiner und Schulte-Nölke, Hans (Hrsg.), Die Schuldrechtsreform vor dem Hintergrund des Gemeinschaftsrechts, Tübingen 2001, S. 109–129.

Wilhelm, Entwurf einer Richtlinie über den Verbrauchsgüterkauf und Garantien für Verbrauchsgüter, ecolex 1996, 825–826.

Witz, Claude und *Wolter, Gerhard*, Die ersten Entscheidungen französischer Gerichte zum Einheitlichen UN-Kaufrecht, RIW 1995, 810–813.

Wolf, Sabine, Reform des Kaufrechts durch EG-Richtlinie - ein Vorteil für die Wirtschaft?, RIW 1997, 899–904.

Zimmer, Daniel, Das geplante Kaufrecht, in: Ernst, Wolfgang und Zimmermann, Reinhard (Hrsg.), Zivilrechtswissenschaft und Schuldrechtsreform, Tübingen 2001, S. 191–204.

Zimmermann, Reinhard, Schuldrechtsmodernisierung?, JZ 2001, 171–181.

Zivilrechtsausschuß des Deutschen Anwaltsvereins e. V., Ergänzende Stellungnahme des Zivilrechtsausschusses des Deutschen Anwaltsvereins e. V. zum Abschlußbericht der Kommission zur Überarbeitung des Schuldrechts herausgegeben vom Bundesministerium der Justiz im Jahre 1992 unter Berücksichtigung der Richtlinie 99/44/EG des Europäischen Parlaments und des Rates zu bestimmten Aspekten des Verbrauchsgüterkaufs und der Garantien für Verbrauchsgüter, Bonn 1999.

Florian Schulz

Der Ersatzlieferungs- und Nachbesserungsanspruch des Käufers im internen deutschen Recht, im UCC und im CISG

Eine rechtsvergleichende Untersuchung unter Berücksichtigung der Schuldrechtskommission, der EG-Richtlinie 1999/44/EG und des Diskussionsentwurfs eines Schuldrechtsmodernisierungsgesetzes

Frankfurt/M., Berlin, Bern, Bruxelles, New York, Oxford, Wien, 2002. 549 S.
Internationalrechtliche Studien. Herausgegeben von Ulrich Magnus. Bd. 19
ISBN 3-631-39007-6 · br. € 75.70*

Die Arbeit stellt die Ersatzlieferungs- und Nachbesserungsansprüche des Käufers im internen deutschen Recht, im Uniform Commercial Code und im UN-Kaufrecht dar und vergleicht diese. Im Anschluss hieran wird Stellung zu einer interessengerechten Normierung dieser Rechtsbehelfe genommen. Dabei werden der Vorschlag der Schuldrechtskommission, die EG-Richtlinie 1999/44/EG („Verbrauchsgüterkaufrichtlinie") sowie der Diskussionsentwurf eines Schuldrechtsmodernisierungsgesetzes (Stand: 4. August 2000) des Bundesministeriums der Justiz vorgestellt und berücksichtigt. Am Ende der Arbeit steht ein Normierungsvorschlag des Autors hinsichtlich eines kaufrechtlichen Ersatzlieferungs- und Nachbesserungsanspruchs in einem internen deutschen oder europäischen Zivilgesetzbuch.

Aus dem Inhalt: Ersatzlieferungs- und Nachbesserungsanspruch des Käufers im BGB, UCC und CISG · Nacherfüllungsansprüche nach der Schuldrechtskommission, der EG-Richtlinie 1999/44/EG und dem Diskussionsentwurf eines Schuldrechtsmodernisierungsgesetzes (BMJ) · Normierungsvorschlag hinsichtlich eines Ersatzlieferungs- und Nachbesserungsanspruchs des Käufers

FSC
www.fsc.org
MIX
Papier | Fördert
gute Waldnutzung
FSC® C083411

Kolibri 360 GmbH
Ferdinand-Jühlke-Straße 7
99095 Erfurt, Deutschland
produktsicherheit@kolibri360.de

Druck:
CPI Druckdienstleistungen GmbH
im Auftrag der
Kolibri 360 GmbH
Ferdinand-Jühlke-Str. 7
99095 Erfurt